国民健康保険制度改革の解説

～平成30年度からの都道府県主体による財政運営に向けて～

監修　山崎 泰彦

社会保険出版社

はじめに

我が国では、国民皆保険により、国民に等しく良質な医療が提供され、その成果として国際的にも評価される世界最長の平均寿命や高い保健医療水準を達成してきました。

しかし、急速な少子高齢化の進展や雇用形態の多様化など、社会経済環境が大きく変化しているなか、医療の高度化や疾病構造の変化などにより、国民医療費がＧＤＰの伸びを上回って増大しており、医療保険制度の持続可能性の確保と安定化が課題となっています。

とりわけ、国民健康保険制度は、国民皆保険の基礎としての重要な役割を担っていながら、年齢構成・医療費水準が高いこと、所得水準が低く、保険料負担が重いこと、財政運営が不安定になる小規模保険者が多数存在すること、市町村間の格差が多いことなど様々な問題を抱え、財政運営及び事業運営の両面にわたる抜本的な改革が急務の課題とされていたところです。

今般、持続可能な制度を構築し、将来にわたり国民皆保険を堅持することを優先課題として「持続可能な医療保険制度を構築するための国民健康保険法等の一部を改正する法律」が成立（平成27年5月27日）しました。この法律は、持続可能な医療保険制度を構築するため、国保をはじめとする医療保険制度の財政基盤の安定化、負担の公平化、医療費適正化の推進等を目的とするものです。

国民健康保険制度については、国の財政支援を大幅に拡充するとともに、平成30年度から、都道府県が財政運営の責任主体となり、安定的な財政運営や効率的な事業運営の確保等、国保運営の中心的な役割を担い、制度の安定化を図ります。また、市町村は引き続き、住民に身近な業務として、資格管理、保険給付、保険料率の決定、賦課・徴収、保健事業など地域における細かい事業を行うこととなります。

本書は、今回の改革について、国民健康保険制度の運営に関連する都道府県、市町村、国民健康保険組合、国民健康保険団体連合会などの職員の方々に、わかりやすく解説することを旨として作成されたものです。日常業務の一助となり、制度の円滑な運営に寄与することができれば幸いです。

平成28年12月

神奈川県立保健福祉大学名誉教授
山崎　泰彦

もくじ

もくじ

資料編

第1章

制度改革の背景、経緯、改正法案成立後の動き

1　制度改革の背景

我が国の医療保険制度は、原則として全ての国民が何らかの公的医療保険制度でカバーされるという国民皆保険に最大の特徴があります。

1961年（昭和36年）に達成した国民皆保険制度の下、病気や怪我をした場合に「誰でも」、「どこでも」、「いつでも」安心して医療を受けることができる医療制度を実現し、世界トップレベルの平均寿命の高さや乳幼児死亡率の低さを達成し、国民の健康を維持してきました。

しかしながら、急速な少子高齢化など大きな環境変化に直面している中、我が国では、2025年（平成37年）にいわゆる「団塊の世代」が全て75歳以上となり、超高齢社会を迎えることとなります。

こうした中で、国民一人一人が、医療や介護が必要な状態となっても、できる限り住み慣れた地域で安心して生活を継続し、その地域で人生の最期を迎えることができる環境を

図１　日本の人口の推移

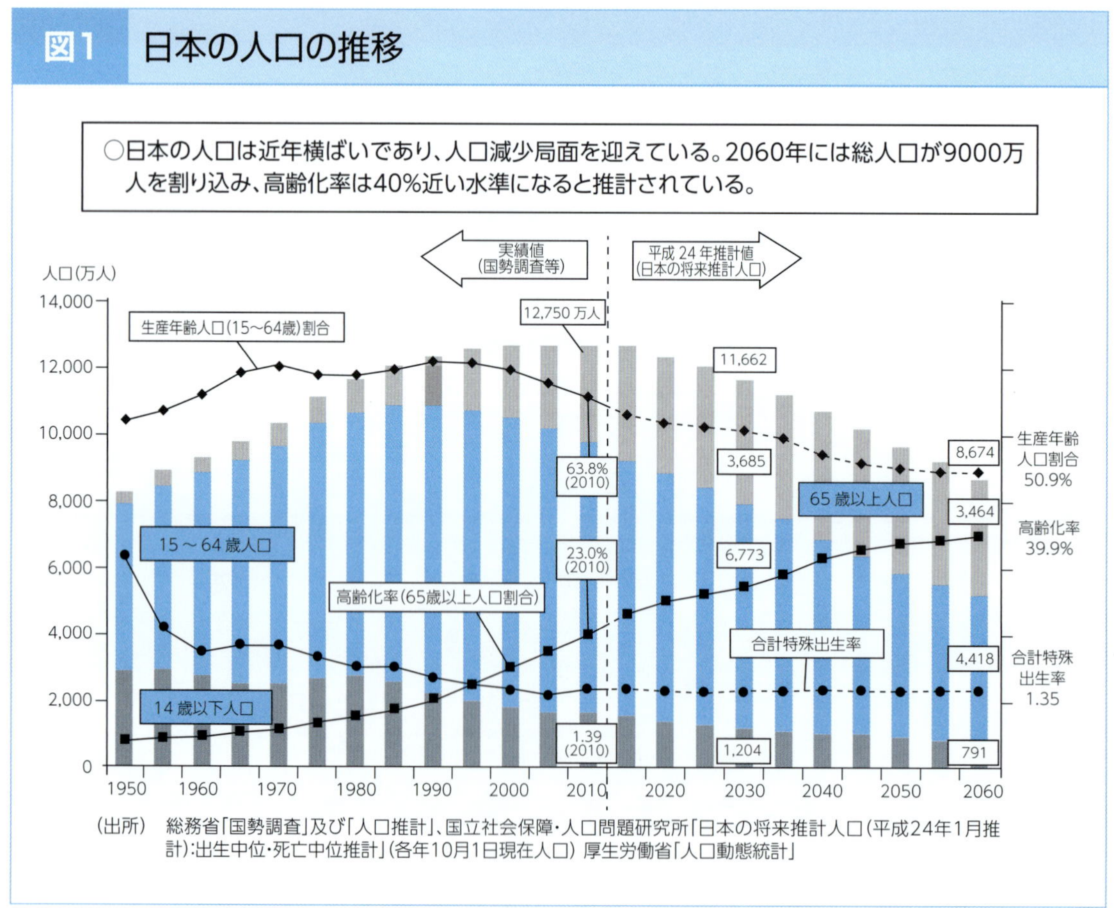

（出所）　総務省「国勢調査」及び「人口推計」、国立社会保障・人口問題研究所「日本の将来推計人口（平成24年1月推計）：出生中位・死亡中位推計」（各年10月1日現在人口）厚生労働省「人口動態統計」

整備していくことが喫緊の課題となっており、医療・介護・予防・住まい・自立した生活の支援が包括的に確保される体制である「地域包括ケアシステム」を構築していくことが求められています。

こうしたことを踏まえ、社会保障・税一体改革の下、2014年（平成26年）６月に「医療介護総合確保推進法」が成立し、都道府県を地域医療構想の策定主体と位置付けた上で、病床機能の分化・連携、在宅医療の充実といった医療提供体制の改革が進められています。

一方、医療保険制度においては、急速な高齢化や医療の高度化等によって国民医療費の伸びがＧＤＰの伸びを上回って増大している中、給付と負担のバランスを図りつつ、制度の持続可能性を確保していくことが求められています。

中でも、国民健康保険は、他の医療保険等に加入している者を除いた全ての住民を被保険者としており、国民皆保険の基礎として重要な役割を果たしていますが、低所得の加入者が多い、年齢構成が高いこと等により医療費水準が高い、所得に占める保険料が重い、小規模保険者が多いといった課題を抱えており、こうしたこともあって、毎年度、決算補てん等を目的とする多額の一般会計繰入（2014年度（平成26年度）には約3,500億円）が行われるという状況にありました。

図2　医療費の将来推計

○医療費は、急速な高齢化や医療の高度化等によって、今後、ＧＤＰの伸びを上回って増大。
これに伴い、保険料、公費、自己負担の規模も、ＧＤＰの伸びを上回って増大する見込み。特に公費の増大が著しい。
※医療費の額は、ＧＤＰの設定如何によって左右されるので、対ＧＤＰ比（青線、黒線）を重視するのが適当。

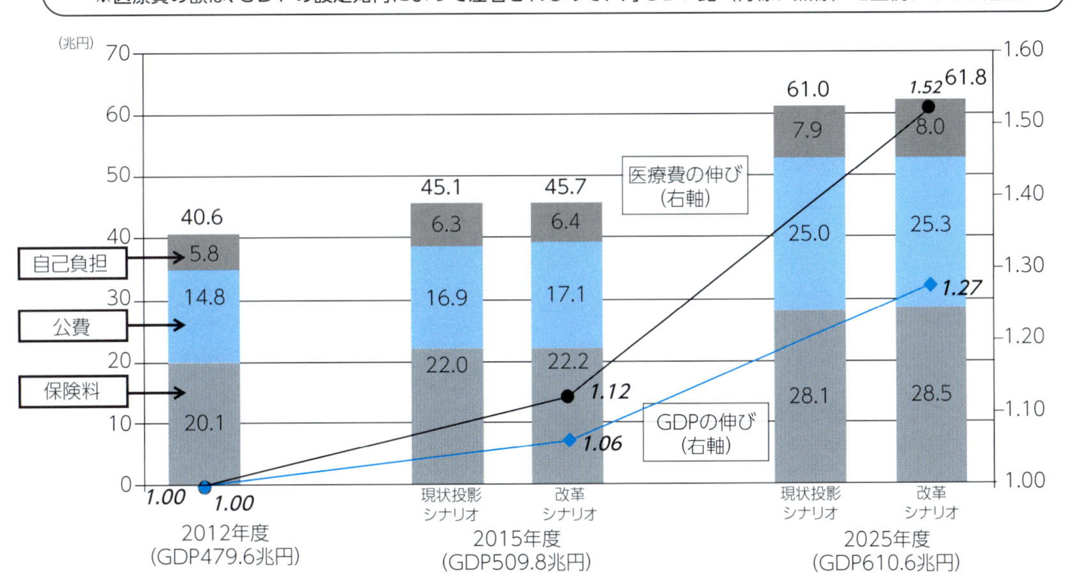

※1　社会保障に係る費用の将来推計の改定について（平成 24 年 3 月）を基に作成。
※2　「現状投影シナリオ」は、サービス提供体制について現状のサービス利用状況や単価をそのまま将来に投影（将来の人口構成に適用）した場合、「改革シナリオ」は、サービス提供体制について機能強化や効率化等の改革を行った場合。（高齢者負担率の見直し後）
※3　「現状投影シナリオ」「改革シナリオ」いずれも、ケース①（医療の伸び率（人口増減や高齢化を除く）について伸びの要素を積み上げて仮定した場合）
※4　医療費の伸び、GDPの伸びは、対 2012 年度比。

また、国民健康保険は、市町村運営としていることにより、小規模保険者が多数存在しており、そうした保険者では財政が不安定となりやすく、専門的な人材を確保しにくいといった課題を抱えています。また、過疎化によりそうした小規模保険者の数が今後も増大することが見込まれています。

こうしたことから、国民皆保険を支える国民健康保険の見直しを求める声が高まっていました。

参考１　日本の人口の推移

○　日本の人口は近年横ばいであり、2008年（平成20年）をピークに、人口減少局面を迎えている。国立社会保障・人口問題研究所の「将来推計人口」では、我が国の人口は2060年には約8,674万人であり、高齢化率は40％近い水準になると推計されている。

参考２　医療費の将来推計

○　医療費は、急激な高齢化や医療の高度化等によって急速に伸びており、1990年度（平成2年度）には20.6兆円（対ＧＤＰ比で4.6％）だった国民医療費が、2012年度（平成24年度）には39.2兆円（対ＧＤＰ比で8.3％）となっている。また、今後も、ＧＤＰの伸びを上回って増大することが見込まれ、これに伴い、保険料、公費、自己負担の規模もＧＤＰの伸びを上回って増大する見込みである。

参考３　総人口の規模別にみた市町村数と割合

○　国立社会保障・人口問題研究所の「日本の地域別将来推計人口（平成25年3月推計）」では、2010年（平成22年）には、約13％の自治体で総人口が５千人未満であるところ、2040年（平成52年）には、約22％の自治体、すなわち５分の１以上の自治体で総人口が５千人未満になると推計されている。

図3　平成22年(2010年)と平成52年(2040年)における総人口の規模別にみた市町村数と割合（推計）

○　平成52年（2040年）には、５分の１以上の自治体で総人口が５千人未満になる。
（国立社会保障・人口問題研究所「日本の地域別将来推計人口」（平成25年３月推計））

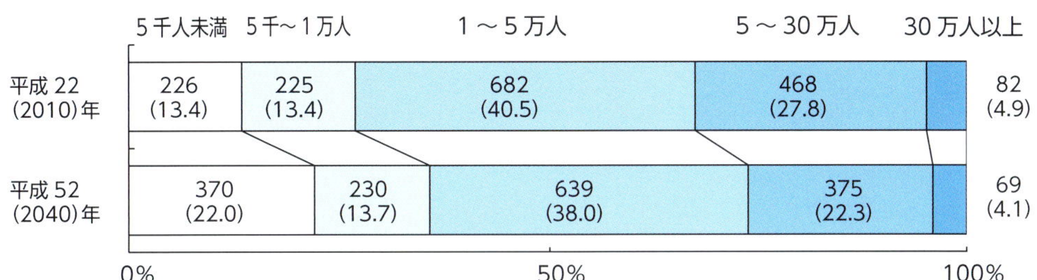

【出所】国立社会保障・人口問題研究所『日本の地域別将来推計人口(平成25年3月推計)』
注１）グラフ中の数字は自治体数、カッコ内の数字は1,683市区町村に占める割合(%)。
対象となる自治体は、2013年3月1日現在の1,683市区町村であり、県全体について将来人口を推計した福島県内の市町村は含まない。
注２）割合については四捨五入して表記したため合計が100にならないことがある。

図4　市町村国保が抱える課題

１．年齢構成

① 年齢構成が高く、医療費水準が高い
- 65～74歳の割合：国保(35.6%)、健保組合(2.8%)
- 一人あたり医療費：国保(32.5万円)、健保組合(14.6万円)

２．財政基盤

② 所得水準が低い
- 加入者一人当たり平均所得：国保(83万円)、健保組合(202万円(推計))
- 無所得世帯割合：23.1%

③ 保険料負担が重い
- 加入者一人当たり保険料／加入者一人当たり所得
  市町村国保(10.3%)、健保組合(5.6%)　※健保は本人負担分のみの推計値

④ 保険料（税）の収納率低下
- 収納率：平成11年度　91.38%　→　平成26年度　90.95%
- 最高収納率：95.25%(島根県)　・最低収納率：86.74%(東京都)

⑤ 一般会計繰入・繰上充用
- 市町村による法定外繰入額：約3,800億円　うち決算補てん等の目的：約3,500億円、
  繰上充用額：約900億円(平成26年度)

３．財政の安定性・市町村格差

⑥ 財政運営が不安定になるリスクの 高い小規模保険者の存在
- 1716保険者中3000人未満の小規模保険者　471(全体の１／４)

⑦ 市町村間の格差
- 一人当たり医療費の都道府県内格差　最大：2.7倍(北海道)　最小：1.1倍(富山県)
- 一人当たり所得の都道府県内格差　最大：22.4倍(北海道)　最小：1.2倍(福井県)
- 一人当たり保険料の都道府県内格差　最大：3.7倍(長野県)※　最小：1.3倍(長崎県)

※東日本大震災による保険料（税）減免の影響が大きい福島県を除く。

図５　各保険者の比較

	市町村国保	国保組合	協会けんぽ	組合健保	共済組合	後期高齢者医療制度
保険者数 (平成26年3月末)	1,717	164	1	1,419	85	47
加入者数 (平成26年3月末)	3,397万人 (2,010万世帯)	295万人	3,564万人 [被保険者2,030万人 被扶養者1,534万人]	2,927万人 [被保険者1,560万人 被扶養者1,368万人]	891万人 [被保険者449万人 被扶養者442万人]	1,544万人
加入者平均年齢 (平成25年度)	50.9歳	39.4歳	36.6歳	34.3歳	33.3歳	82.1歳
加入者一人当たり医療費 (平成25年度)	32.5万円	18.5万円	16.4万円	14.6万円	15.0万円	93.0万円
加入者一人当たり平均所得(※1) (平成25年度)	83万円 [一世帯当たり 140万円]	347万円 一世帯当たり(※2) 743万円 (平成20年度)	139万円 [一世帯当たり(※3) 243万円]	202万円 [一世帯当たり(※3) 378万円]	221万円 [一世帯当たり(※3) 438万円]	80万円
加入者一人当たりの保険料の賦課対象となる額(平成25年度)	66万円(※4) [一世帯当たり 112万円]	―(※5)	212万円(※6) [一世帯当たり(※3) 372万円]	289万円(※6) [一世帯当たり(※3) 541万円]	311万円(※6) [一世帯当たり(※3) 615万円]	66万円(※4)
加入者一人当たり平均保険料 (平成25年度)(※7) <事業主負担込>	8.5万円 [一世帯当たり 14.4万円]	14.7万円	10.6万円<21.1万円> [被保険者一人当たり 18.5万円<37.0万円>] 健康保険料率10.00%	11.4万円<25.0万円> [被保険者一人当たり 21.3万円<46.8万円>] 健康保険料率8.67%	13.3万円<26.6万円> [被保険者一人当たり 26.3万円<52.6万円>] 健康保険料率9.39%	6.7万円
公費負担	給付費等の50% +保険料軽減等	給付費等の40%(※8)	給付費等の16.4%	後期高齢者支援金等の負担が重い保険者等への補助(※10)	なし	給付費等の約50% +保険料軽減等
公費負担額(※9) (平成28年度予算ベース)	4兆3,319億円 (国3兆958億円)	2,578億円 (全額国費)	1兆1,781億円 (全額国費)	381億円 (全額国費)		7兆6,368億 (国4兆9,132億円)

(※1)市町村国保及び後期高齢者医療制度については、「総所得金額(収入総額から必要経費、給与所得控除、公的年金等控除を差し引いたもの)及び山林所得金額」に「雑損失の繰越控除額」と「分離譲渡所得金額」を加えたものを年度平均加入者数で除したもの。(市町村国保は「国民健康保険実態調査」、後期高齢者医療制度は「後期高齢者医療制度被保険者実態調査」のそれぞれの前年所得を使用している。)国保組合については、「市町村民税課税標準額(総所得金額等から基礎控除のほか所得控除(扶養控除、配偶者控除等)を控除した金額)」に、「基礎控除」と「基礎控除を除く所得控除(扶養控除、配偶者控除等)」(総務省「平成21年度市町村税課税状況等の調」による「給与所得及び営業等所得を受給する納税者の課税標準額」の段階別の所得控除額(基礎控除を除く)を納税義務者数で除したものを使用して試算した額)を足した参考値である。協会けんぽ、組合健保、共済組合については、「標準報酬総額」から「給与所得控除に相当する額」を除いたものを、年度平均加入者数で除した参考値である。

(※2)一世帯当たりの額は加入者一人当たりの額に平均世帯人数を乗じたものである。

(※3)被保険者一人当たりの金額を指す。

(※4)旧ただし書き方式による課税標準額(保険料の算定基礎)。旧ただし書き方式は、後期高齢者医療制度や多くの市町村国保の保険料の算定基礎を計算する際に用いられている方式で、(※1)から基礎控除等を差し引いたものである。

(※5)国保組合ごとに所得の算出方法や保険料の計算方法が大きく異なるため、記載しない。平成21年所得調査結果における業種別の市町村民税課税標準額は、医師国保641万円、歯科医師国保221万円、薬剤師国保218万円、一般業種国保125万円、建設関係国保70万円。全体の平均額は、各組合の被保険者数を勘案して算定した額であり、215万円となっている。

(※6)標準報酬総額を加入者数で割ったものである。

(※7)加入者一人当たり保険料額は、市町村国保・後期高齢者医療制度は現年分保険料調定額、被用者保険は決算における保険料額を基に推計。保険料額に介護分は含まない。

(※8)平成28年度予算ベースにおける平均値。

(※9)介護納付金、特定健診・特定保健指導等に対する負担金・補助金は含まれていない。

(※10)共済組合も補助対象となるが、平成23年度以降実績なし。

2　改革に至るまでの経緯

（プログラム法の成立）

社会保障と税の一体改革は、2008年（平成20年）に設置された「社会保障国民会議」での議論を皮切りに、我が国の最重要懸案の一つとして議論が重ねられてきたテーマです。

社会保障・税一体改革の下、2012年（平成24年）に、社会保障制度改革国民会議の設置等を定めた「社会保障制度改革推進法」や消費税率の引上げ等を定めた「社会保障の安定財源の確保等を図る税制の抜本的な改革を行うための消費税法の一部を改正する等の法律」等が成立しました。

その後、社会保障制度改革推進法に基づき設置された社会保障制度改革国民会議において、2012年11月から2013年8月にかけて議論が行われ、報告書（「確かな社会保障を将来世代に伝えるための道筋」）が取りまとめられました。

社会保障制度改革国民会議報告書では、社会保障制度改革推進法はまず国民皆保険制度の維持の必要性を掲げていることから、国民皆保険の最終的な支え手である国民健康保険の財政基盤の安定化が優先課題とされ、国民皆保険を守るため、現在の国民健康保険の赤字の原因等を分析の上、財政基盤の強化等を通じて国民健康保険が抱える財政上の構造問題を解決していかなければならないとされました。また、効率的な医療提供体制への改革を実効あらしめる観点から、国民健康保険の財政運営の責任を担う主体を都道府県とし、都道府県が地域医療の提供水準と標準的な保険料等の住民負担の在り方を総合的に検討することを可能とする体制を実現すべきとされました。

この社会保障制度改革国民会議報告書等を踏まえ、社会保障制度改革の全体像及び進め方を明らかにするための「持続可能な社会保障制度の確立を図るための改革の推進に関する法律案」（プログラム法案）が2013年（平成25年）10月に国会に提出され、同年12月にプログラム法が成立・施行されました。

プログラム法において、医療保険制度については、国民皆保険を次世代に引き渡していくため、下記の事項について検討を加え、その結果に基づいて必要な措置を2014年度（平成26年度）から2017年度（平成29年度）までを目途に講じるものとし、このために必要な法律案を2015年（平成27年）に開会される通常国会に提出することを目指すものとされました。また、プログラム法を踏まえた国民健康保険の見直しについては、地方自治に重要な影響を及ぼすと考えられることから、地方団体の代表者その他の関係者と十分に協議を行い、理解を得ることを目指すものとされました。

○　医療保険制度等の財政基盤の安定化

・国民健康保険に対する財政支援の拡充

・国民健康保険の保険者、運営等の在り方（財政支援の拡充等により国民健康保険が抱える財政上の構造的な問題を解決することとした上で、都道府県と市町村との適切な役割分担について検討）

・協会けんぽの国庫補助率や高齢者の医療の費用負担の在り方

○　医療保険の保険料に係る国民負担の公平の確保

・国民健康保険及び後期高齢者医療制度の保険料に係る低所得者の負担の軽減

・後期高齢者支援金の全面総報酬割の導入

・被保険者の所得水準の高い国民健康保険組合に対する国庫補助の見直し

・国民健康保険の保険料の賦課限度額・被用者保険の標準報酬月額の上限額の引上げ

○　医療保険の保険給付の対象となる療養の範囲の適正化等

・低所得者の負担に配慮しつつ行う70歳から74歳までの者の一部負担金の取扱い及びこれと併せた負担能力に応じた負担を求める観点からの高額療養費の見直し

・医療提供施設相互間の機能の分担や在宅療養との公平を確保する観点からの外来・入院に関する給付の見直し

図6　社会保障制度改革国民会議以降の流れ

社会保障制度改革国民会議（H24.11.30：第１回 ⇒ H25.8.6：報告書とりまとめ）

○　社会保障制度改革国民会議（国民会議）は、社会保障制度改革推進法（改革推進法）（※1）に基づき、設置。（設置期限：平成25年８月21日）

（※1）自民党、公明党、民主党の３党合意に基づく議員立法。平成24年８月10日成立、同22日公布。

○　改革推進法に規定された「基本的な考え方」、社会保障４分野（年金、医療、介護、少子化対策）に係る　「改革の基本方針」及び３党実務者協議でとりまとめた「検討項目」に基づき、15名の有識者（清家篤会長）が20回にわたり審議。

○　政府は、国民会議における審議の結果等を踏まえて、法律の施行後１年以内（平成25年８月21日まで）に、必要な法制上の措置を講ずることとされた。（改革推進法第４条）

⇒　「『法制上の措置』の骨子」（H25. 8.21：閣議決定）

社会保障改革プログラム法（H25.10.15：提出 ⇒H25.12.5：成立、H25.12.13：公布）

○　「『法制上の措置』の骨子」に基づき、社会保障制度改革の全体像・進め方を明示。

平成26年の通常国会以降：順次、個別法改正案の提出

○　平成26年の通常国会では、医療法・介護保険法等の改正法案、難病・小児慢性特定疾病対策の法案、次世代育成支援対策推進法等の改正法案、雇用保険法の改正法案を提出し、成立。

○　平成27年通常国会には、医療保険制度改革のための法案を提出し、成立（H27.5.27）。

図7　社会保障改革プログラム法（抜粋）（市町村国保関係）

（医療制度）
第四条
7　政府は、持続可能な医療保険制度等を構築するため、次に掲げる事項その他必要な事項について検討を加え、その結果に基づいて必要な措置を講ずるものとする。
一　**医療保険制度等の財政基盤の安定化**についての次に掲げる事項
イ　**国民健康保険**（国民健康保険法（昭和三十三年法律第百九十二号）第三条第一項の規定により行われるものに限る。以下この項において同じ。）**に対する財政支援の拡充**
ロ　国民健康保険の保険者、運営等の在り方に関し、国民健康保険の保険料（地方税法（昭和二十五年法律第二百二十六号）の規定による国民健康保険税を含む。以下この号及び次号において同じ。）の適正化等の取組を推進するとともに、イに掲げる措置を講ずることにより**国民健康保険の更なる財政基盤の強化を図り、国民健康保険の財政上の構造的な問題を解決することとした上で**、国民健康保険の運営について、**財政運営をはじめとして都道府県が担うことを基本としつつ、国民健康保険の保険料の賦課及び徴収、保健事業の実施等に関する市町村の役割が積極的に果たされるよう、都道府県と市町村において適切に役割を分担するために必要な方策**
ハ　（略）
二　医療保険の**保険料に係る国民の負担に関する公平の確保**についての次に掲げる事項
イ　国民健康保険の保険料及び後期高齢者医療の保険料に係る**低所得者の負担の軽減**
ロ・ハ　（略）
ニ　国民健康保険の保険料の賦課限度額及び標準報酬月額等（医療保険各法（国民健康保険法を除く。）に規定する標準報酬月額、標準報酬の月額、給料の額及び標準給与の月額をいう。）**の上限額の引上げ**

（厚生労働省と地方との協議）

国民健康保険制度の在り方については、地方団体の意見を十分に伺いながら検討を進める必要があることから、2011年（平成23年）2月以降、厚生労働省（大臣・副大臣・政務官）と地方（知事・市長・町村長の代表）との協議（「国民健康保険制度の基盤強化に関する国と地方の協議（国保基盤強化協議会）」）が開催され、国民健康保険法の改正や社会保障・税一体改革による低所得者への財政支援の拡充等について、検討し結論が得られてきました。

そして、今回の制度改正においても、プログラム法を踏まえた国民健康保険の見直しの内容の具体化に向けて、国保基盤強化協議会が2014年（平成26年）1月に再開されました。

国保基盤強化協議会では、①国民健康保険の財政上の構造問題の分析とその解決に向けた方策、②国民健康保険の運営に関する都道府県と市町村の役割分担の在り方、③その他、地方からの提案、を主な協議事項として議論が重ねられ、同年8月には、課題や見直しの方向性等について整理した「国民健康保険の見直しについて（中間整理）」が取りまとめられました。

その後も国保基盤強化協議会における議論は重ねられ、2015年（平成27年）2月に、国保基盤強化協議会における議論の取りまとめとして「国民健康保険の見直しについて（議論のとりまとめ）」が合意に達しました。

なお、政府の社会保障制度改革推進本部は、それに先立ち、「医療保険制度改革骨子」を決定しています。

図8　国民健康保険制度の基盤強化に関する国と地方の協議(国保基盤強化協議会)について

1．協議事項
①　国民健康保険の財政上の構造問題の分析とその解決に向けた方策
②　国民健康保険の運営に関する業務に係る都道府県と市町村の役割分担のあり方
③　その他、地方からの提案事項

2．メンバー
○政務レベル協議
【厚生労働省】　厚生労働大臣、副大臣、政務官
【地方代表】　栃木県知事、高知市長（高知県）、井川町長（秋田県）（聖籠町長（新潟県））
○事務レベルWG
【厚生労働省】　厚生労働省保険局
　総務課長、国民健康保険課長、高齢者医療課長、調査課長
【地方代表】　(全国知事会) … 山形県、栃木県、愛知県、鳥取県、愛媛県
(全国市長会) … 見附市(新潟県)、裾野市(静岡県)、高松市(香川県)、高知市(高知県)
(全国町村会) … 井川町(秋田県)、奥多摩町(東京都)、聖籠町(新潟県)、九重町(大分県)

3．進め方

平成26年	1月31日	政務レベル協議
	2月 ↓ 7月	毎月１回程度　事務レベルWG（計７回）
	8月8日	政務レベル協議（中間整理）
	↓	毎月１回程度　事務レベルWG（計７回）
平成27年	2月12日	政務レベル協議（議論のとりまとめ）

「議論のとりまとめ」では、その冒頭で、国民皆保険を支える重要な基盤である国民健康保険制度の安定的な運営が可能となるよう、厚生労働省は、「議論のとりまとめ」における方針に基づき、必要な予算の確保、同年通常国会への所要の法案の提出等の対応を行うとの考え方が示されました。

その後、「議論のとりまとめ」に基づく国民健康保険の見直しをはじめとする医療保険制度の改革法案（持続可能な医療保険制度を構築するための国民健康保険法等の一部を改正する法律案）が同年3月に国会に提出され、5月27日に成立しました。

参考　持続可能な医療保険制度を構築するための国民健康保険法等の一部を改正する法律の主な内容

○　この法律には、プログラム法に基づく措置として、持続可能な医療保険制度を構築する観点から、国民健康保険の財政支援の拡充や財政運営責任の都道府県への移行等による医療保険制度の財政基盤の安定化、被用者保険に係る後期高齢者支援金の全面総報酬割の導入、医療費適正化の推進（医療費適正化計画において、医療に要する費用についての目標を定めるとともに、毎年度の進捗状況を公表し、目標と実績に差がある場合には、その要因を分析し、必要な対策を講じる）を行うほか、患者申出療養の創設等が盛り込まれている。

図9　国民健康保険の見直しについて（議論のとりまとめ）のポイント

平成27年2月12日
国民健康保険制度の基盤強化に関する
国と地方の協議（国保基盤強化協議会）

国民皆保険を支える重要な基盤である国民健康保険制度の安定的な運営が可能となるよう、厚生労働省は、以下の方針に基づき、必要な予算の確保、本年通常国会への所要の法案の提出等の対応を行う。

1．公費拡充等による財政基盤の強化

○**毎年約3,400億円の財政支援の拡充等により財政基盤を強化。**
⇒これに伴い、被保険者の保険料負担の軽減やその伸びの抑制が可能。
Ⅰ．平成27年度から低所得者対策として、**保険者支援制度を拡充（約1,700億円）**
Ⅱ．平成29年度以降は、**更なる国費毎年約1,700億円を投入**
①国の財政調整機能の強化—自治体の責めによらない要因（※）に対する財政支援の強化(700～800億円規模)
※精神疾患、子どもの被保険者数、非自発的失業者 等
②医療費の適正化に向けた取組等（※）、努力を行う自治体に支援を行う「保険者努力支援制度」の創設
※例えば、後発医薬品使用割合、保険料収納率 等　(700～800億円規模)
③財政リスクの分散・軽減のため、財政安定化基金を創設（2,000億円規模）
④著しく高額な医療費に対する医療費共同事業への財政支援の拡充　（数十億円規模）
○あわせて、医療費の適正化に向けた取組、保険料の収納対策等を一層推進し、財政基盤を強化。

2．運営の在り方の見直し（保険者機能の強化）

○**平成30年度から、都道府県が、当該都道府県内の市町村とともに国保の運営を担う。**

(1) 都道府県

○**都道府県が国保の財政運営の責任主体**となり、安定的な財政運営や効率的な事業の確保等の**国保運営について中心的な役割を担う**こととし、**制度の安定化**を図る。
・都道府県内の**統一的な国保の運営方針の策定**
・国保運営協議会の設置
・医療給付費等の見込みを立て、**市町村ごとの分賦金（仮称）の額を決定**（市町村ごとの医療費水準、所得水準を考慮することが基本）
・市町村が参考とするための**標準保険料率等を算定・公表**
・**保険給付に要した費用を市町村に支払い**
・市町村が行った保険給付の点検
・不正請求事案における不正利得回収等、市町村の事務負担の軽減　等
※国の普通調整交付金については、都道府県間の所得水準を調整する役割を担うよう適切に見直す

(2) 市町村

○**市町村は**、地域住民と身近な関係の中、被保険者の実情を把握した上で、**地域におけるきめ細かい事業を行う**。
・**保険料の賦課・徴収**（標準保険料率等を参考）
・分賦金（仮称）を都道府県に納付
・個々の事情に応じた**資格管理・保険給付の決定**
・**保健事業**（レセプト・健診情報を活用したデータ分析に基づくデータヘルス事業等）
・地域包括ケアシステム構築のための医療介護連携　等

3．改革により期待される効果

○小規模な保険者の多い従来の国保について、その運営の安定化を図り、全国の自治体において、今後も国保のサービスを確保し、**国民皆保険を堅持**。
① 地域医療構想を含む**医療計画の策定者である都道府県が国保の財政運営にも責任**を有する仕組み。
⇒これまで以上に良質な医療の効率的な提供に資する。
同一都道府県内に転居した場合、**高額療養費の多数回該当に係る該当回数を引継ぎ**。
② **財政安定化基金も活用**しつつ、**一般会計繰入の必要性を解消**。
⇒保険給付費の確実な支払いを確保。
③ **標準システムの活用や統一的な国保の運営方針等**により、**市町村の事務遂行の効率化・コスト削減、標準化**。
⇒事務の共同処理や広域化が図られやすくなる。

4．今後、更に検討を進めるべき事項

○厚生労働省は、上記1．～3．を踏まえた新たな制度の円滑な実施・運営に向け、制度や運用の詳細について、引き続き地方と十分協議しながら検討し、順次、具体化を図る。
○また、高齢化の進展等に伴い今後も医療費の伸びが見込まれる中、国保制度を所管する厚生労働省は、持続可能な国保制度の堅持に最終的な責任を有している。**国民皆保険を支える国保の安定化を図ることはきわめて重要な課題であり、その在り方については、不断の検証を行うことが重要**である。その際には、地方からの提案についても、現行制度の趣旨や国保財政に与える影響等を考慮しながら、引き続き議論していく。
○今回の改革後においても、医療費の伸びの要因や適正化に向けた取組の状況等を検証しつつ、更なる取組を一層推進するとともに、医療保険制度間の公平に留意しつつ、国保制度の安定的な運営が持続するよう、都道府県と市町村との役割分担の在り方も含め、**国保制度全般について必要な検討を進め、当該検討結果に基づき、所要の措置を講じる**。
⇒今後も、厚生労働省と地方との間で、国保基盤強化協議会等において真摯に議論を行う。

図10　持続可能な医療保険制度を構築するための国民健康保険法等の一部を改正する法律の概要（平成27年５月27日成立）

持続可能な社会保障制度の確立を図るための改革の推進に関する法律に基づく措置として、持続可能な医療保険制度を構築するため、国保をはじめとする医療保険制度の財政基盤の安定化、負担の公平化、医療費適正化の推進、患者申出療養の創設等の措置を講ずる。

1．国民健康保険の安定化

○**国保への財政支援の拡充**により、財政基盤を強化　(27年度から約1700億円、29年度以降は毎年約3400億円)

○平成30年度から、**都道府県が財政運営の責任主体**となり、安定的な財政運営や効率的な事業の確保等の**国保運営に中心的な役割を担い**、制度を安定化

2．後期高齢者支援金の全面総報酬割の導入

○被用者保険者の後期高齢者支援金について、**段階的に全面総報酬割**を実施

(26年度:1/3総報酬割→27年度:1/2総報酬割→28年度:2/3総報酬割→29年度:全面総報酬割)

3．負担の公平化等

①**入院時の食事代**について、在宅療養との公平等の観点から、調理費が含まれるよう**段階的に引上げ**

(27年度:1食260円→28年度:1食360円→30年度:1食460円。低所得者、難病・小児慢性特定疾病患者の負担は引き上げない)

②特定機能病院等は、医療機関の機能分担のため、必要に応じて患者に病状に応じた適切な医療機関を紹介する等の措置を講ずることとする**（紹介状なしの大病院受診時の定額負担の導入）**

③健康保険の保険料の算定の基礎となる**標準報酬月額の上限額を引き上げ**　(121万円から139万円に)

4．その他

①**協会けんぽの国庫補助率を「当分の間16.4％」**と定めるとともに、法定準備金を超える準備金に係る国庫補助額の**特例的な減額措置**を講ずる

②**被保険者の所得水準の高い国保組合の国庫補助**について、**所得水準に応じた補助率に見直し**

(被保険者の所得水準の低い組合に影響が生じないよう、調整補助金を増額)

③**医療費適正化計画の見直し、予防・健康づくりの促進**

・都道府県が**地域医療構想と整合的な目標**(医療費の水準、医療の効率的な提供の推進)を計画の中に設定

・保険者が行う保健事業に、予防・健康づくりに関する**被保険者の自助努力への支援**を追加

④**患者申出療養を創設**　(患者からの申出を起点とする新たな保険外併用療養の仕組み)

【施行期日】 平成30年4月1日（4①は公布の日（平成27年５月29日）、2は公布の日及び平成29年4月1日、3及び4②～④は平成28年4月1日）

図11　医療保険制度改革の主要事項のスケジュール

	平成27年度	平成28年度	平成29年度	平成30年度～
国保改革 ・財政支援の拡充 ・財政運営責任等の都道府県移行	財政支援の拡充 約 1,700 億円 →	→	→	約 3,400 億円 財政運営責任等の都道府県移行
後期高齢者支援金の全面総報酬割の導入(現行:1/3総報酬割)	1/2 総報酬割	2/3 総報酬割	3/3 総報酬割（全面総報酬割）	→
入院時の食事代の見直し(現行:1食260円)	－	1 食：360 円 ※低所得者、難病・小児慢性特定疾病患者は据え置き	→	1 食：460 円
紹介状なしの大病院受診時の定額負担の導入	－	平成 28 年度から導入	→	→
標準報酬月額の上限引上げ		平成 28 年度から引上げ	→	→
協会けんぽの国庫補助見直し	・国庫補助率 16.4％について、事実上の恒久化 ・法定準備金を超過する準備金の国庫補助相当額を翌年度減額する特例措置の導入	→	→	→
所得水準の高い国保組合の国庫補助の見直し	－	平成 28 年度から５年間で段階的に減額	→	→
患者申出療養の創設	－	平成 28 年度から導入	→	→

図12　持続可能な医療保険制度を構築するための国民健康保険法等の一部を改正する法律案【審議経緯】

衆議院	参議院
4月14日　本会議趣旨説明質疑	5月13日　本会議趣旨説明質疑（総理入り）
4月15日　提案理由説明	5月14日　提案理由説明、質疑①、視察（国立がん研究センター）
4月17日　質疑①	5月19日　質疑②
4月22日　質疑②	5月21日　参考人質疑、質疑③
4月23日　参考人質疑（福田栃木県知事、岡﨑高知県高知市長　他）	5月22日　参考人質疑（福田栃木県知事、渡邊新潟県聖籠町長　他）
4月24日　質疑③、採決、附帯決議	5月26日　質疑④（総理入り）、採決、附帯決議
4月28日　本会議議了	5月27日　本会議議了

3　新制度の施行に向けた準備

持続可能な医療保険制度を構築するための国民健康保険法等の一部を改正する法律案の成立により、2018年度（平成30年度）から新しい国民健康保険制度が施行されることになりました。

同法案の成立により、保険者努力支援制度の創設といった財政基盤強化策が講じられるとともに、都道府県が新たに保険者に加わり、国民健康保険事業費納付金、保険給付費等交付金、標準保険料率といった仕組みが創設されましたが、そうした新制度の詳細については、引き続き、厚生労働省と地方との間で協議を進めることとされていました。

図13　国保制度改革の主な流れ（イメージ）

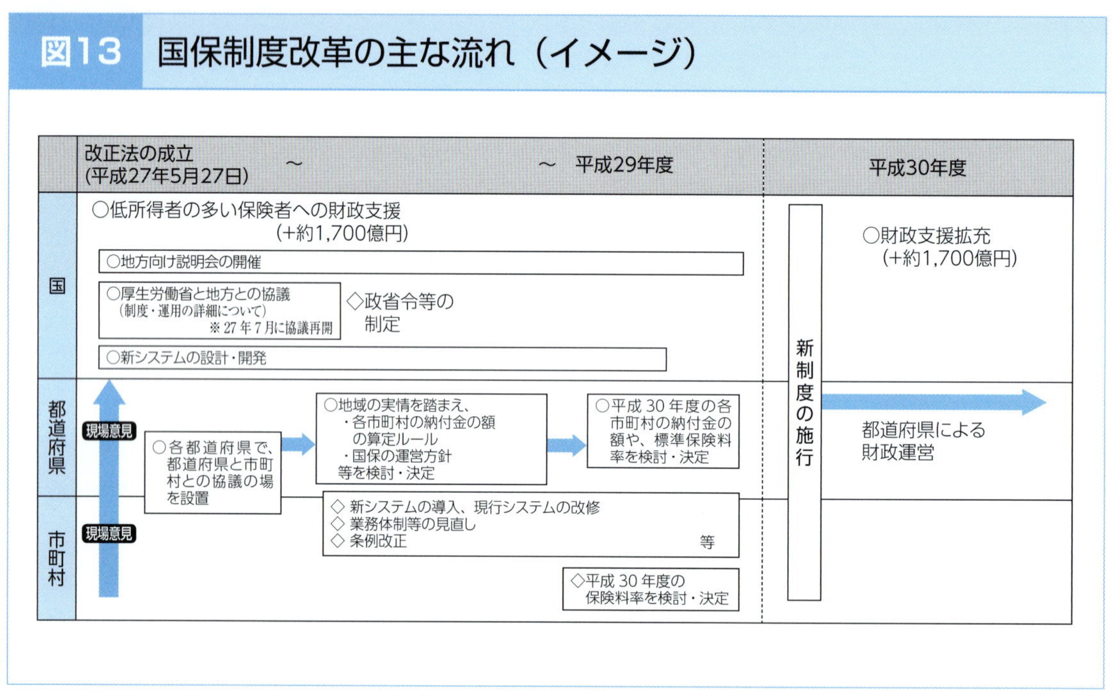

そうしたことから、2015年（平成27年）7月に国保基盤強化協議会の事務レベルワーキングが再開され、厚生労働省と地方との間で、順次、協議が進められているところです。

2016年（平成28年）5月末現在、厚生労働省から、2016年度(平成28年度)における都道府県・市町村の主な準備事務に関する資料が公表されており、また、国民健康保険事業費納付金と標準保険料率の算定ガイドラインと国保運営方針の策定要領が発出されています。引き続き事務レベルワーキングにおいて制度の施行に向けた詳細が議論されていくこととなると同時に、都道府県と市町村の間でも2018年度（平成30年度）施行に向けて、都道府県ごとの納付金・標準保険料率の算定の在り方や国保運営方針について検討が行われることとなります。

また、新制度の円滑な施行のためには新しいシステムの開発が不可欠となりますので、国民健康保険中央会において設置された検討会で、地方の意見を聴きながら詳細設計が進められています。

図14　国保改革に係る平成27年度の主な進め方

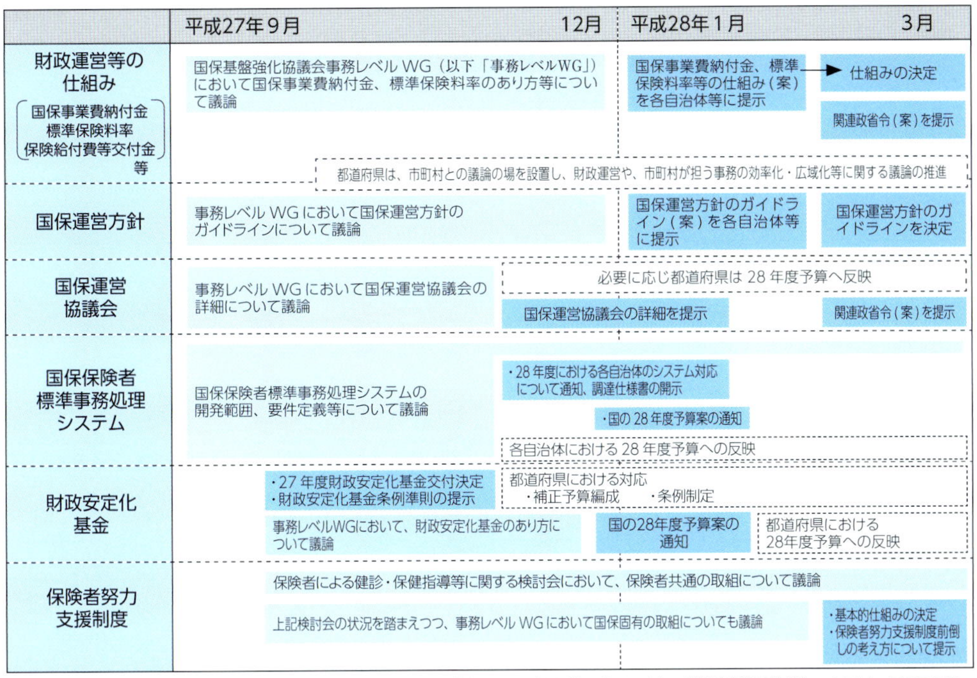

	平成27年9月〜12月	平成28年1月〜3月
財政運営等の仕組み（国保事業費納付金、標準保険料率、保険給付費等交付金 等）	国保基盤強化協議会事務レベルWG（以下「事務レベルWG」）において国保事業費納付金、標準保険料率のあり方等について議論	国保事業費納付金、標準保険料率等の仕組み（案）を各自治体等に提示 → 仕組みの決定 関連政省令（案）を提示
	都道府県は、市町村との議論の場を設置し、財政運営や、市町村が担う事務の効率化・広域化等に関する議論の推進	
国保運営方針	事務レベルWGにおいて国保運営方針のガイドラインについて議論	国保運営方針のガイドライン（案）を各自治体等に提示 国保運営方針のガイドラインを決定
国保運営協議会	事務レベルWGにおいて国保運営協議会の詳細について議論 国保運営協議会の詳細を提示	必要に応じ都道府県は28年度予算へ反映 関連政省令（案）を提示
国保保険者標準事務処理システム	国保保険者標準事務処理システムの開発範囲、要件定義等について議論 ・28年度における各自治体のシステム対応について通知、調達仕様書の開示	・国の28年度予算案の通知 各自治体における28年度予算への反映
財政安定化基金	・27年度財政安定化基金交付決定 ・財政安定化基金条例準則の提示 事務レベルWGにおいて、財政安定化基金のあり方について議論	都道府県における対応 ・補正予算編成　・条例制定 国の28年度予算案の通知 都道府県における28年度予算への反映
保険者努力支援制度	保険者による健診・保健指導等に関する検討会において、保険者共通の取組について議論 上記検討会の状況を踏まえつつ、事務レベルWGにおいて国保固有の取組についても議論	・基本的仕組みの決定 ・保険者努力支援制度前倒しの考え方について提示

※上記のスケジュールは平成27年9月末時点の見込みであり、検討状況により変更がありうる。また、都道府県等の取組については、目安である。

図15　国保改革に係る平成28年度の検討スケジュール（案）

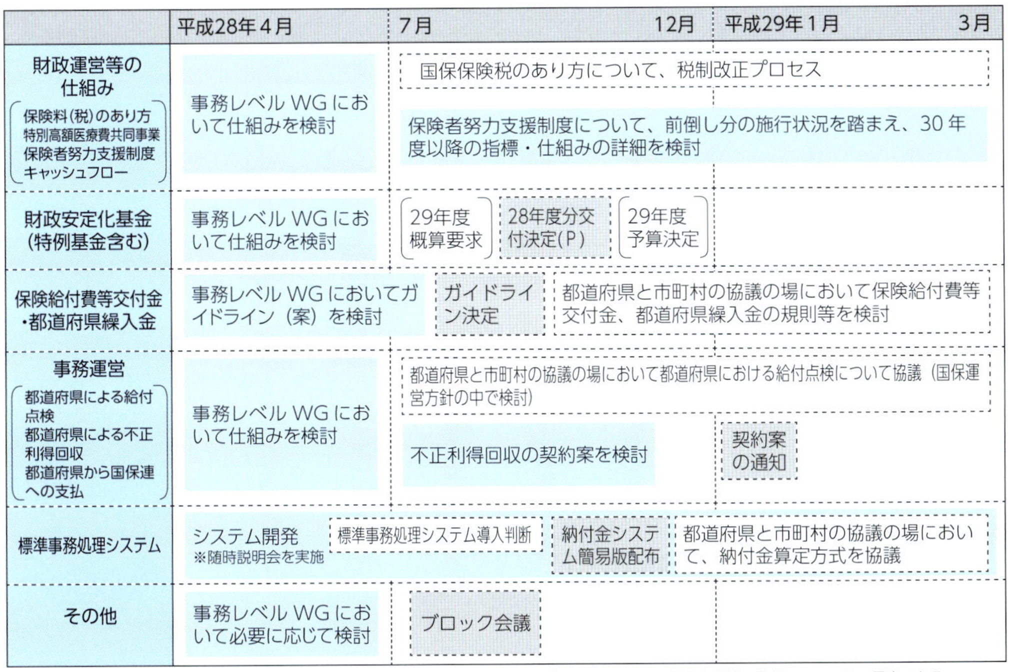

	平成28年4月	7月〜12月	平成29年1月〜3月
財政運営等の仕組み（保険料（税）のあり方、特別高額医療費共同事業、保険者努力支援制度、キャッシュフロー）	事務レベルWGにおいて仕組みを検討	国保保険税のあり方について、税制改正プロセス 保険者努力支援制度について、前倒し分の施行状況を踏まえ、30年度以降の指標・仕組みの詳細を検討	
財政安定化基金（特例基金含む）	事務レベルWGにおいて仕組みを検討	29年度概算要求 28年度分交付決定（P） 29年度予算決定	
保険給付費等交付金・都道府県繰入金	事務レベルWGにおいてガイドライン（案）を検討	ガイドライン決定 都道府県と市町村の協議の場において保険給付費等交付金、都道府県繰入金の規則等を検討	
事務運営（都道府県による給付点検、都道府県による不正利得回収、都道府県から国保連への支払）	事務レベルWGにおいて仕組みを検討	都道府県と市町村の協議の場において都道府県における給付点検について協議（国保運営方針の中で検討） 不正利得回収の契約案を検討	契約案の通知
標準事務処理システム	システム開発 ※随時説明会を実施 標準事務処理システム導入判断	納付金システム簡易版配布 都道府県と市町村の協議の場において、納付金算定方式を協議	
その他	事務レベルWGにおいて必要に応じて検討	ブロック会議	

※上記のスケジュールは平成27年度末時点の見込みであり、検討状況により変更がありうる。また、都道府県等の取組については、目安である。

図16　平成28年度における都道府県・市町村の主な準備事務

<table>
<tr><th>都　道　府　県</th><th>市　町　村</th></tr>
<tr><td colspan="2">○都道府県内市町村との協議の実施</td></tr>
<tr><td colspan="2">・市町村の国保運営の現状共有
・納付金・標準保険料率試算のためのデータ等の収集
・納付金・標準保険料率の仕組み（都道府県の算定方法等）についての議論
・国保運営方針についての議論（保険者機能の強化等）
・事務処理等の標準化・効率化の検討
・将来の国保財政・見通しについて議論　（保険料水準、一般会計繰入の解消・縮減等）
※必要に応じWGを設置して議論</td></tr>
<tr><td colspan="2">○条例改正（29年度改正に向けた準備含む）</td></tr>
<tr><td>・国保運営協議会の設置
・納付金の徴収
・保険給付費等交付金の設計
・財政安定化基金
（・特別会計の設置）</td><td>・業務フローの見直し等による改正</td></tr>
<tr><td>○国保運営協議会（又はその前身となる機関）の前倒し設置</td><td>○30年度以降のシステム対応の決定</td></tr>
<tr><td>・委員の選定
・協議の開始</td><td>・国が開発する市町村事務処理標準システムの導入の可否についての検討
・自庁システムの改修</td></tr>
<tr><td colspan="2">○納付金・標準保険料率試算</td></tr>
<tr><td>・納付金試算のためのデータ等の収集（再掲）
・試算の実施
※28年秋に納付金算定標準システムの簡易版を配布</td><td>・納付金試算のためのデータ等の収集（再掲）</td></tr>
</table>

※上記の他、通常の国保事務も引き続き実施

第2章

国民健康保険制度改革

1　総　論

平成27年の国民健康保険制度改革は、国民健康保険制度の安定化を堅持するために行われたものですが、改革事項には大きく二つの柱があり、一つが毎年約3,400億円の公費の拡充、もう一つが、国民健康保険の財政運営責任等が市町村から都道府県へ移行し、都道府県が中心的な役割を果たすこととなるという運営の在り方の見直しです。

図17　国民健康保険の改革による制度の安定化

公　費　拡　充

○国民健康保険に対し、平成 26 年度に実施した低所得者向けの保険料軽減措置の拡充（約 500 億円）に加え、29 年度以降**毎年約 3,400 億円の財政支援**（平成 27 年度は低所得者対策として保険者支援制度を 1,700 億円拡充）の拡充等を実施することにより、国保の抜本的な財政基盤の強化を図る。
- **公費約 3,400 億円**は、現在の国保の**保険料総額（約３兆円）の１割を超える規模**
- 被保険者一人当たり、**約１万円の財政改善効果**

運営の在り方の見直し

○**平成 30 年度から、都道府県が財政運営の責任主体となり、安定的な財政運営や効率的な事業の確保等の国保運営に中心的な役割**を担い、制度を安定化
- 給付費に必要な費用は、**全額**、都道府県が市町村に交付
- 将来的な保険料負担の平準化を進めるため、都道府県は、市町村ごとの標準保険料率を提示（標準的な住民負担の見える化）
- 都道府県は、**国保の運営方針を定め**、市町村の事務の効率化・広域化等を推進

○市町村は、地域住民と身近な関係の中、資格管理、保険給付、保険料率の決定、賦課・徴収、保健事業等、地域におけるきめ細かい事業をを引き続き担う
　※保険料率は市町村ごとに決定

【現行】　**市町村が個別に運営**

【改革後】　**都道府県が財政運営責任を担うなど中心的役割**

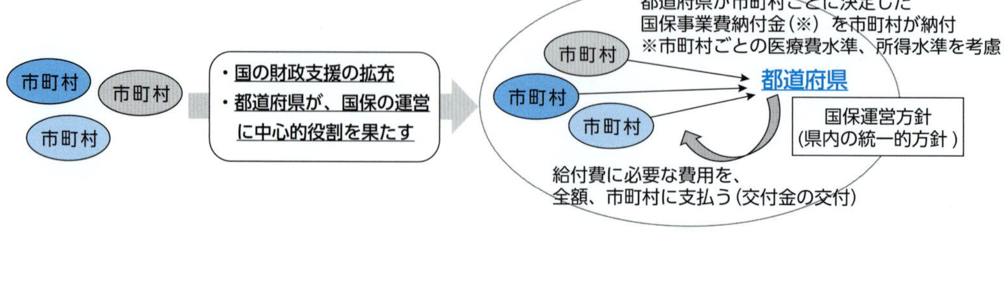

具体的には、以下の内容です。

① 国民健康保険に対し、2014年度（平成26年度）に実施した低所得者向けの保険料軽減措置の拡充（約500億円）に加え、2015年度（平成27年度）に低所得者対策として保険者支援制度を約1,700億円拡充し、更に、2017年度（平成29年度）以降は、保険者支援制度の拡充分との合計で毎年約3,400億円の追加的な財政支援を実施し、国民健康保険の財政基盤の強化を図る

② 平成30年度以降、都道府県が財政運営の責任主体となり、安定的な財政運営や効率的な事業の確保等の国民健康保険運営の中心的な役割を担い、制度の安定化を図るとともに、市町村は、地域住民と身近な関係の中、資格管理、保険給付、保険料率の決定、賦課・徴収、保健事業等、地域におけるきめ細かな事業を引き続き担う

これにより、国民健康保険の財政基盤が抜本的に強化されるとともに、地域医療構想の策定等の主体である都道府県を国民健康保険の財政運営の責任主体とすることによって、都道府県が、医療保険と医療提供体制の両面を見ながら、地域の医療の充実を図り、効率的かつ質の高い医療を提供できるように取り組むことが期待されています。

参考

○ 公費約3,400億円は、国民健康保険の保険料総額（約3兆円）の１割を超える規模であり、また、被保険者数の総数（約3,400万人）で機械的に除した場合、被保険者一人当たり約１万円の財政改善効果となる。
なお、財政支援の拡充に当たっては、赤字を抱える自治体に対してそのまま赤字額に応じた財政支援を行うのではなく、自治体の実情を踏まえた、効果的・効率的な財政支援（詳細は後述）を行うこととされていることに留意が必要。

2 公費拡充等による財政基盤の強化

1 総　論

国民健康保険の医療給付費等の財源構成をみると、総額から前期高齢者交付金による収入を除く額について、公費50％・保険料50％を原則としつつ、更に、低所得者の保険料軽減措置への財政支援等として公費が投入されることで賄われています。

今回の改革では、2014年度（平成26年度）に実施した低所得者向けの保険料軽減措置の拡充（約500億円）に加え、更に、毎年約3,400億円の追加的な財政支援を下記のとおり実施することにより、国民健康保険の抜本的な財政基盤の強化を図ることとされました。

（2015年度（平成27年度）から実施）

①　低所得者対策の強化のため、保険料の軽減対象となる低所得者数に応じた自治体への財政支援（2014年度（平成26年度）には約980億円）を更に約1,700億円拡充し、2015年度（平成27年度）予算で約2,640億円とされました。

（2018年度（平成30年度）から実施）

②-1　国の国民健康保険財政に対する責任を高める観点から、財政調整機能を強化することとされました。

具体的には、高額医療費共同事業の国庫負担については、その一部を国の財政調整交付金から振り替える予算上の措置が行われていますが、同事業への直接の財源手当を増加することにより、国の財政調整交付金を実質的に増額することとされました。

②-2　国民皆保険の基礎としての役割を果たしている国民健康保険において、国の財政調整交付金を活用し、自治体の責めによらない要因により医療費が高くなっていること等への財政支援を強化することとされました。（②：700～800億円規模）

③　医療費の適正化に向けた取組や国民健康保険が抱える課題への対応等を通じて保険者機能を発揮することを促す観点から、保険者としての努力を行う自治体に対し、適正かつ客観的な指標に基づく財政支援として「保険者努力支援制度」を創設することとされました。（700～800億円規模）

具体的な指標については、後期高齢者支援金の加算・減算で用いられる予定の指標も踏まえ、引き続き地方と協議の上決定することとされています。例えば、

（ア）被保険者の健康の保持・増進に関する努力として、特定健診・特定保健指導等の実施状況、（イ）医療の効率的な提供に関する努力として、後発医薬品の使用割合、（ウ）国民健康保険が抱える課題に対する努力として、収納率向上の状況等が考えられるとされています。

④　予期しない給付増や保険料収納不足といった財政リスクの分散・軽減のため、モラルハザードを防ぐための一定のルールを設定した上で、都道府県及び市町村に対して貸付・交付を行う財政安定化基金を都道府県に創設することとされました。（2,000億円規模）

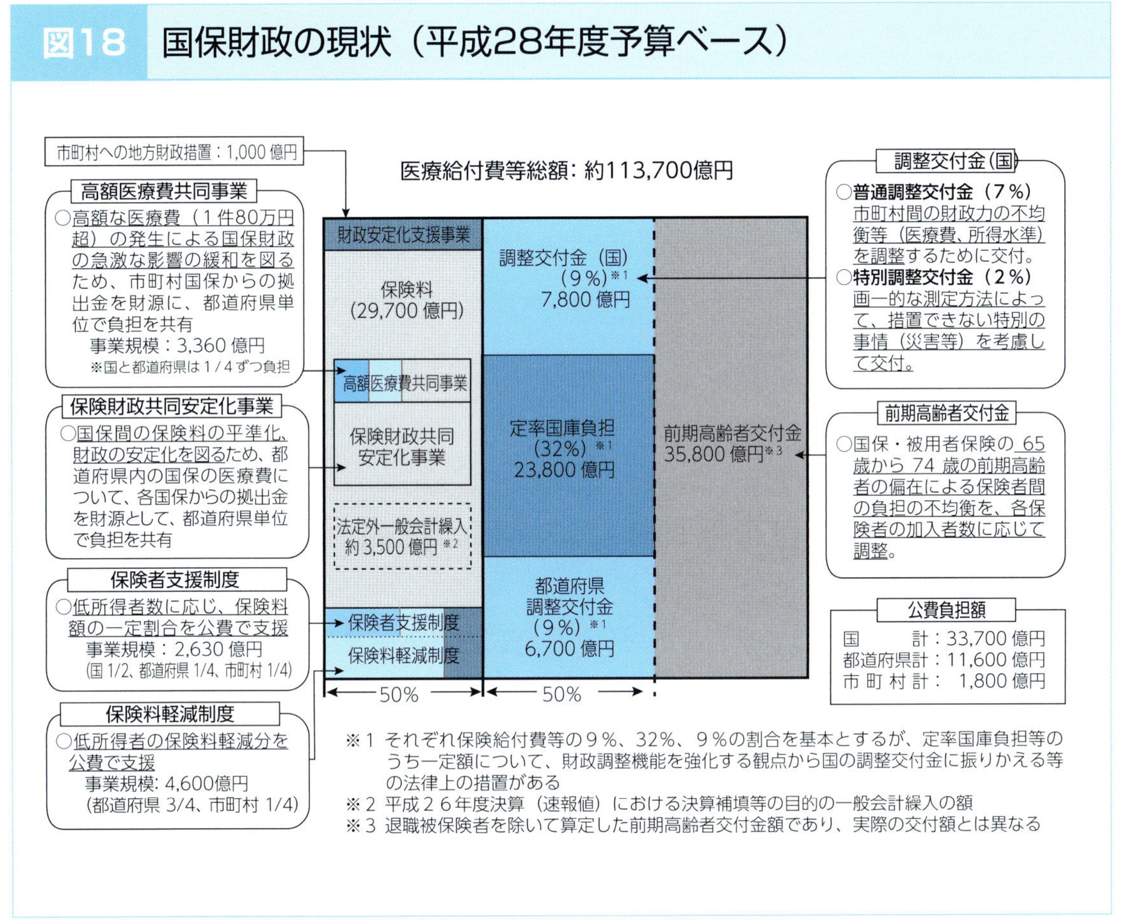

図18　国保財政の現状（平成28年度予算ベース）

図19　国民健康保険の改革による制度の安定化（公費拡充）

国民健康保険に対し、平成26年度に実施した低所得者向けの保険料軽減措置の拡充（約500億円）に加え、**毎年約3,400億円の財政支援**の拡充等を以下の通り実施することにより、国保の抜本的な財政基盤の強化を図る。
※ 公費約3,400億円は、現在の国保の保険料総額（約３兆円）の１割を超える規模
※ 被保険者一人当たり、約１万円の財政改善効果

<平成27年度から実施>

○**低所得者対策の強化**のため、保険料の軽減対象となる低所得者数に応じた自治体への財政支援を拡充 **（約1,700億円）**

<平成30年度から実施>（毎年約1,700億円）

○**財政調整機能の強化**（財政調整交付金の実質的増額）
○**自治体の責めによらない要因**による医療費増・負担への対応
（精神疾患、子どもの被保険者数、非自発的失業者 等）
○**保険者努力支援制度…医療費の適正化に向けた取組等に対する支援**
○**財政リスクの分散・軽減方策**（財政安定化基金の創設・高額医療費への対応 等）　等

・平成27年度から、財政安定化基金を段階的に造成等（平成27年度200億円⇒平成29年度約1,700億円）
・**平成30年度以降は、上記の項目に約1,700億円を配分**

○あわせて、医療費の適正化に向けた取組や保険料の収納率向上などの事業運営の改善等を一層推進し、財政基盤の強化を図る。

2　低所得者向けの保険料軽減措置の拡充

国民健康保険の保険料は、被保険者の負担能力に応じて賦課される応能分と、受益に応じて等しく被保険者に賦課される応益分から構成されており、また、世帯の所得が一定額以下の場合には、応益分保険料の７割、５割、２割が軽減されています。

この保険料軽減措置については、低所得者の保険料負担を更に軽減する観点から、2014年度（平成26年度）に、保険料の軽減判定所得の基準が見直され、５割軽減と２割軽減の対象世帯がそれぞれ拡大しました。（約400万世帯。約500億円）

具体的には、以下のような拡充が行われました。

○　２割軽減の拡大

（2013年度）33万円＋35万円×被保険者数
（2014年度）33万円＋45万円×被保険者数【軽減対象拡大】
（2015年度）33万円＋47万円×被保険者数（注）
（2016年度）33万円＋48万円×被保険者数（注）

○　５割軽減の拡大

（2013年度）33万円＋24.5万円×(被保険者数－世帯主)
（2014年度）33万円＋24.5万円×被保険者数【軽減対象拡大】

（2015年度）33万円＋26万円×被保険者数（注）
（2016年度）33万円＋26.5万円×被保険者数（注）

（注）軽減判定所得の基準については、ある特定年度の軽減対象被保険者が、物価の動向等の影響により、その翌年度において、同一所得水準にもかかわらず軽減対象被保険者から外れることがないよう、必要な見直しが行われている。
これにより、2015年度（平成27年度）及び2016年度（平成28年度）に、5割軽減と2割軽減の判定所得基準がそれぞれ見直された。

図20　国民健康保険・後期高齢者医療の低所得者の保険料軽減措置の拡充

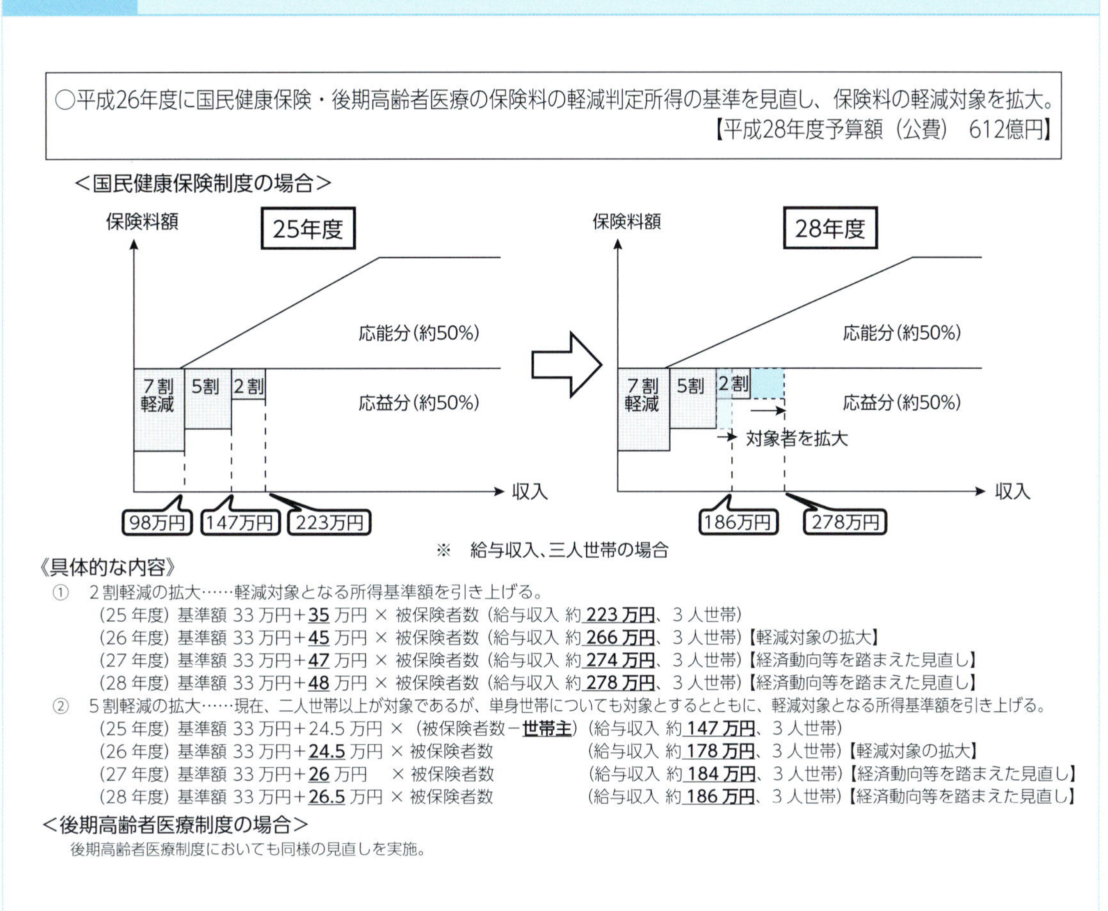

3　保険者支援制度の拡充

国民健康保険制度では、保険者の財政基盤を強化するため、保険料軽減の対象となる低所得者数に応じた財政支援が行われています。

【保険者支援制度】（国、都道府県、市町村が２：１：１で負担）

この保険者支援制度については、低所得者対策を強化する観点から、2015年度（平成27年度）に、事業規模が約1,700億円拡充され、2015年度（平成27年度）予算で約2,640億円とされました。

具体的には、以下のような拡充が行われました。

【改正前】

軽減対象者一人当たりの支援額

＝ 平均保険料収納額の12％（７割軽減）、6％（５割軽減）

【改正後】

軽減対象者一人当たりの支援額

＝ 平均保険料算定額の15％（７割軽減）、14％（５割軽減）、13％（２割軽減）

（注）収納額 ＝ 算定額 － 法定軽減額 － 未納額

図21　先行的な財政支援策としての保険者支援制度の拡充（平成27年度）

○**低所得者（保険料の軽減対象者）数に応じた保険者への財政支援（平成26年度:約980億円）を更に約1,700億円拡充。**

※被保険者一人当たり約5,000円の財政改善効果

《拡充の内容》

①現在、財政支援の対象となっていない２割軽減対象者についても、財政支援の対象とするとともに、軽減対象の拡大に応じ、財政支援の対象を拡大する。

②現行の７割軽減・５割軽減の対象者数に応じた財政支援の補助率を引き上げる。

③財政支援額の算定基準を平均保険料収納額の一定割合から、平均保険料算定額の一定割合に改める。

※収納額＝算定額－法定軽減額－未納額

【現行】　軽減対象者１人当たりの支援額＝平均保険料**収納額**の**12%**（7割軽減）、**6%**（5割軽減）

【改正後】軽減対象者１人当たりの支援額＝平均保険料**算定額**の**15%**（7割軽減）、**14%**（5割軽減）、**13%（2割軽減）**

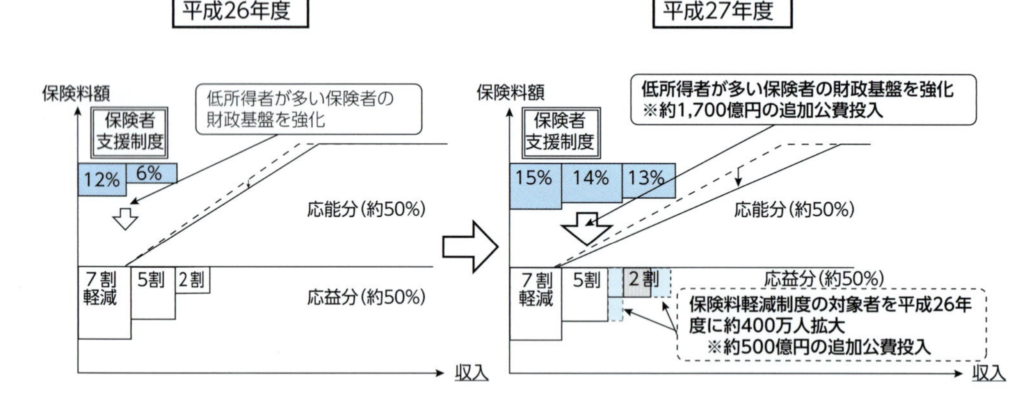

4　国民健康保険の財政調整機能の強化と、自治体の責めによらない要因への財政支援（特別調整交付金による財政支援の拡充）

これまで、高額医療費共同事業に対する国庫負担については、国民健康保険法の附則規定に基づき、その一部を国の調整交付金から振り替える措置が行われていました。

今回の制度改正により、高額医療費に対する国庫負担について財源手当が行われた(※)ことにより、国の財政調整交付金が実質的に増額され、国による財政調整機能が強化されました。

このようにして国の財政調整交付金が実質的に増額されたことに伴い、国民健康保険が抱える財政上の構造的な問題に対応する観点から、自治体の責めによらない要因により医療費が高くなっていること等への財政支援を強化することとされました。

具体的な支援策については引き続き地方と協議の上決定することとされていますが、例えば、精神疾患に係る医療費が高いこと、子どもの被保険者が多いこと、非自発的失業者に係る保険料軽減額に着目した、現在の特別調整交付金における財政支援の拡充等が考えられるとされています。

※　従来は、当分の間、調整交付金の総額は、本則の規定により算定された額（X）から、高額医療費に対する国庫負担の額（Y）から当該額の３分の１以内の額（Y×１/３以内）を控除した額（Y－Y×１/３以内）を控除した額（X'）として予算で定める額とされていた。

【X'＝X－（Y－Y×１/３以内)】

今回の改正により、高額医療費に対する国庫負担に対する直接の財源手当が増加されるため、国の調整交付金から控除する費用の算出の際に用いる「高額医療費共同事業の国庫負担三分の一以内」の要件が撤廃された。

具体的には、当分の間、調整交付金の総額は、本則の規定により算定された額（X）から、高額医療費に対する国庫負担の額（Y）から当該額以内の額（Y'）を控除した額（Y－Y'）を控除した額（X'）として予算で定める額とされた。

【X'＝X－（Y－Y')】

図22　自治体の責めによらない要因への財政支援（特別調整交付金による財政支援の拡充）

※詳細は引き続き地方と協議

○国保の財政基盤強化のため、自治体の責めによらない要因による医療費増・負担への対応を実施することとし、例えば、
①精神疾患に係る医療費が高いこと、
②子どもの被保険者が多いこと、
③非自発的失業者に係る保険料軽減額
に着目した、現在の特別調整交付金における財政支援の拡充を検討。

<参考>現行の財政支援の要件

① 結核・精神疾患の医療費が高いことによる保険者の財政負担が大きいことへの財政支援
〔交付要件〕結核・精神疾患に係る額が医療費の15%を超えること
〔交 付 額〕結核・精神疾患に係る額のうち、医療費の15%を超える部分× 80%以内

② 20歳未満の被保険者が多いことによる財政影響があることへの財政支援
〔交付要件〕20歳未満の被保険者の加入率が全国平均を上回っており、かつ、１人当たり所得が大幅に低いこと
〔交 付 額〕20歳未満の被保険者数のうち、全国平均加入率以上に加入している被保険者の数×全国平均の１人当たり応能保険料

③ 非自発的失業者の保険料（税）軽減額への財政支援
〔交付要件〕倒産・解雇等により職を失った「非自発的失業者」（※非自発的失業者については、給与所得を30%とみなし、保険料を賦課）のうち、応益割保険料の軽減措置の対象となる者がいること
〔交 付 額〕(当該市町村の１人当たり平均保険料（税）調定額－非自発的失業者の法定軽減後の保険料調定額)×「非自発的失業者」の数

5 保険者努力支援制度の創設

医療保険制度においては、2015年(平成27年) 6月に閣議決定された「経済財政運営と改革の基本方針2015」において「全ての国民が自らがんを含む生活習慣病を中心とした疾病の予防、合併症予防を含む重症化予防、介護予防、後発医薬品の使用や適切な受療行動をとること等を目指し、特定健診やがん検診の受診率向上に取り組みつつ、個人や保険者の取組を促すインセンティブのある仕組みを構築することが重要」とされるなど、いわゆる「インセンティブ改革」を進めることが求められています。

そうした流れの中、国民健康保険制度では、医療費適正化への取組や国民健康保険が抱える課題への対応等を通じた保険者機能の役割がより発揮されるよう、「保険者努力支援制度」を創設し、適正かつ客観的な指標に基づき、保険者としての努力を行う自治体に対し交付金を交付することで、国民健康保険の財政基盤を強化することとされました。

この保険者努力支援制度に基づく交付金については、保険者の努力を判断する指標を踏まえて交付額を加算することとされています。

具体的な指標については、引き続き地方と協議の上決定することとされていますが、下記のようなことを加算の対象とすることとされています。

- 「保険者による健診・保健指導等に関する検討会」において示される保険者種別毎の共通の指標（特定健診･特定保健指導の実施率、糖尿病等の重症化予防の取組の実施状況、後発医薬品の使用促進に関する取組の実施状況等）の他、
- あるべき医療提供体制を考える都道府県が適正化計画等に定める目標についても都道府県の取組として勘案して加算の対象とし、
- また、収納率等、国保が抱える構造問題への対応分についても加算の対象とすること

図23 経済財政運営と改革の基本方針2015（平成27年6月30日閣議決定）【抜粋】

第3章「経済・財政一体改革」の取組 －「経済・財政再生計画」－
5．主要分野ごとの改革の基本方針と重要課題
［1］社会保障

（略）

(インセンティブ改革)
全ての国民が自らがんを含む生活習慣病を中心とした疾病の予防、合併症予防を含む重症化予防、介護予防、後発医薬品の使用や適切な受療行動をとること等を目指し、特定健診やがん検診の受診率向上に取り組みつつ、個人や保険者の取組を促すインセンティブのある仕組みを構築することが重要である。

このため、保険者については、国民健康保険において、保険者努力支援制度の趣旨を現行補助制度に前倒しで反映する。その取組状況を踏まえ、2018 年度（平成30 年度）までに保険者努力支援制度のメリハリの効いた運用方法の確立、国民健康保険料に対する医療費の地域差の一層の反映、後期高齢者支援金の加算・減算制度の運用面での強化、医療保険の審査支払機関の事務費・業務の在り方など、保険者における医療費適正化に向けた取組に対する一層のインセンティブ強化について制度設計を行う。

個人については、健康づくりの取組等に応じたヘルスケアポイント付与や保険料への支援になる仕組み等の個人に対するインセンティブ付与を行うことにより、国民一人ひとりによる疾病予防、健康づくり、後発医薬品の使用、適切な受療行動を更に促進する。また、個人の健康管理に係る自発的な取組を促す観点から、セルフメディケーションを推進する。

要介護認定率や一人当たり介護給付費の地域差について、高齢化の程度、介護予防活動の状況、サービスの利用動向や事業所の状況等を含めて分析し、保険者である市町村による給付費の適正化に向けた取組を一層促す観点から、制度的な対応も含めた検討を行う。

民間事業者の参画も得つつ高齢者のフレイル対策を推進する。「がん対策加速化プラン」を年内をめどに策定し、がん対策の取組を一層推進する。

図24　保険者に対する予防・健康づくり等のインセンティブの見直し

○これまでの検討会での指摘や日本再興戦略等を踏まえ、本年の医療保険制度改革関連法において、国保の保険者努力支援制度が創設されたこともあり、保険者種別それぞれの特性に応じた新たなインセンティブ制度に見直すこととした。

〈現行（～平成29年度）〉

保険者種別	健康保険組合・共済組合	協会けんぽ	国保（市町村）	国保組合	後期高齢者医療広域連合
手法	後期高齢者支援金の加算・減算制度				なし
指標	特定健診・保健指導の実施率				

〈見直し後（平成30年度～）〉

保険者種別	健康保険組合・共済組合	協会けんぽ	国保（都道府県・市町村）	国保組合	後期高齢者医療広域連合
手法	後期高齢者支援金の加算・減算制度の見直し	各支部の取組等を都道府県単位保険料率に反映	保険者努力支援制度を創設	各国保組合の取組等を特別調整補助金に反映	各広域連合の取組等を特別調整交付金に反映
指標	保険者種別共通の項目を設定 （各項目の具体的な基準や、保険者種別の特性を踏まえて追加する項目は保険者種別毎に設定）				

○なお、指標の設定に当たっては、以下の附帯決議に留意する必要がある。
◎持続可能な医療保険制度を構築するための国民健康保険法等の一部を改正する法律案に対する附帯決議
参議院厚生労働委員会

一、国民健康保険について
5　保険者努力支援制度の実施に当たっては、保険者の努力が報われ、医療費適正化に向けた取組等が推進されるよう、綿密なデータ収集に基づく適正かつ客観的な指標の策定に取り組むこと。

図25　保険者努力支援制度（案）

概要・規模

（概要）
○医療費適正化への取組や国保固有の構造問題への対応等を通じて保険者機能の役割を発揮してもらう観点から、適正かつ客観的な指標（後発医薬品使用割合・収納率等）に基づき、保険者としての努力を行う都道府県や市町村に対し支援金を交付することで、国保の財政基盤を強化する。
（規模）
700～800億円程度

項目・算定方法

（指標）
○保険者努力支援制度に基づく支援金については、保険者の努力を判断する指標を踏まえて交付額を加算する。
○指標については、「保険者による健診・保健指導等に関する検討会」において示される保険者種別毎の共通の指標の他、あるべき医療提供体制を考える都道府県が適正化計画等に定める目標についても都道府県の取組として勘案して加算の対象とする。また、収納率等、構造問題への対応分についても加算の対象とすることとする。

⇒指標イメージ

都道府県に対する財政支援の努力の指標（例）	市町村に対する財政支援の努力の指標（例）
◆ 指標A ◆ 指標B　等	◆ 指標C ◆ 指標D　等

（算定方法）
○都道府県、市町村ごとに基礎点を定め、指標に**基づき点数を加算**した後、被保険者規模をかけることで、自治体ごとの点数を求める。

図26　保険者努力支援制度の交付イメージ

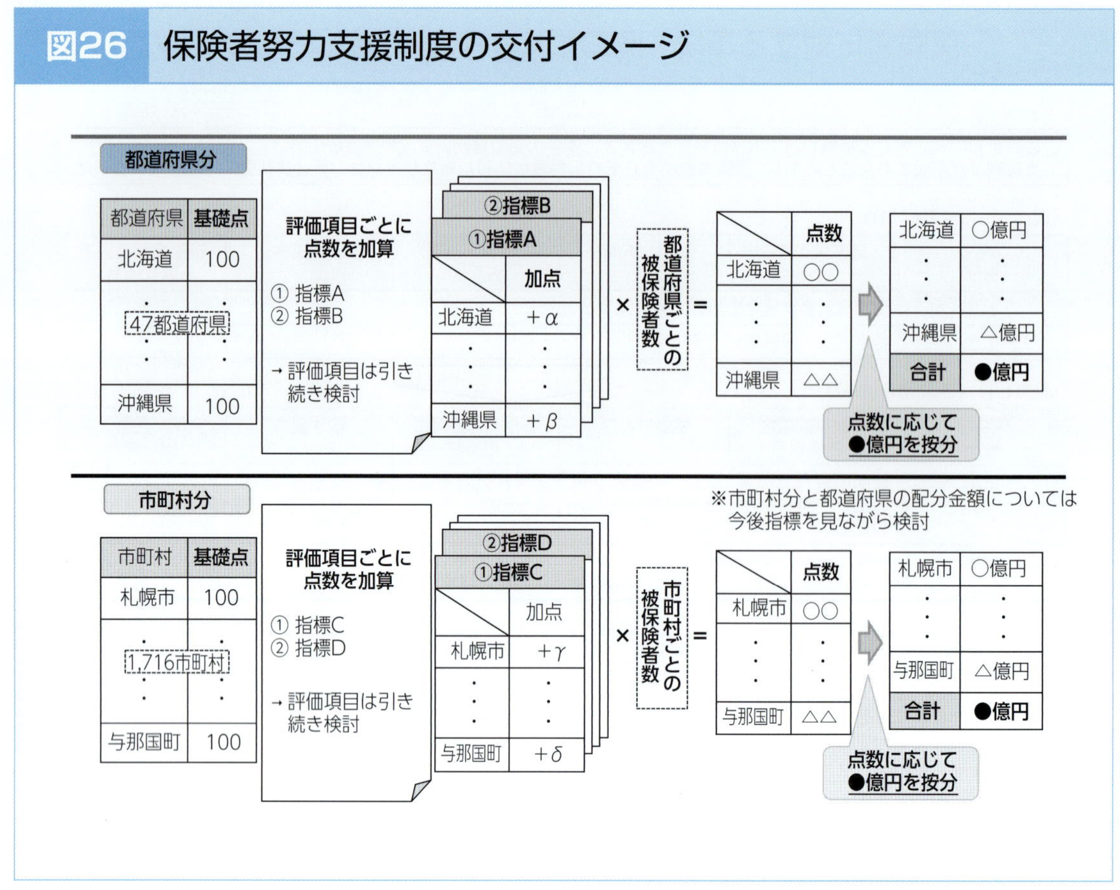

図27　保険者努力支援制度における算定・交付の考え方

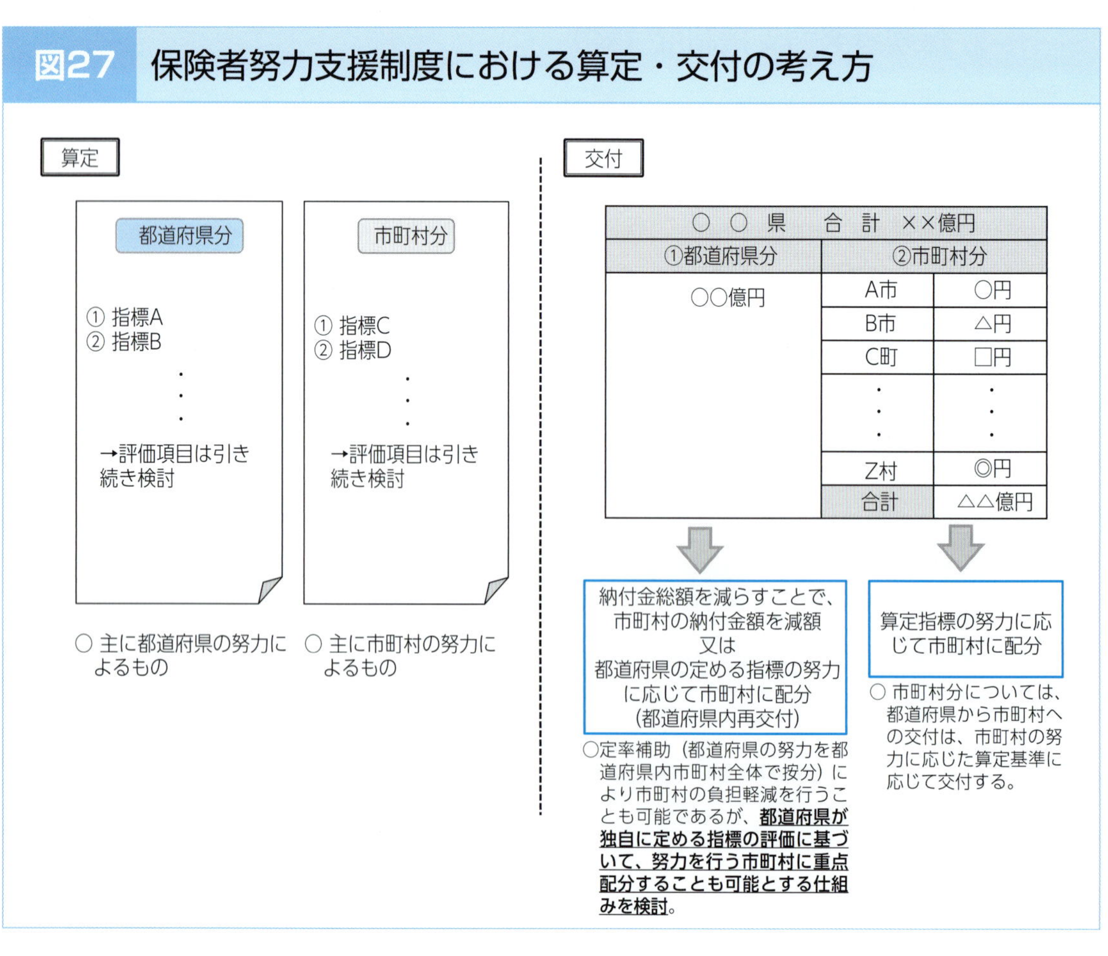

図28　今後の保険者における予防・健康づくり等の取組の推進に当たって共通的に評価する指標（保険者による健診・保健指導等に関する検討会での取りまとめ 平成28年1月6日）

○「保険者による健診・保健指導等に関する検討会」において、今後、保険者が種別にかかわりなく共通的に推進すべき取組について検討し、検討会として以下のとおり取りまとめ。
○ 下記を指針とし、今後、保険者種別ごとに具体的なインセンティブの指標や制度の詳細について検討を進める。

（1） 予防・健康づくりに係る指標

【指標①】特定健診・特定保健指導の実施率、メタボリックシンドローム該当者及び予備群の減少率
○ 特定健診・特定保健指導の実施率、メタボリックシンドローム該当者及び予備群の減少率、健診未受診者・保健指導未利用者対策

【指標②】特定健診に加えて他の健診の実施や健診結果等に基づく受診勧奨等の取組の実施状況
○ がん検診や歯科健診などの 検（健）診の実施、健診結果等に基づく受診勧奨や精密検査の必要な者に対する働きかけ、歯科のリスク保有者への保健指導等の取組の実施状況

【指標③】糖尿病等の重症化予防の取組の実施状況
○ 糖尿病等の治療中断者への働きかけや、治療中の加入者に対して医療機関等と連携して重症化を予防するための保健指導等を実施する取組

【指標④】広く加入者に対して行う予防・健康づくりの取組の実施状況
○ ICT 等を活用して本人に分かりやすく健診結果の情報提供を行うことや、ヘルスケアポイント等による予防・健康づくりへのインセンティブ付与の取組のうち、実効性のあるもの

（2） 医療の効率的な提供への働きかけに係る指標

【指標⑤】加入者の適正受診・適正服薬を促す取組の実施状況
○ 地域の医療関係者等との連携の下、重複頻回受診者、重複服薬・多剤投与と思われる者への訪問指導 の実施や、訪問による残薬確認・指導等の取組

【指標⑥】後発医薬品の使用促進に関する取組の実施状況
○ 後発医薬品差額通知の実施や後発医薬品の希望カードの配付など、実施により加入者の後発医薬品の使用を定着・習慣化させ、その後の後発医薬品の継続使用に資するもの。具体的な評価基準としては、加入者に対する取組の実施割合、後発医薬品の使用割合・伸び率等としていくことが考えられる。

図29　医療費適正化計画における指標と保険者努力支援制度における指標との関係

○ 次期医療費適正化計画では、現在、様々な分析を行っているところであり、今後、都道府県や保険者等による適正化に向けた取組が可能なものについては指標として位置づけることを検討している。
○ 保険者努力支援制度においては、医療費適正化計画に位置づけられる指標も踏まえて検討することとなる。

医療費適正化計画（平成 30 年度～）※

○ データ分析等を通じて、都道府県や保険者における取組が可能なものを中心に、指標として位置づける。

（指標）
①住民の健康の保持の推進に関する目標
②医療の効率的な提供の推進に関する目標

※地域医療構想の策定時期により平成 28 年度より前倒しで計画策定が可能のため、本年度中に基本方針を策定

医療費適正化計画の指標も踏まえて検討

指標 →

← 支援

保険者努力支援制度にも盛り込まれた指標に係る取組を支援

保険者努力支援制度（平成 30 年度～）※

○予防・健康づくり等の保険者共通のインセンティブに関する指標を踏まえて、今後、具体的な指標を検討

○その際、医療費適正化計画において位置づけられる指標も踏まえることが必要

※保険者努力支援制度の指標のうち、可能なものは、平成 28 年度から特別調整交付金により支援

6 財政リスクの分散・軽減（財政安定化基金の創設、高額な医療費への財政支援）

（財政安定化基金の創設）

国民健康保険においては、予期しない給付増や保険料収納不足が生じたことに伴って決算補てん等を目的とする一般会計繰入を行う市町村が多く見られます。

今回の改革では、こうした予期しない給付増や保険料収納不足といった財政リスクを分散・軽減するための制度的対応として、都道府県に財政安定化基金を設置し、下記のような仕組みが設けられました。

・保険料の収納不足が生じた市町村に対して、財政安定化基金から資金の貸付・交付を行うとととともに、

・給付の増加等により都道府県において財源不足が生じた場合に、財政安定化基金を取り崩すことができる

また、事業規模は約2,000億円規模とされており、財源構成は下記の通りです。

・財政安定化基金の創設については、全額国費で行うこと

・財政安定化基金のうち交付分への補てん措置については都道府県が判断して決定し、国･都道府県･市町村（保険料。交付を受けた市町村が補てんすることが基本）が３分の１ずつ補てんすること

さらに、財政安定化基金の仕組みとしては、下記の３点がポイントとなります。

①　都道府県は、市町村が実際に収納した保険料額(基金事業対象保険料収納額)が、市町村において収納することが必要な保険料額(基金事業対象保険料必要額)に不足した場合に、当該市町村に対し、収納不足額を基礎として算定した額の範囲内の額の資金を貸し付ける（当該市町村が償還）

②　都道府県は、市町村において保険料収納不足が生じたことについて「特別の事情」があると認めるとき、当該市町村に対し、収納不足額を基礎として算定した額の範囲内の額の２分の１以内の額の資金を交付する（交付分への補てん措置については、前述のとおり、国･都道府県･市町村（保険料。交付を受けた市町村が補てんすることが基本）が３分の１ずつ補てん）

③　都道府県は、都道府県が支払う費用のうち、国民健康保険法上、都道府県が支払いを義務付けられている費用についての財源不足(基金事業対象収入額が基金事業対象費用額に不足する額)分を財政安定化基金から取り崩す（都道府県が翌年度以降納付金に含めて徴収し償還）

財政安定化基金からの貸付・交付は、都道府県内の市町村における保険料の収納状況等を勘案することとされています（第81条の２第１項）が 、これは、保険料の収納率が著しく低い市町村の保険料収納不足について、そのまま貸付・交付を行うのではなく、貸付・交付の額に一定の限度を設けるなど、財政安定化基金の活用についてモラルハザード

が生じないよう一定のルールを設けることを想定しているものです。

財政安定化基金の更に詳細な仕組みについては、引き続き地方と協議の上、決定することとされています。

図30　財政安定化基金の設置

1．趣旨

○　財政の安定化のため、給付増や保険料収納不足により財源不足となった場合に備え、一般財源からの財政補填等を行う必要がないよう、都道府県に財政安定化基金を設置し、都道府県及び市町村に対し貸付・交付を行うことができる体制を確保する。

2．内容

○　貸付…各年度、財源不足額を貸付。原則３年間で償還（無利子）
○　交付…特別な事情が生じた場合、モラルハザードが生じないよう留意しつつ、財源不足額のうち保険料収納不足額×１／２以内を交付
特別な事情に該当する場合…災害、景気変動等（詳細は、今後地方と協議の上、政省令で規定）

3．基金規模等

○　2,000億円規模をめざし、国費で創設・順次積増しすることとし、平成27年度は200億円、平成28年度は約400億円（予算案）を措置。
○　交付分に対する補填は各都道府県が決定。
※国・都道府県・市町村（保険料、交付を受けた当該市町村が負担することを基本）で1／3ずつ補填

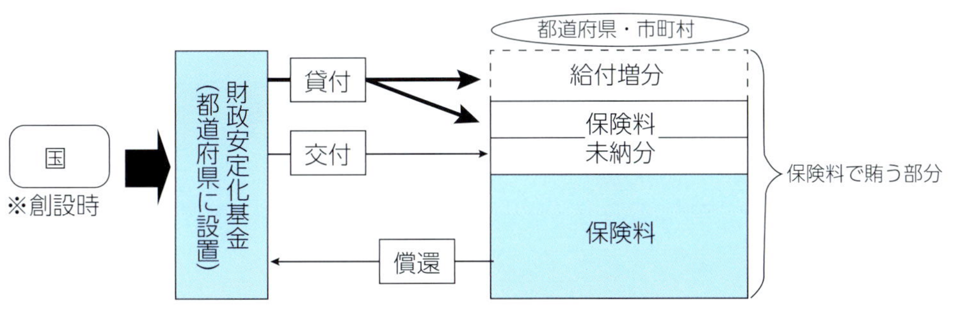

（高額な医療費への財政支援の拡充）

国民健康保険においては、高額な医療費の発生による国民健康保険財政の急激な影響の緩和を図るため、高額医療費共同事業（１件１ヶ月80万円超の医療費が対象）における公費支援に加え、「超高額医療費共同事業」として、１件１ヶ月420万円超という著しく高額な医療費に対して国費による財政支援が行われています。(2015年度(平成27年度)予算で約20億円)

今回の改革により、著しく高額な医療費に対する国の責任を強化する観点から、超高額医療費共同事業への財政支援が拡充されることとなりました。(数十億円規模)

図31　財政安定化基金による貸付・交付（イメージ）

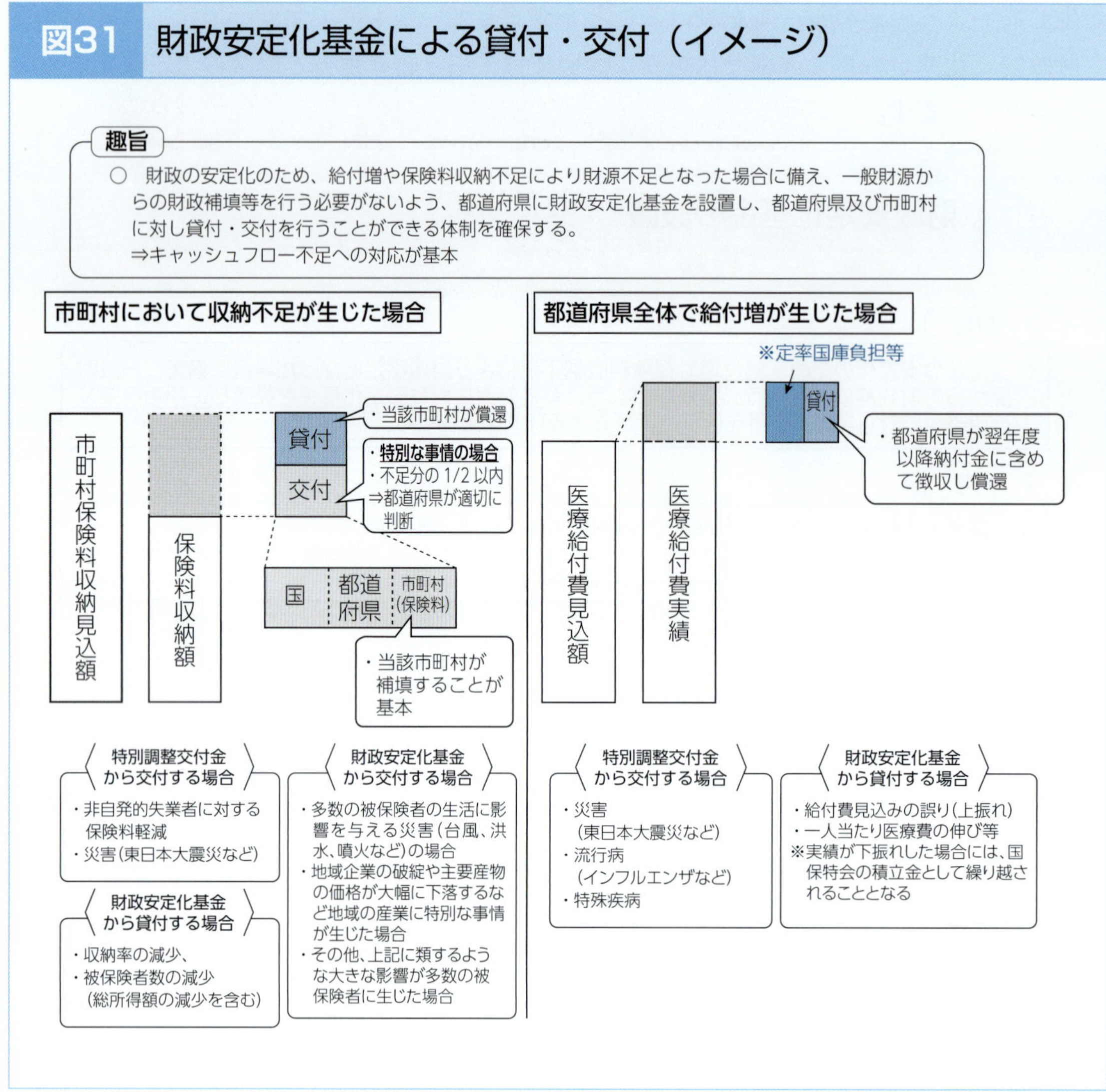

3 運営の在り方の見直し（保険者機能の強化）

1 総　論

今回の改革により、小規模な保険者の多い従来の国民健康保険について、新たに都道府県が保険者に加わり、都道府県が安定的な財政運営や効率的な事業の確保等の国民健康保険運営に中心的な役割を担い、制度を安定化させることになりました。

また、各市町村は、引き続き地域住民と身近な関係の中、資格管理、保険給付、保険料率の決定、賦課･徴収、保健事業等の地域におけるきめ細かな事業を担うこととなりました。

都道府県と市町村それぞれの主な役割としては、以下のようなものとなります。

・都道府県は、都道府県が統一的な運営方針として国保運営方針を示し、市町村が担

図32　国保制度改革の概要（運営の在り方の見直し）

○**平成 30 年度から、都道府県が財政運営の責任主体となり、安定的な財政運営や効率的な事業の確保等の国保運営に中心的な役割**を担い、制度を安定化
- 給付費に必要な費用は、**全額**、都道府県が市町村に交付
- 将来的な保険料負担の平準化を進めるため、都道府県は、市町村ごとの標準保険料率を提示（標準的な住民負担の見える化）
- 都道府県は、**国保の運営方針を定め**、市町村の事務の効率化・広域化等を推進

○市町村は、地域住民と身近な関係の中、資格管理、保険給付、保険料率の決定、賦課･徴収、保健事業等、地域におけるきめ細かい事業を引き続き担う

【現行】 市町村が個別に運営
市町村
市町村
市町村
・国の財政支援の拡充
・都道府県が、国保の運営に中心的役割を果たす
【改革後】 都道府県が財政運営責任を担うなど中心的役割
市町村
市町村
市町村
都道府県が市町村ごとに決定した国保事業費納付金を市町村が納付
都道府県
国保運営方針（県内の統一的方針）
給付費に必要な費用を、全額、市町村に支払う（交付金の交付）
（構造的な課題）
・年齢が高く医療費水準が高い
・低所得者が多い
・小規模保険者が多い
・資格管理（被保険者証等の発行）
・保険料率の決定、賦課・徴収
・保険給付
・保健事業
※被保険者証は都道府県名のもの
※保険料率は市町村ごとに決定
※事務の標準化、効率化、広域化を進める
・財政運営責任（提供体制と双方に責任発揮）
・市町村ごとの納付金を決定
市町村ごとの医療費水準、所得水準を考慮することが基本
・市町村ごとの標準保険料率等の設定
・市町村が行った保険給付の点検、事後調整
・市町村が担う事務の標準化、効率化、広域化を促進
なお、国の普通調整交付金については、都道府県間の所得水準を調整する役割を担うよう適切に見直す
○詳細については、引き続き、地方との協議を進める

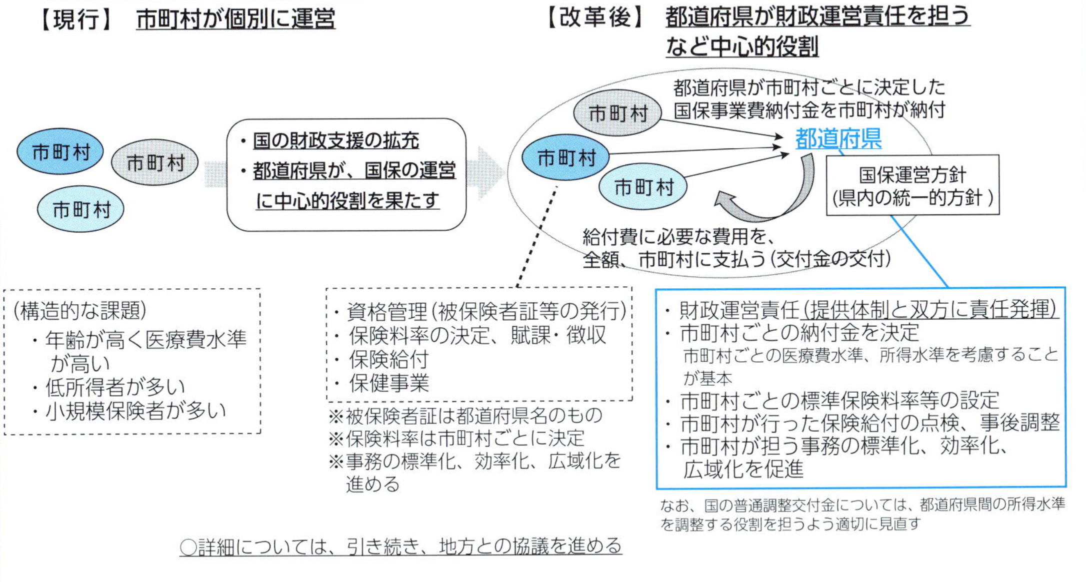

う事務の効率化、標準化、広域化を推進するとともに、財政運営の責任主体となり、市町村ごとの国保事業費納付金の決定や財政安定化基金を設置･運営、市町村ごとの標準保険料率の算定･公表、給付に必要な費用を全額市町村に交付、市町村が行った保険給付の点検等を実施することとなりました。

・市町村は、都道府県が示す標準保険料率を参考に保険料率を決定し、保険料を賦課･徴収し、都道府県に国保事業費納付金を納付することになりました。また、保険給付の決定や個々の事情に応じた窓口負担減免、被保険者の特性に応じたきめ細かな保健事業を実施することとなりました。

図33　改革後の国保の運営に係る都道府県と市町村それぞれの役割

改革の方向性		
1. 運営の在り方 (総論)	○ 都道府県が、当該都道府県内の市町村とともに、国保の運営を担う ○ 都道府県が財政運営の責任主体となり、安定的な財政運営や効率的な事業運営の確保等の国保運営に中心的な役割を担い、制度を安定化 ○ 都道府県が、都道府県内の統一的な運営方針としての国保運営方針を示し、市町村が担う事務の効率化、標準化、広域化を推進	
	都道府県の主な役割	市町村の主な役割
2. 財政運営	財政運営の責任主体 ・市町村ごとの国保事業費納付金を決定 ・財政安定化基金の設置・運営	・国保事業費納付金を都道府県に納付
3. 資格管理	国保運営方針に基づき、事務の効率化、標準化、広域化を推進 ※4.と5.も同様	・地域住民と身近な関係の中、資格を管理(被保険者証等の発行)
4. 保険料の決定 賦課・徴収	標準的な算定方法等により、市町村ごとの標準保険料率を算定・公表	・標準保険料率等を参考に保険料率を決定 ・個々の事情に応じた賦課･徴収
5. 保険給付	・給付に必要な費用を、全額、市町村に対して支払い ・市町村が行った保険給付の点検	・保険給付の決定 ・個々の事情に応じた窓口負担減免等
6. 保健事業	市町村に対し、必要な助言･支援	・被保険者の特性に応じたきめ細かい保健事業を実施 (データヘルス事業等)

図34　持続可能な医療保険制度を構築するための国民健康保険法等の一部を改正する法律案による改正後の国民健康保険法（抄）（保険者 等）

（保険者）
第３条　**都道府県は**、当該都道府県内の**市町村**（特別区を含む。以下同じ。）**とともに、**この法律の定めるところにより、**国民健康保険を行うものとする。**
２　（略）

（国、都道府県及び市町村の責務）
第４条　国は、国民健康保険事業の運営が健全に行われるよう必要な各般の措置を講ずるとともに、第一条に規定する目的の達成に資するため、保健、医療及び福祉に関する施策その他の関連施策を積極的に推進するものとする。
２　**都道府県は、安定的な財政運営、市町村の国民健康保険事業の効率的な実施の確保その他の**都道府県及び当該都道府県内の市町村の**国民健康保険事業の健全な運営について中心的な役割を果たすものとする。**
３　**市町村**は、被保険者の**資格の取得及び喪失**に関する事項、国民健康保険の**保険料**（地方税法（昭和25年法律第226号）の規定による国民健康保険税を含む。…（略）…）**の徴収、保健事業の実施その他の国民健康保険事業を適切に実施するものとする。**
４　**都道府県及び市町村は、前二項の責務を果たすため、保健医療サービス及び福祉サービスに関する施策その他の関連施策との有機的な連携を図る**ものとする。
５　都道府県は、第２項及び前項に規定するもののほか、国民健康保険事業の運営が適切かつ円滑に行われるよう、国民健康保険組合その他の関係者に対し、必要な指導及び助言を行うものとする。

2　財政運営の仕組み（概要）

従来の国民健康保険では、市町村による運営の下、保険財政共同安定化事業等により、都道府県が一定程度の関与を行ってきました。

今回の改革では、市町村に加えて都道府県にも国民健康保険特別会計が設置され、都道府県は、市町村ごとの国保事業費納付金の額の決定するとともに、保険給付に必要な費用を、全額、市町村に対して支払うこと（保険給付費等交付金の交付）により、国民健康保険財政の「入り」と「出」を管理することとなりました。

加えて、都道府県が設定する標準的な保険料算定方式や市町村規模別の収納率目標等、市町村が保険料率を定める際に参考となる事項についての標準を設定するとともに、当該標準等に基づいて市町村ごとの標準保険料率を算定･公表することとなりました。

都道府県が市町村に対して交付する保険給付費等交付金には、二つの目的があります。一つ目は、「保険給付の実施その他の国民健康保険事業の円滑かつ確実な実施」（普通給付分）です。また、二つ目は、「当該都道府県内の市町村の財政状況その他の事情に応じた財政の調整」（特別給付分）です。特別給付金分は、都道府県が市町村に対して個別の事情に応じて交付するものです。例えば、国の特別調整交付金、都道府県繰入金（従来の都道府県調整交付金から名称が変わるもの）の二号交付分、保険者努力支援制度で都道府県から市町村へ交付される分になります。

また、新しい国民健康保険財政運営の仕組みにおける国の役割としては、定率国庫負担等を行うことで、国民健康保険財政全体に対し一律の財政支援を行うと同時に、全国レベルで調整すべき都道府県間の所得水準の調整、全国レベルで調整すべき都道府県・市町村の特別な事情等を考慮して調整交付金を配分することや、都道府県、市町村の医療費適正化等に向けた取組のインセンティブとして交付金を交付することとされました。

市町村の役割については、前述のとおり、都道府県が示す標準保険料率を参考に保険料率を決定し、保険料を賦課・徴収し、都道府県に国保事業費納付金を納付することとされました。

なお、こうした新たな財政運営の仕組みが創設されることから、保険財政共同安定化支援事業は廃止されることとなっております。

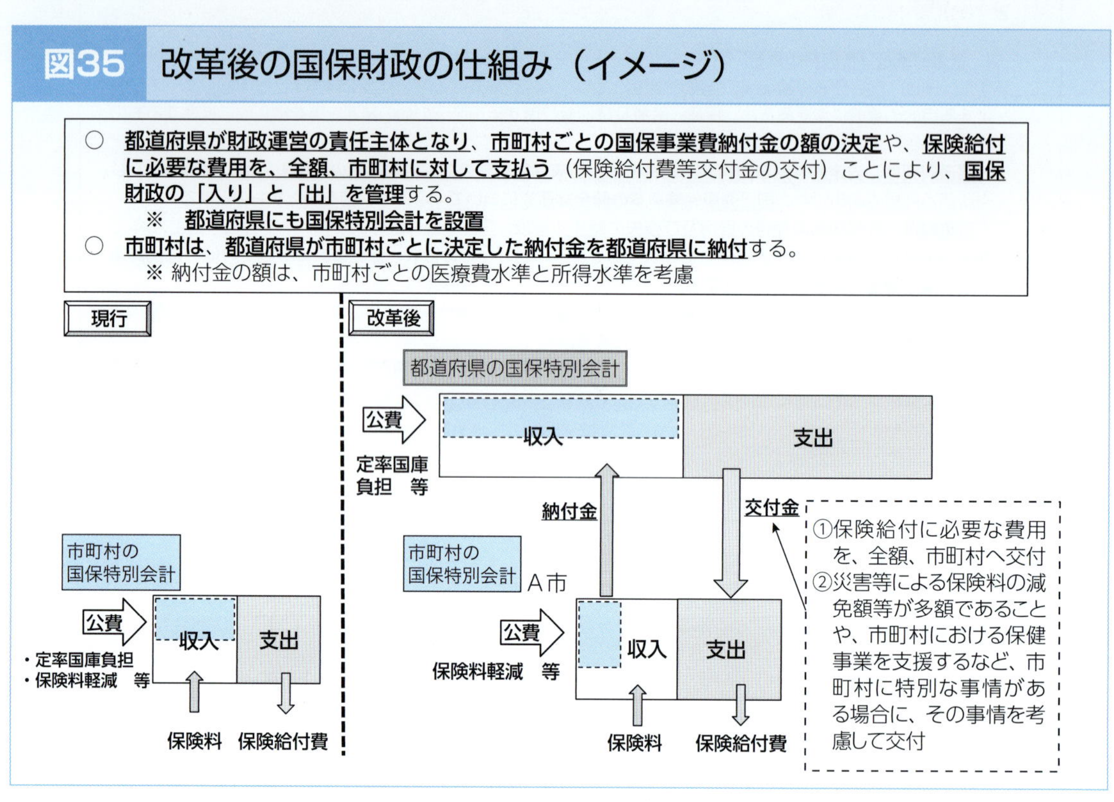

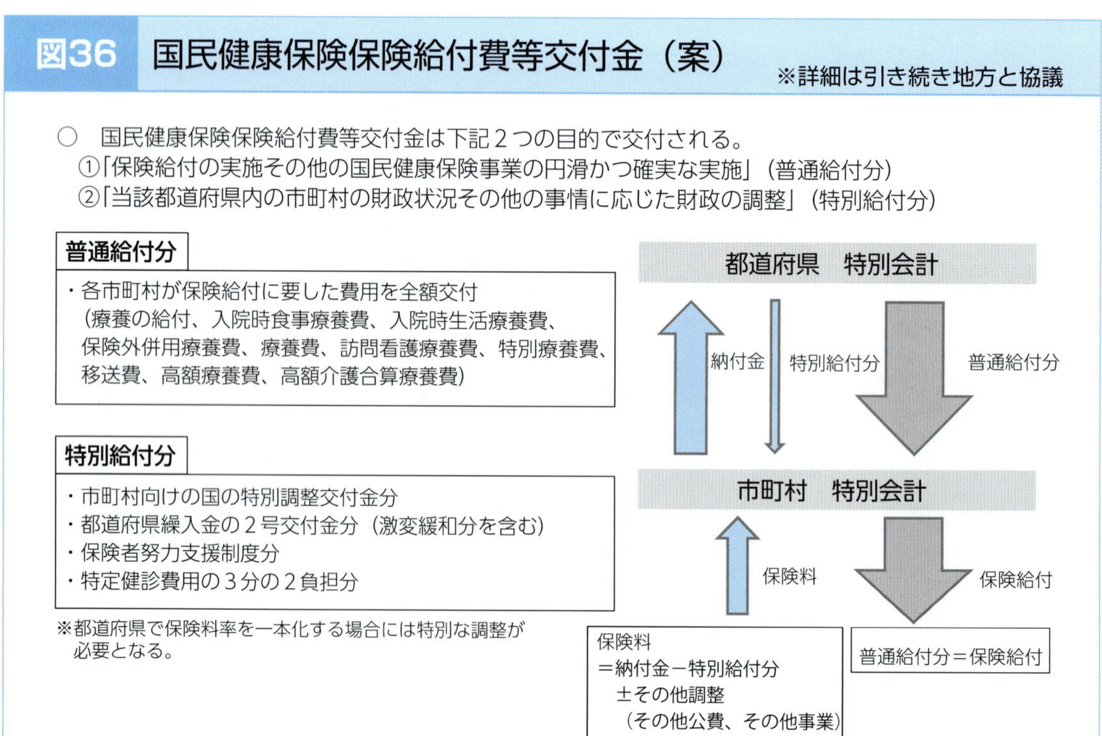

図36　国民健康保険保険給付費等交付金（案）
※詳細は引き続き地方と協議
○　国民健康保険保険給付費等交付金は下記２つの目的で交付される。
①「保険給付の実施その他の国民健康保険事業の円滑かつ確実な実施」（普通給付分）
②「当該都道府県内の市町村の財政状況その他の事情に応じた財政の調整」（特別給付分）
普通給付分
・各市町村が保険給付に要した費用を全額交付
（療養の給付、入院時食事療養費、入院時生活療養費、保険外併用療養費、療養費、訪問看護療養費、特別療養費、移送費、高額療養費、高額介護合算療養費）
特別給付分
・市町村向けの国の特別調整交付金分
・都道府県繰入金の２号交付金分（激変緩和分を含む）
・保険者努力支援制度分
・特定健診費用の３分の２負担分
※都道府県で保険料率を一本化する場合には特別な調整が必要となる。
都道府県　特別会計
納付金
特別給付分
普通給付分
市町村　特別会計
保険料
保険給付
保険料
＝納付金－特別給付分
±その他調整
（その他公費、その他事業）
普通給付分＝保険給付

図37　国保保険料の賦課、徴収の仕組み（イメージ）

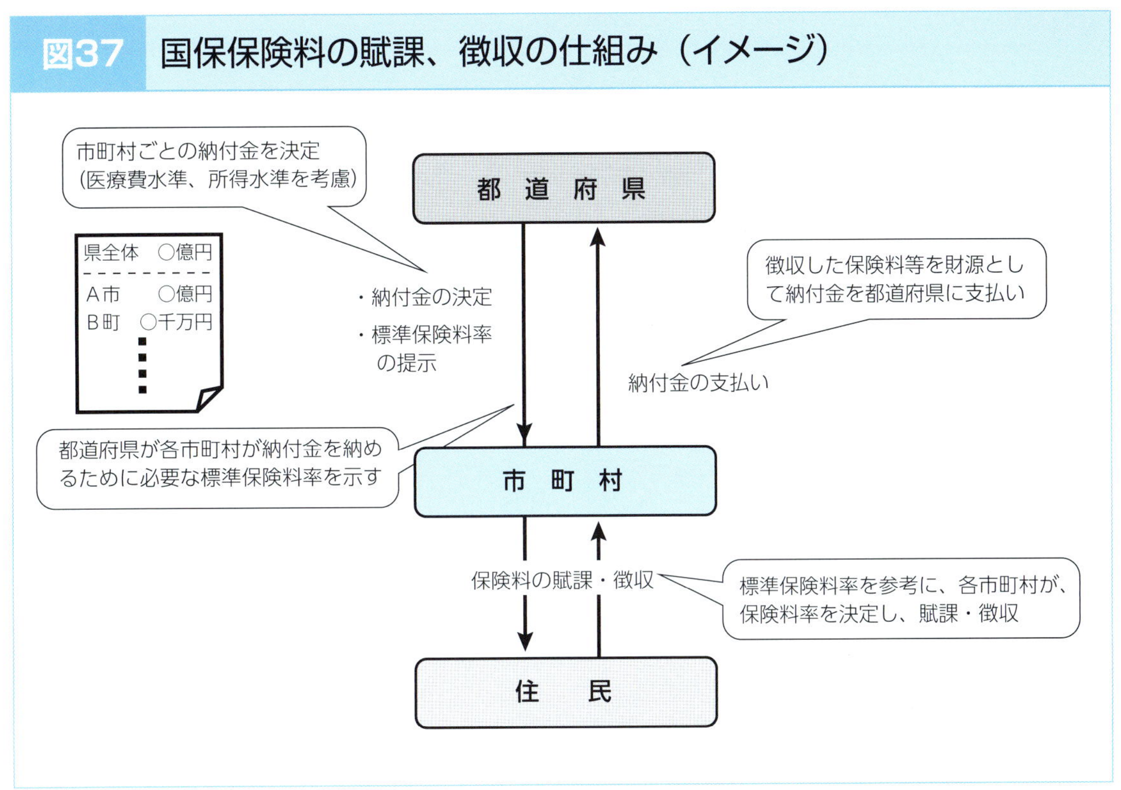

図38　国保の財政運営、保険料の賦課・徴収の仕組み　（イメージ）

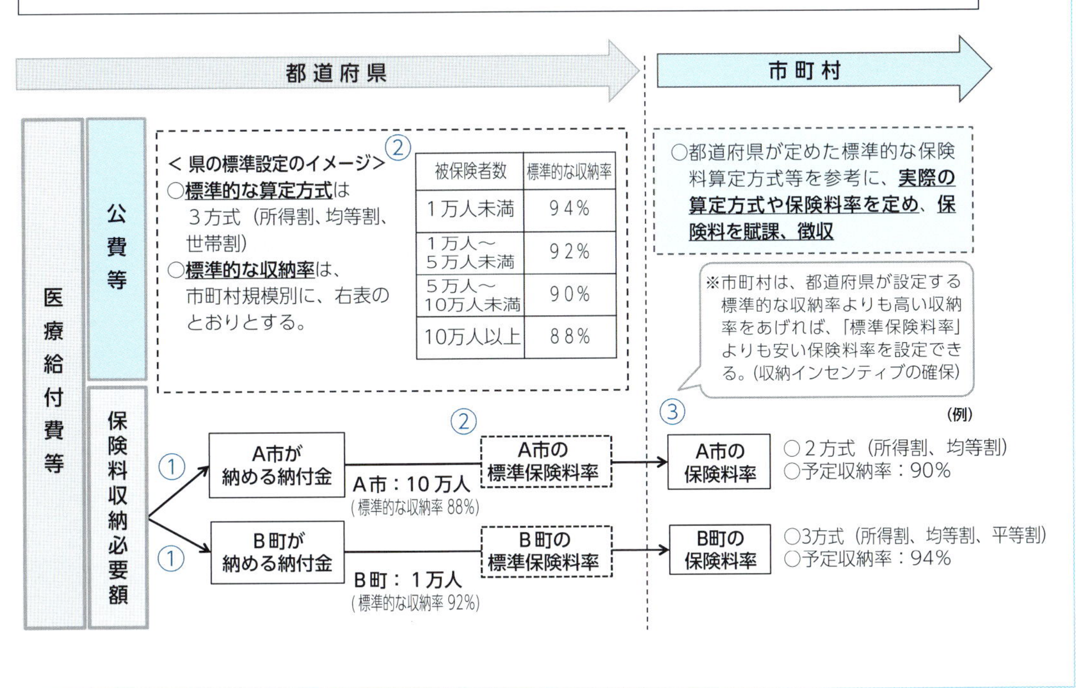

図39　改革後の国保財政運営における国、都道府県、市町村の役割

<国の役割>

○国は、定率国庫負担等を行うことで、国保財政全体に対し一律の財政支援を行うと同時に、全国レベルで調整すべき、都道府県間の所得水準の調整、全国レベルで調整すべき都道府県・市町村の特別な事情等を考慮して調整交付金を配分する。
○都道府県、市町村の医療費適正化等に向けた取組のインセンティブとして交付金を交付する。

<都道府県の役割>

○都道府県は、都道府県内市町村に医療給付、支払基金に後期高齢者支援金、介護納付金等を支払うが、そのための財源として国や都道府県一般会計からの公費のほか、市町村から集める納付金を充てる。
○市町村間の医療費水準や所得水準の差異を調整した上で、市町村ごとの納付金を割当てる。また、納付金を納めるために必要な標準保険料率を示す。
○国保の財政運営の責任主体として、一般会計から定率の公費繰入を実施し、都道府県における国保財政全体の安定化を図るとともに、都道府県内で調整すべき各市町村の特別な事情（納付金の算定方法変更等に伴う保険料の急激な変化等）を調整するため、一般会計から繰入れ、市町村に交付金を配分する。
○財政安定化基金を設置し、予期せぬ給付増や保険料収納不足が生じた場合には、貸付及び交付を行うことで、当該都道府県内の国保財政を安定化させる。

<市町村の役割>

○市町村は都道府県が定めた納付金を納めるため、都道府県に示された標準保険料率を参考にして、条例において国保の保険料率を決定し、賦課・徴収を行う。
○地域住民と身近な関係のもと、資格管理、保険給付、保健事業等、地域におけるきめ細かい事業を引き続き実施する。

※その他、従来から実施している国保財政安定化のための公費支援（高額医療費、保険者支援、保険料軽減等）を引き続き実施

3　国民健康保険事業費納付金

今回の改革により、都道府県は、国民健康保険事業費に要する費用に充てるため、条例で、年度ごとに、市町村から、国保事業費納付金を徴収することとされました。

都道府県は、医療給付費等の見込みを立て、市町村ごとの年齢構成の差異を調整した後の医療費水準と所得水準を考慮して、市町村ごとの国保事業費納付金の額を決定することとなります。

国保事業費納付金の水準に医療費水準が反映されることにより、市町村の医療費適正化機能が積極的に発揮されることが期待されています。その際、高齢化の進展に配慮する観点から、当該医療費水準については、市町村ごとの年齢構成の差異を調整したものを用いることとなります。また、特に被保険者の少ない市町村においては、毎年の医療費が増減しやすいことから、医療費水準については、単年度の実績だけではなく、複数年の平均値を使用することで平準化し、国保事業費納付金の額の急激な上昇が起きにくい仕組みとなっています。

また、国保事業費納付金の水準に所得水準が反映されることにより、年齢調整後の医療費水準が同じ場合、市町村の所得水準が高いほど国保事業費納付金の負担が大きくなり、公平な保険料水準となる仕組みとなっています。

図40　国保事業費納付金（イメージ）

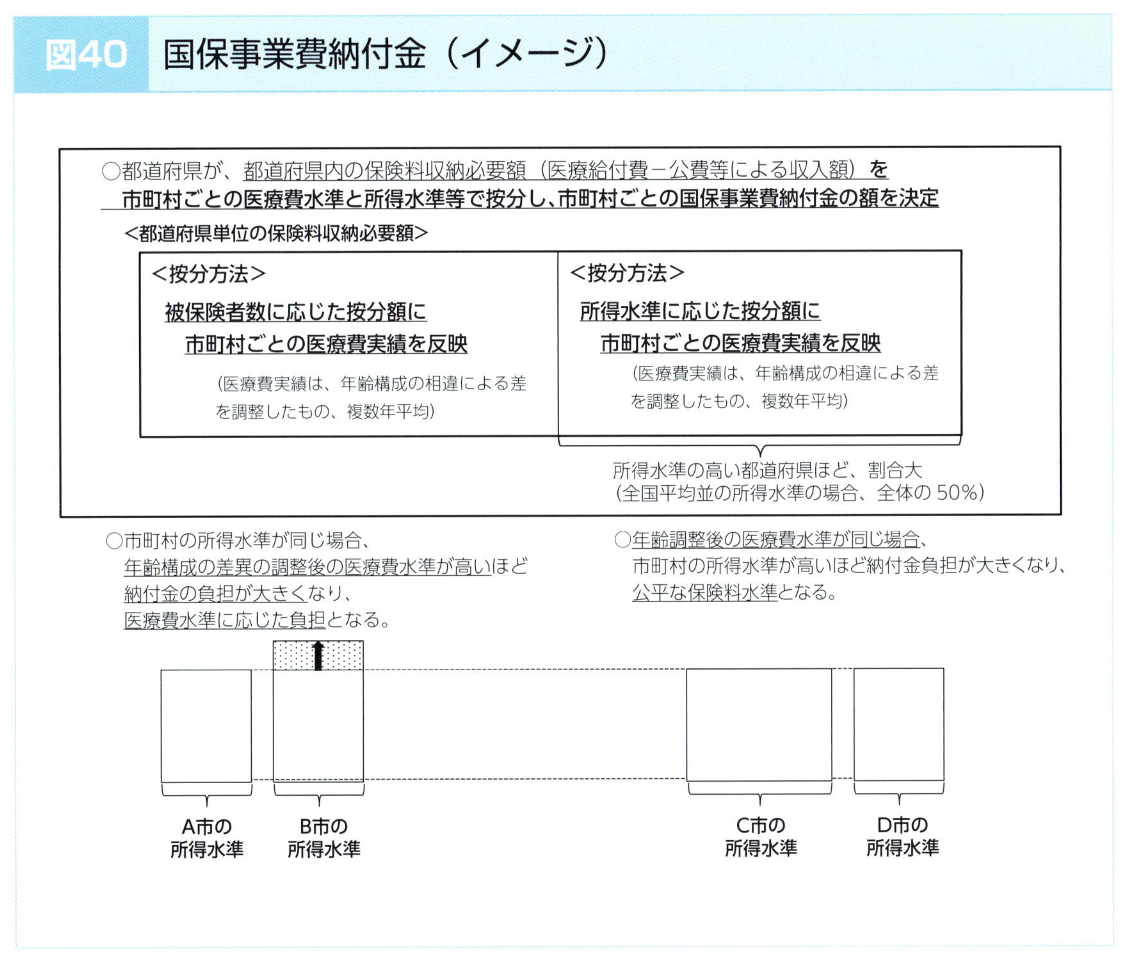

国保事業費納付金の具体的な算定方法や対象範囲等については、厚生労働省がガイドラインを示していますが、その大枠は以下のとおりです。

（算定方法）

○　国保事業費納付金は、医療費分、後期高齢者支援金分、介護納付金分にそれぞれ分けて算定を行い、最後に合算した額が当該市町村の納付金総額となる。

○　医療分については、所得水準に応じた調整のほか、年齢調整後の医療費水準による調整を実施。後期高齢者支援金分と介護納付金分については、所得水準に応じた調整のみ実施。また、個別調整として、医療分は「その他特別な事情」を考慮する役割があるが、後期高齢者支援金分と介護納付金分は行わない。

○　ある年度の国保事業費納付金を一度算定し市町村への割当額を確定させた後は、市町村の国民健康保険運営の安定化のため、当該年度途中は割当額の修正、精算等を行わないことを原則とする。

○　国保事業費納付金の算定手順としては、まず、国保事業費納付金で集めるべき総額を算定する。医療給付費の見込みから、前期高齢者交付金や定率国庫負担などの公費等の見込みを差し引くことで、当該都道府県全体で集めるべき国保事業費納付金の総額（国保事業費納付金算定基礎額）を算出する。

○　国保事業費納付金算定基礎額を市町村ごとに配分するに当たっては、年齢調整後の医療費水準及び所得水準を勘案することとする。これにより、国保事業費納付金の額の算定に当たっては、原則として同じ医療費水準（年齢調整後）である市町村は同じ保険料水準となる。また、市町村ごとの合計額が国保事業費納付金算定基礎額と等しくなるよう調整を行う。

○　医療費分の国保事業費納付金の計算方法については、以下のような数式となる。

市町村の国保事業費納付金の額

＝都道府県での必要総額
×｛α・(年齢調整後の医療費指数－1）＋1｝
×｛β・(所得（応能）のシェア）＋（人数（応益）のシェア)｝／（1＋β）
×　γ
－　高額医療費負担金調整
＋　地方単独事業の減額調整分
＋　財政安定化基金の返済分・補てん分　等

医療費分の国保事業費納付金については年齢調整後の医療費水準により調整を行い、当該水準を反映させた国保事業費納付金の配分とすることが原則となるが、都道府県内で統一の保険料水準を設定する観点から、当該調整は反映させないようにすることも可能とする。

その際、年齢調整後の医療費水準をどの程度国保事業費納付金に反映させるかを表した計算式が「α（医療費指数反映係数）」であり、

・基本的には「$\alpha=1$」、すなわち、年齢調整後の医療費水準を国保事業費納付金の配分に全て反映させるのが原則であるが、

・都道府県は、0～1の間で「α」を調整することが可能であり、「$\alpha=0$」の場合、医療費水準を国保事業費納付金の配分に全く反映させない、すなわち、都道府県内統一の保険料水準となる。

また、前述のとおり、医療費分の納付金については市町村ごとの所得水準でも調整される。国保事業費納付金で集めるべき総額のうち、およそ半分を市町村の所得のシェアに応じて配分し、残りを市町村の被保険者数のシェアにより配分する。その際、所得のシェアをどの程度反映させるかを調整する係数が「β（所得係数）」であり、都道府県の所得水準が全国平均に比べてどの程度の水準にあるのかに応じて算出される。（所得水準が全国平均並みの都道府県の場合、「$\beta=1$」となり、国保事業費納付金で集めるべき総額のうち半分が所得のシェアによる配分となる。）

「γ（調整係数）」は、国保事業費納付金の総額を都道府県の必要総額に合わせるための調整係数である。

このような調整により市町村ごとの国保事業費納付金算定基礎額を算出した後に、審査支払手数料や財政安定化基金の返済分などについて市町村ごとに調整を行い、各市町村の国保事業費納付金を算定する。

（国保事業費納付金の対象範囲）

○　国保事業費納付金は、

・医療給付費、後期高齢者支援金等、介護納付金、財政安定化基金交付の補てん分（市町村分）を対象費用としており、

・市町村ごとに取組み状況の差異がある保健事業費、国保直診費用、条例減免等の地方単独事業、事務費は対象費用とされていない。

○　各市町村は都道府県に国保事業費納付金を納めることとなるが、その全てが保険料として徴収されるのではなく、都道府県に対して交付される公費や、市町村に対して交付される公費の額を控除することとなる。具体的には、

・都道府県における保険料収納必要総額を計算するに当たっては、国保事業費納付金の総額から、定率国庫負担、普通調整交付金、特別調整交付金（市町村向けを除く）、都道府県繰入金（市町村向けを除く）、高額医療費負担金（特別高額医療費を含む）、保険者努力支援制度（市町村向けを除く）、前期高齢者交付金等を控除する。

・市町村における保険料収納必要総額を計算するに当たっては、保険給付費等交付金（市町村向け特別調整交付金、市町村向け都道府県繰入金、市町村向け保険者努力支援制度）、保険基盤安定繰入金（保険料軽減分）、保険基盤安定繰入金（保険者支援制度分）を控除する。

図41　国保事業費納付金制度の対象範囲

【納付金制度の対象】

対象に含む費用	対象に含まない費用
○医療給付費 ○後期高齢者支援金等 ○介護納付金 ○財政安定化基金交付の補塡分（市町村分） ○財政安定化基金貸付の返済分（都道府県・市町村）	○保健事業費 ○国保直診費用 ○条例減免等の地方単独事業 ○各市町村の事務費

【都道府県における保険料収納必要総額の計算】

	医療給付費
＋	後期高齢者支援金等
＋	介護納付金
＋	財政安定化基金（交付の補塡分等）
▲	定率国庫負担
▲	普通調整交付金
▲	特別調整交付金（市町村向けを除く）
▲	都道府県繰入金（市町村向けを除く）
▲	高額医療費負担金（特別高額医療費を含む）
▲	保険者努力支援制度（市町村向けを除く）
▲	前期高齢者交付金
	保険料収納必要額

【各市町村において保険料収納必要額から差し引く公費】

○ 保険給付費等交付金
　・市町村向け特別調整交付金相当分
　・市町村向け都道府県繰入金相当分
　・市町村向け保険者努力支援制度相当分
○保険基盤安定繰入金（保険料軽減分）※
○保険基盤安定繰入金（保険者支援制度分）

※保険料軽減分は含まれないため、上記の保険料収納必要額は保険料率を決定する際の賦課総額とは異なる。

（医療費水準の調整方法）

○　市町村ごとの国保事業費納付金の算出する際に用いる「医療費水準」については、高齢化地域への配慮から、市町村間の年齢構成の差異を調整した後の医療費指数を用いる。これは、「５歳階級別」の「全国平均の一人当たり医療費」を各市町村の年齢構成に当てはめて「当該市町村の各年齢階級別の一人当たり医療費が全国平均であった場合の一人当たり医療費」を計算し、その医療費を「当該市町村の実際の医療費」と比べることにより、当該市町村の「年齢調整後の医療費水準」の値が算出される。そして、更に直近３年分の「年齢調整後の医療費水準」を算出後に平均して、「複数年平均の数値」を算出する。

これにより、年齢調整後の医療費水準が全国平均よりも高い市町村であれば、当該市町村の医療費水準は1.0よりも高い値となり、全国平均よりも低い市町村であれば、1.0未満の値となる。

図42　医療費水準の調整方法について

医療費水準の調整方法は、**データの取得方法などの実務面での対応**や**調整の性格等を考慮**して以下のような扱いとする。

①**「5歳階級別」**の**「全国平均の1人あたり医療費」**を各市町村の年齢構成に当てはめて1人あたり医療費を算出することで、**「当該市町村の各年齢階級別の1人あたり医療費が全国平均であった場合の1人あたり医療費(A)」**を算出する。

②**「当該市町村の各年齢階級別の1人あたり医療費が全国平均であった場合の1人あたり医療費(A)」**と**「当該市町村の実績の1人あたり医療費(B)」**を比較する(BをAで除する)ことで、**「年齢調整後の医療費水準(C)」**を算出[間接法]。

③直近3年分の**「年齢調整後の医療費水準(C)」**を算出後に平均して**「複数年平均の数値(D)」**を求める。

①

全国平均1人あたり医療費	
0～4歳	21.2万円
5～9歳	10.7万円
…	…
70～74歳	55.3万円

A市の年齢構成割合	
0～4歳	0.5%
5～9歳	0.6%
…	…
70～74歳	24.5%

「当該市町村の医療費が全国平均であった場合の1人あたり医療費(A)」　(ex.)33.4万円

②

「当該市町村の実績の一人当たり医療費(B)」
÷
「当該市町村の各年齢階級別の一人当たり医療費が全国平均であった場合の一人当たり医療費(A)」
＝「年齢調整後の医療費水準(C)」

$$\text{(ex.)}\ \frac{32.1万円}{33.4万円} = 0.961$$

③

A市の「年齢調整後の医療費水準(C)」	
26年	0.988
27年	0.983
28年	0.961
「複数年平均の数値(D)」	0.977

※①において、「各都道府県の医療費」ではなく、「全国平均の医療費」を用いることで、各都道府県がそれぞれ年齢階級別医療費を算出し、代入するという事務の簡素化が可能。「全国平均」と「当該県平均」の年齢階級別医療費の傾向が同じであれば、どちらを使用しても算出結果にさほど大きな違いはない。
※②において、当該市町村の年齢別医療費を全国平均の年齢構成に代入して医療費水準を算出する場合［ 直接法 ］、小規模自治体においては、年齢階級に該当する被保険者数が少ないため、個別の事情により、医療費水準が影響されやすく、納付金額が不安定となるおそれ。
※③医療費を複数年で平均してから、年齢調整を行うことも考えられるが、直近の年齢構成の実情が過大に反映されやすく、毎年の変動も大きくなるため、各年度において年齢調整を実施してから、複数年平均を行う。
※医療費が対象とする範囲については、公平性と実務面での有効性を考慮しながら引き続き検討する。

（高額医療費負担金の国保事業費納付金への調整）

○　従来の高額医療費共同事業は、一人1ヶ月80万円超のレセプトについて、都道府県単位で、国と都道府県がそれぞれ4分の1を負担した上で、市町村ごとの医療費実績に応じて、市町村が負担を共有している。

○　今回の制度改正により、財政運営の責任主体は都道府県へ移行されるが、従来の高額医療費共同事業の趣旨は改正後も同様であり、

・国保事業費納付金を都道府県内の市町村間で按分する際には、80万円超も含めた医療費水準を用いて算出することとし、

・国保事業費納付金を算出した後に、高額医療費の過去の実績額に応じ、高額医療費負担金による支援部分について、各市町村の国保事業費納付金の額から差し引くこととする。

図43　高額医療費負担金の納付金への調整

現行の高額医療費共同事業の制度趣旨を引き継ぐこととし、
①納付金の按分は80万円超も含めた医療費水準を用いて、算出することとし、
②納付金算出後に、高額医療費の過去の実績額に応じ、負担金による支援部分について、各市町村ごとの納付金額から差し引くこととする。

①　都道府県の納付金算定基礎額（C）から高額医療費負担金を差し引かずに、

②　過去3年間における高額医療費（80万円超部分）を含んで医療費水準を計算し、<u>各市町村の納付金額（c）</u>を算定する。

納付金額(c)に過去の高額医療費相当分が反映されていることとなる。

過去3年間における高額医療費（80万円超部分）の平均額の1／2部分（負担金支援部分）を各市町村の納付金額(c)から差し引くこととする。

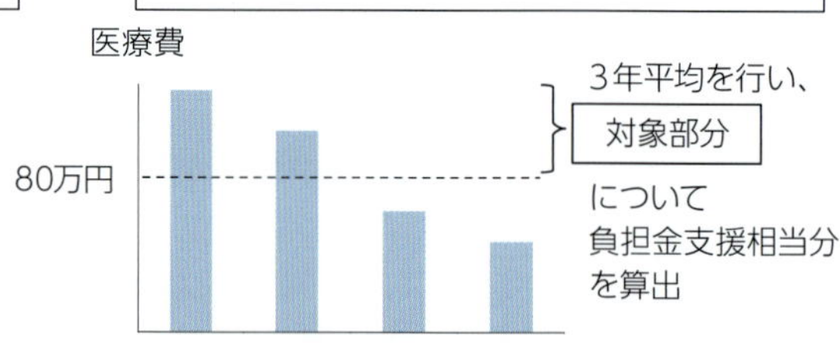

※　①において、仮に、80万円超の医療費と80万円以下の医療費を区分して算出する場合には、各年齢階級別に80万円超の医療費と未満の医療費を区分するなど、納付金の算定式が非常に複雑になる。

<u>※　特別高額医療費共同事業については、全国レベルの調整を行うこととしているため、都道府県の納付金算定基礎額（C）から特別高額医療費共同事業交付金を差し引くが、特別高額医療費共同事業負担金については高額医療費負担金と同様の考え方により、都道府県の納付金算定基礎額（C）からは差し引かず、各市町村の納付金総額（c）から差し引くことを検討</u>。

4　標準保険料率

従来の国民健康保険の保険料は、市町村ごとに年齢構成や医療費水準に差があること、保険料の算定方式が異なること、決算補てん等目的の法定外繰入を行っている市町村があることといった様々な要因により差異が生じているため、他の市町村の保険料水準との差を単純に比較することは困難な状況にありました。

今回の改革では、標準的な住民負担の「見える化」を図るとともに、将来的な保険料負担の平準化を進めるため、都道府県は、標準的な保険料算定方式や市町村規模別の収納率目標等、市町村が保険料率を定める際に参考となる事項についての標準を設定するとともに、当該標準等に基づいて市町村ごとの標準保険料率（市町村標準保険料率）を示すこととなりました。また、こうした都道府県内統一の算定基準による標準保険料率のみならず、各市町村の保険料算定方式に基づいて算出される、市町村ごとの標準保険料率（各市町村の標準保険料率算定基準に基づく標準的な保険料率）を示すこととなりました。

各市町村は、これら二つの標準保険料率を参考に、実際の保険料率を決定することになります。各市町村は、収納率向上の取組みを通じ、都道府県が示す標準的な収納率よりも高い収納率をあげれば、標準保険料率より低い保険料率を設定することも可能となります。すなわち、市町村の収納インセンティブを確保する仕組みとなっています。

また、都道府県は、全国統一ルールで算出した場合の、都道府県単位での標準保険料率

図44　標準保険料率を算定する考え方

○現状、国保の保険料は様々な要因（※）により差異が生じているため、他の市町村の保険料水準との差を単純に比較することは困難な状況。
※市町村ごとに年齢構成や医療費水準に差があること、保険料の算定方式が異なること、決算補てん等目的の法定外繰入を行っている市町村があること等
⇒　都道府県が市町村ごとの標準保険料率を示すことにより、**標準的な住民負担を見える化**。
※**将来的な保険料負担の平準化を進める観点**から、**都道府県は**、標準的な保険料算定方式や市町村規模別の標準的な収納率等に基づき、**標準保険料率を算定**することとする。

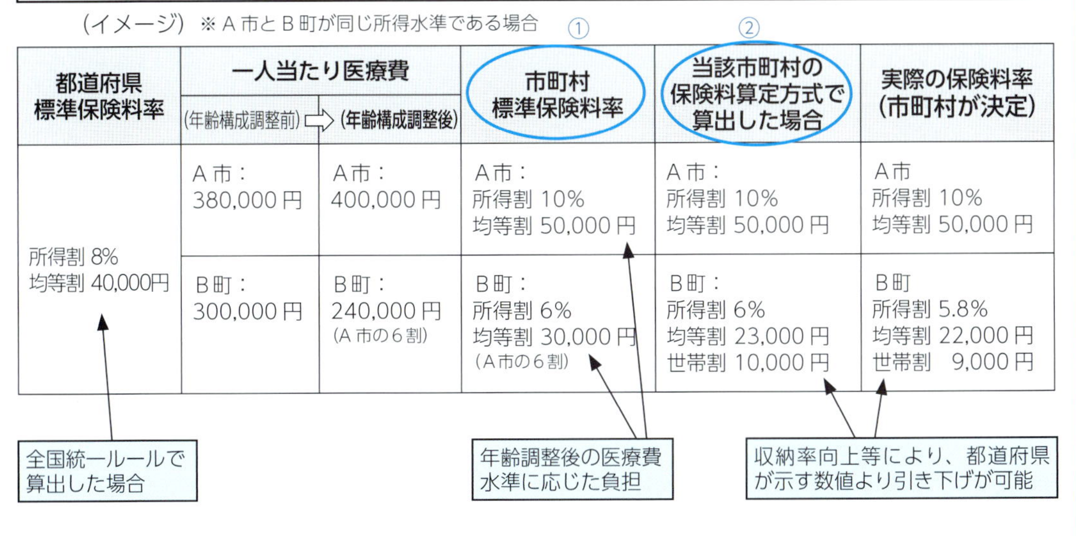

（イメージ）※Ａ市とＢ町が同じ所得水準である場合

都道府県標準保険料率	一人当たり医療費 (年齢構成調整前)	⇒ (年齢構成調整後)	① 市町村標準保険料率	② 当該市町村の保険料算定方式で算出した場合	実際の保険料率（市町村が決定）
所得割 8% 均等割 40,000円	Ａ市： 380,000円	Ａ市： 400,000円	Ａ市： 所得割 10% 均等割 50,000円	Ａ市： 所得割 10% 均等割 50,000円	Ａ市 所得割 10% 均等割 50,000円
	Ｂ町： 300,000円	Ｂ町： 240,000円 (Ａ市の６割)	Ｂ町： 所得割 6% 均等割 30,000円 (Ａ市の６割)	Ｂ町： 所得割 6% 均等割 23,000円 世帯割 10,000円	Ｂ町 所得割 5.8% 均等割 22,000円 世帯割　9,000円

（都道府県標準保険料率）を示すこととなりました。

このように、今回の改革では「標準保険料率」という仕組みが創設され、下記の三つの標準保険料率について、医療費分、後期高齢者支援金分、介護納付金分のそれぞれに分けて算定することとなりました。

① 市町村標準保険料率
② 各市町村の標準保険料率算定基準に基づく標準的な保険料率
③ 都道府県標準保険料率

標準保険料率の算定ベースについては、各市町村が可能な限りそのまま保険料率決定の参考にすることができるよう、厚生労働省が示したガイドラインでは、以下のように整理されています。

○ 市町村が都道府県に納付する国保事業費納付金の額をベースに、市町村向け公費（保険料軽減分を除く）の額を減算し、保険料で集める保健事業分等を加算する。具体的には以下のとおり。

○ 保険者支援制度や毎年給付されるため一定の規模が見込める特別調整交付金については、低所得者の被保険者数等に応じて自動的に交付額が決定されるため、市町村に

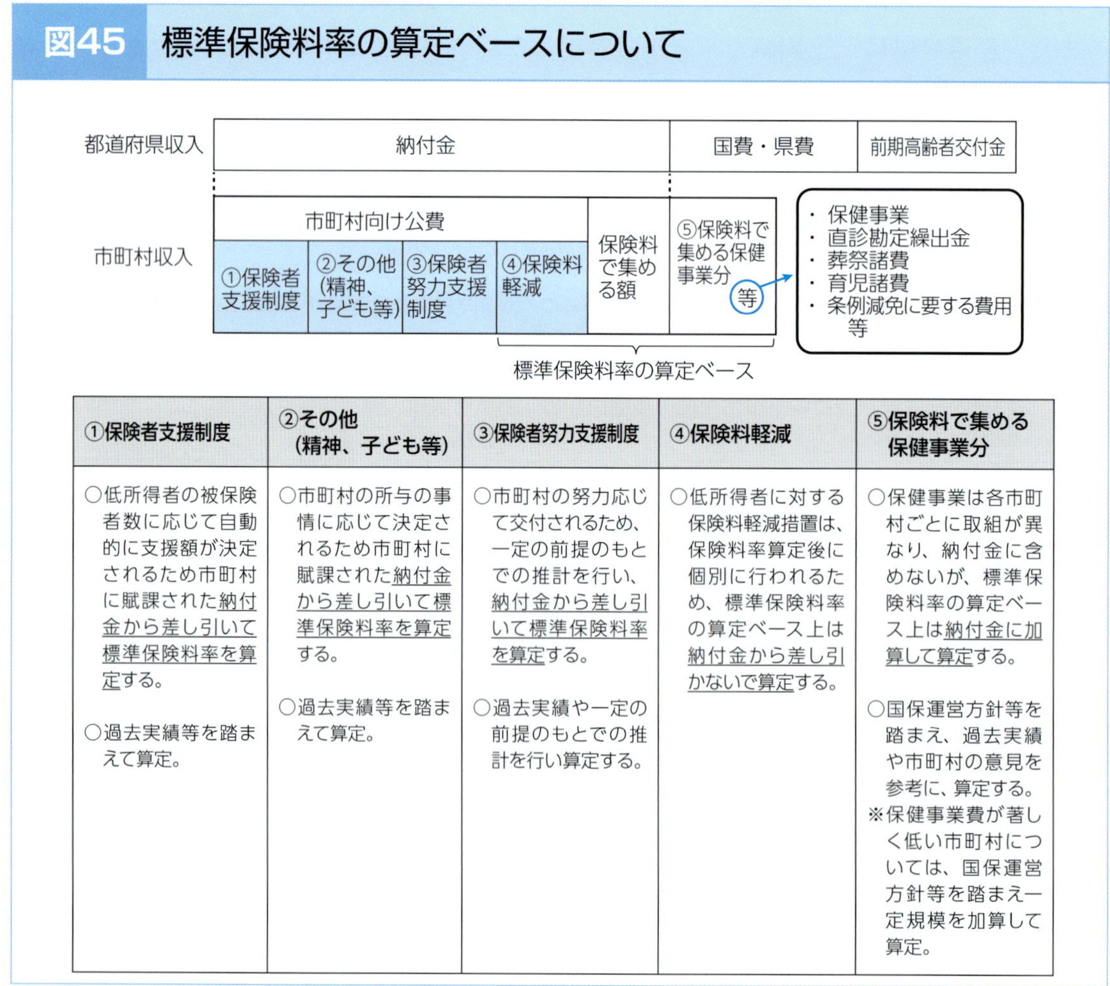
図45　標準保険料率の算定ベースについて

①保険者支援制度	②その他（精神、子ども等）	③保険者努力支援制度	④保険料軽減	⑤保険料で集める保健事業分
○低所得者の被保険者数に応じて自動的に支援額が決定されるため市町村に賦課された納付金から差し引いて標準保険料率を算定する。 ○過去実績等を踏まえて算定。	○市町村の所与の事情に応じて決定されるため市町村に賦課された納付金から差し引いて標準保険料率を算定する。 ○過去実績等を踏まえて算定。	○市町村の努力応じて交付されるため、一定の前提のもとでの推計を行い、納付金から差し引いて標準保険料率を算定する。 ○過去実績や一定の前提のもとでの推計を行い算定する。	○低所得者に対する保険料軽減措置は、保険料率算定後に個別に行われるため、標準保険料率の算定ベース上は納付金から差し引かないで算定する。	○保健事業は各市町村ごとに取組が異なり、納付金に含めないが、標準保険料率の算定ベース上は納付金に加算して算定する。 ○国保運営方針等を踏まえ、過去実績や市町村の意見を参考に、算定する。 ※保健事業費が著しく低い市町村については、国保運営方針等を踏まえ一定規模を加算して算定。

配分された納付金から差し引いて標準保険料率を算定することで、より実態に近い保険料率を示すことが可能となる。なお、特別調整交付金については、都道府県が財政運営の責任主体となることに伴い一定の見直しが必要であり、別途検討する。

○　保険者努力支援制度の交付分については、過去の実績や一定の前提の下での推計を行うなどにより、仮の交付見込額を別途示すこととする。

○　低所得者に対する保険料軽減措置は、保険料率算定後に個別に行われるため、標準保険料率の算定ベース上は国保事業費納付金から差し引かないで算定する。

○　過年度の保険料の収納不足については、財政安定化基金の借り入れが行われ、当該年度の納付金額に財政安定化基金返済分（及び補てん分）が加算されることが基本となることから、過年度の保険料未収分に対する収納見込み額については、標準保険料率算定に必要な保険料総額を計算する際に減額することを基本とする。

○　一方、保健事業や任意給付については各市町村により取組み状況が異なるため、保険給付費等交付金や国保事業費納付金に含めないが、標準保険料率の算定ベース上は国保事業費納付金に加算して算定する。過去実績や市町村の意見を参考に算定することとするが、保健事業費が著しく低い自治体については、国保運営方針等を踏まえ、一定規模を加算して算定する。

○　各市町村の標準保険料率を算定する際には、各市町村の被保険者の理解を深めるため、その水準や都道府県内の他の市町村との差異について、要因分析を同時に行い、また、各市町村標準保険料率や都道府県標準保険料率を公表する際には、併せて年齢調整後の医療費指数を示すことが望ましい。

参考　**標準保険料率の算定イメージ**

○　例えばＡ市とＢ町が同じ所得水準であって、当該市町を区域に含む都道府県が設定した標準的な保険料算定方式が２方式の場合、Ａ市とＢ町の負担は年齢調整後の医療費水準に応じた負担となる。そのため、例えばＡ市とＢ町の医療費指数が５対３の時は、Ａ市の市町村標準保険料率は所得割10％・均等割５万円、Ｂ町の市町村標準保険料率は所得割６％・均等割３万円といった値となる。

　また、仮にＡ市の実際の保険料算定方式が2方式で、Ｂ町の実際の保険料算定方式が３方式の場合、Ａ市の「各市町村の標準保険料率算定基準に基づく標準的な保険料率」は所得割10％・均等割５万円のままだが、Ｂ町の「各市町村の標準保険料率算定基準に基づく標準的な保険料率」は所得割６％・均等割2.3万円・平等割１万円といった値となる。

5　今回の改革後における保険料の考え方

○　各市町村の保険料率については、

・年齢構成の差異を調整した後の医療費水準に応じたものとすれば、各市町村の医療費適正化インセンティブを確保することが可能となります。また、仮に医療費水準を反映しない場合、特に都道府県内の市町村間で医療費水準の格差が大きい場合には、医療費水準の低い市町村の被保険者の納得が得られにくいと考えられます。

・一方で、都道府県内の保険料水準を統一すれば、都道府県内の市町村間を被保険者が異動しても保険料率に変化がなく、被保険者にとって公平に感じられ、また、都道府県も保険者になる趣旨からすると、保険料負担の平準化が図られることは望ましいと考えられます。

○　こうしたことから、今回の改革後における保険料の考え方としては、医療費水準の格差が大きい場合には原則として医療費水準に応じた保険料率とされていますが、医療サービスの均質化や医療費適正化の取組みに伴い、都道府県内の医療費水準が平準化されれば、都道府県内の保険料水準を統一することが可能になると考えられています。将来的に地域の事情を踏まえつつ都道府県において統一した保険料水準を目指すこととされました。

図46　改革後の国保の保険料の考え方

○　あるべき保険料率の考え方について

【年齢構成の差異を調整後の医療費水準に応じた保険料率】
○　各市町村の医療費適正化のインセンティブを確保することが可能。
○　都道府県内市町村において医療費水準の格差が大きい場合には、医療費水準を反映しない場合、医療費水準の低い市町村の被保険者の納得が得られにくい（特に被保険者が受けられる医療サービスに差がある場合など）。

【都道府県において一本化した保険料率】
○　都道府県内の市町村間を被保険者が異動しても保険料率に変化がなく、被保険者にとって公平に感じられる。
○　都道府県が保険者になる趣旨からすると、保険料負担の平準化が図られることが望ましい。
○　都道府県内市町村において医療費水準の格差が少ない場合には、都道府県における保険料率の一本化が受け入れやすい。

⇒　医療費水準の格差が大きい場合には原則として医療費水準に応じた保険料率とし、将来的に地域の事情を踏まえつつ都道府県において一本化した保険料率を目指すこととする。

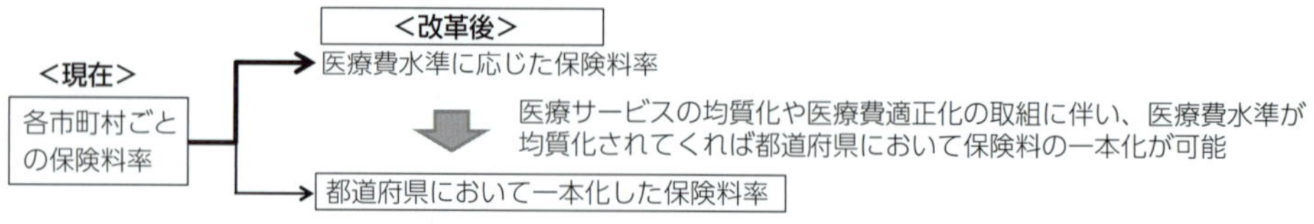

○　標準保険料率の果たすべき役割の整理

【各市町村が具体的に目指すべき値を示す】
○　保健事業や直診事業など市町村個別の事情を含めて算定する。
○　各市町村は激変緩和を考慮しつつ、示された標準保険料率を目指して保険料率を設定していく。

【医療費水準等を踏まえたあるべき保険料率の見える化を図る】
○　医療費実績に応じた保険料率を設定することで市町村間の比較可能性を高める。
⇒　例えば、各市町村の年齢構成調整後の医療費指数と標準保険料率をあわせて公表することとする。

○　市町村ごとの市町村標準保険料率や年齢構成調整後の医療費指数が示されることで、市町村ごとの「標準的な住民負担」や医療費水準の見える化が図られることになりますので、各市町村は、市町村標準保険料率を参考にしながら、実際の保険料率を決定することとなりました。

図47　保険料の設定方法の見直しの効果(イメージ)

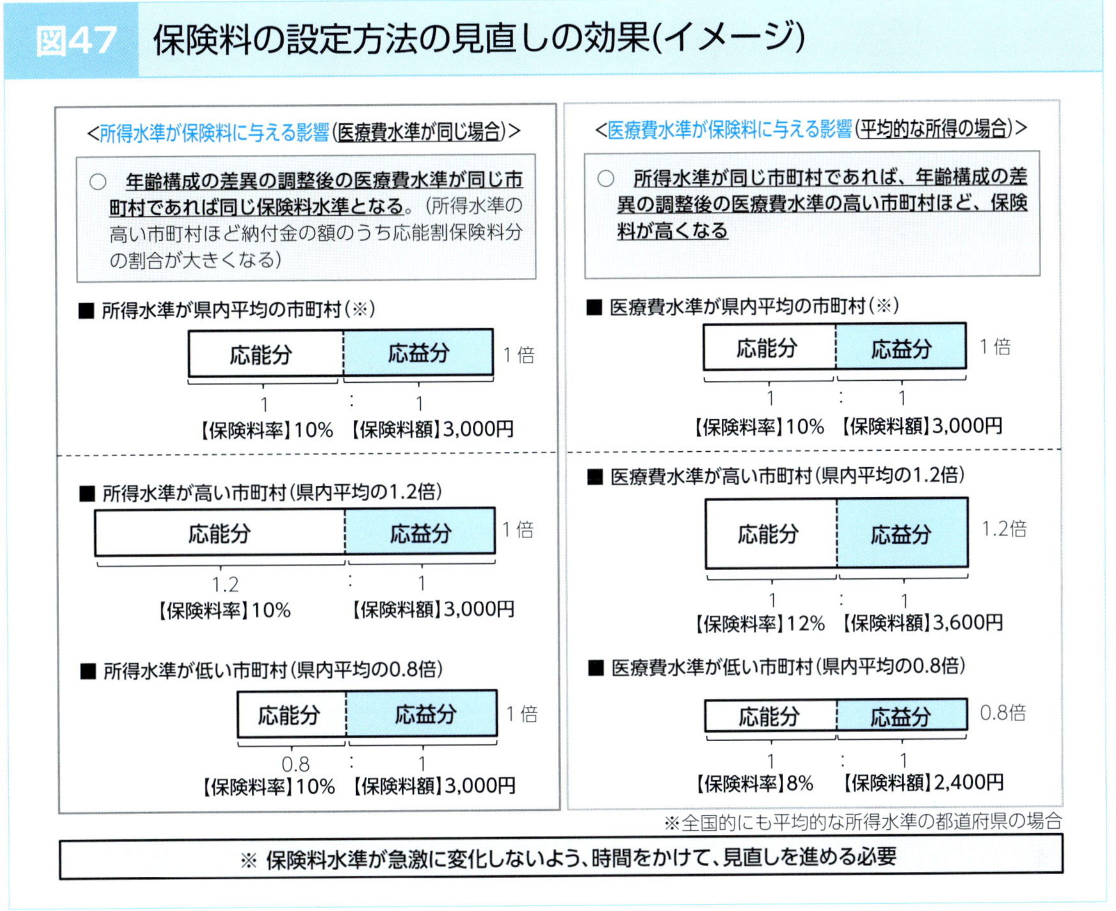

図48　医療費指数反映係数αによる調整

・医療費指数反映係数αは医療水準の高さを納付金にどの程度反映させるかを調整する。医療水準を完全に考慮する場合にはα＝1となり、全く考慮しない場合にはα＝0となる。
・仮に、被保険者数が同じA市、B市しか存在しないX県に対して、保険料必要総額 600 を納付金として各市に割り振る場合、以下のようになる。医療費指数は年齢調整後のものとし、β＝1とする。

パターン1

	医療費指数	所得指数（シェア）
A市	1	1
B市	1	1

パターン2

	医療費指数	所得指数（シェア）
A市	0.8	1
B市	1.2	1

パターン3

	医療費指数	所得指数（シェア）
A市	1	1
B市	1	1.5

	パターン1	パターン2	パターン3
α＝1 医療費水準を納付金額に全て反映	A市 $600\times1\times\frac{1}{2}=300$ B市 $600\times1\times\frac{1}{2}=300$	A市 $600\times[1(0.8-1)+1]\times\frac{1}{2}=240$ B市 $600\times[1(1.2-1)+1]\times\frac{1}{2}=360$	A市 $600\times1\times\frac{[\frac{1}{2.5}+\frac{1}{2}]}{2}=270$ B市 $600\times1\times\frac{[\frac{1.5}{2.5}+\frac{1}{2}]}{2}=330$
α＝0.5 医療費水準を納付金額に半分程度反映	同上	A市 $600\times[0.5(0.8-1)+1]\times\frac{1}{2}=270$ B市 $600\times[0.5(1.2-1)+1]\times\frac{1}{2}=330$	医療費指数 0.8→0.9 1.2→1.1 に補正 同上
α＝0 医療費水準を納付金額に全く反映させない	同上	A市 $600\times[0(0.8-1)+1]\times\frac{1}{2}=300$ B市 $600\times[0(1.2-1)+1]\times\frac{1}{2}=300$	医療費指数 0.8→1 1.2→1 に補正 同上

図49　所得係数βによる調整

・所得係数βは所得水準の高さ（所得のシェア）をどの程度反映させるか、すなわち応能割で配分する割合を調整する。所得水準の高い都道府県ではβ＞1となり、所得の影響を高く反映させる（応能割の割合を増やす）。
・仮に、被保険者数が同じA市、B市しか存在しないX県に対して、保険料必要総額６００を納付金として各市に割振る場合、以下のようになる。医療費指数は年齢調整後のものとし、α＝1とする。

パターン1

	医療費指数	所得指数（シェア）
A市	1	1
B市	1	1

パターン2

	医療費指数	所得指数（シェア）
A市	0.8	1
B市	1.2	1

パターン3

	医療費指数	所得指数（シェア）
A市	1	1
B市	1	1.5

	パターン1	パターン2	パターン3
β=1 所得シェア1:人数シェア1 県内平均の所得水準が全国平均と同一の場合	A市 $600\times1\times\frac{1}{2}=300$ B市 $600\times1\times\frac{1}{2}=300$	A市 $600\times0.8\times\frac{1}{2}=240$ B市 $600\times1.2\times\frac{1}{2}=360$	A市 $600\times1\times\frac{[\frac{1}{2.5}+\frac{1}{2}]}{2}=270$ B市 $600\times1\times\frac{[\frac{1.5}{2.5}+\frac{1}{2}]}{2}=330$
β=2 所得シェア2:人数シェア1 県内平均の所得水準が全国平均の2倍の場合	同上	同上 600のうち400を1:1.5で按分 1：1.5　1：1 160　240　100　100 2　：　1	A市 $600\times1\times\frac{[2\cdot\frac{1}{2.5}+\frac{1}{2}]}{1+2}=260$ (160+100) B市 $600\times1\times\frac{[2\cdot\frac{1.5}{2.5}+\frac{1}{2}]}{1+2}=340$ (240+100)
β=0.5 所得シェア1:人数シェア2 県内平均の所得水準が全国平均の1／2の場合	同上	同上 600のうち200を1:1.5で按分 1：1.5　1：1 80　120　200　200 1　：　2	A市 $600\times1\times\frac{[\frac{1}{2}\cdot\frac{1}{2.5}+\frac{1}{2}]}{(1+\frac{1}{2})}=280$ (80+200) B市 $600\times1\times\frac{[\frac{1}{2}\cdot\frac{1.5}{2.5}+\frac{1}{2}]}{(1+\frac{1}{2})}=320$ (120+200)

※実際には、所得水準が低い都道府県には、普通調整交付金が多く交付されるため、納付金総額が調整される。

（激変緩和措置）

○　2018年度（平成30年度）に財政運営責任等が都道府県へ移行される際、財政改善効果を伴う追加公費の投入(1,700億円規模)が行われるため、一般的には、2017年度(平成29年度)から2018年度(平成30年度)にかけての保険料の伸びは抑制・軽減されると考えられています。

ただし、国民健康保険の財政運営の仕組みが大きく変わることに伴い、一部の市町村においては、「各市町村が本来集めるべき一人当たり保険料額」が変化し、被保険者の保険料負担が上昇する可能性があります。

○　そのため、厚生労働省は、被保険者の保険料負担が急激に増加することを回避する観点から、以下のような激変緩和策の仕組みを示しました。

①国保事業費納付金の算定方法の設定による激変緩和措置

・国保事業費納付金の算定に当たって、各都道府県は、αやβの値を設定することになるが、その際、各都道府県は市町村の「年齢構成調整後の医療費指数」の格差や2017年度(平成29年度)までに実施している保険財政共同安定化事業の拠出金の算定方式等により、激変が生じにくいαやβの値を用いることを可能とする。

・ただし、あくまで一時的な激変緩和措置であることから、2018年度(平成30年度)以後、αについては各都道府県が定める値、βについては都道府県の所得水準に応じた値に、それぞれ近づけていく必要がある。

②　都道府県繰入金による激変緩和措置

・①の国保事業費納付金の算定方法の設定による激変緩和措置については、都道府県で一つの計算式を用いるため、個別の市町村についての激変緩和措置が行えるわけではない。そのため、都道府県繰入金（二号分）による激変緩和措置を設け、市町村ごとの状況に応じきめ細やかに激変緩和措置を講じることが可能な仕組みを設ける。

・各市町村の「標準保険料率の算定に必要な保険料総額」があらかじめ各都道府県で定めた一定割合以上増加すると見込まれる場合には、都道府県繰入金（二号分）を個別に当該市町村に保険給付費等交付金として交付し、国保事業費納付金の支払いに充当することで、保険料負担の激変を緩和することが可能となる。

③　特例基金の繰り入れによる激変緩和措置

・都道府県繰入金については医療給付費等の９％という枠の配分を行うものであるため、都道府県繰入金（二号分）の増大により都道府県繰入金（一号分）が減少し、各都道府県において保険料収納必要額が増大することとなり、結果として、他の激変緩和の対象とならない市町村の国保事業費納付金の額を激変緩和措置がなかった場合に比べ増加させる事態も想定される。

・こうした激変緩和措置については、国保事業費納付金の仕組みを導入する施行当初に多くの措置を行うことが見込まれることから、施行当初においては、予め激変緩和用として積み立てる「特例基金」(改正後の国民健康保険法附則第25条に基づく財政安定化基金の特例。給付増や保険料収納不足に対して交付・貸付に用いる財政安定化基金とは区分して、都道府県に交付して管理する）を計画的に活用することとし、当該基金を都道府県特別会計に繰り入れることで、②の都道府県繰入金による激変緩和措置により、他の市町村の国保事業費納付金の額に大きな影響が出ないように調整を行うこととする。(2018～2023年度（平成30～35年度))

○　激変緩和措置については、標準保険料率で算定したときの一人当たりの標準保険料が、前年の標準保険料よりも急激に増加するときに、引上げ幅が段階的なものとなるように、必要に応じて都道府県繰入金を活用して行うものとされています。

一方、市町村では、医療給付費等に充てるために本来はそれに応じた保険料を徴収するべきところ、その水準を政策的に一定水準に抑えるため、決算補てん等目的の一般会計繰入を行っているところがあります。

こうした決算補てん等を目的とした一般会計繰入については、安定的な保険運営を図る上で本来望ましいものではないことから、従来より段階的・計画的に解消することが求められており、今回の国民健康保険改革に伴う財政支援の拡充により解消を図ることが適切と考えられています。

そして、決算補てん等目的の一般会計繰入を実施していない市町村との公平性の観点から、決算補てん等目的の一般会計繰入を解消することに伴う保険料の変化については、激変緩和措置の対象外とされています。同様に、財政調整基金の取崩しや前年度からの繰越金等により保険料を引き下げている場合において、こうした取崩しや繰越金の影響による一人当たり保険料額の上昇については、激変緩和措置の対象外とされています。

図50　三段階の激変緩和措置

○　財政運営責任等を都道府県へ移行する際（平成30年度）、財政改善効果を伴う追加公費の投入(1,700億円規模)が行われるため、一般的には、平成29年度から平成30年度にかけての保険料の伸びは抑制・軽減されることとなる。

○　ただし、国保の財政運営の仕組みが変わる（納付金方式の導入等）ことに伴い、一部の市町村においては、被保険者の保険料負担が上昇する可能性がある。

※ここでは「本来保険料で取るべき額」の変化に着目しており、決算補填目的等のための法定外一般会計繰入を削減したことによる変化は緩和措置の対象外

被保険者の保険料負担が急激に増加することを回避するための措置

ア）市町村ごとの納付金の額を決定する際の配慮

○納付金の算定にあたって、各都道府県はαやβの値を設定するが、その際、各都道府県は市町村の「年齢調整後の医療費指数」の格差や29年度までに実施している保険財政共同安定化事業の拠出金の算定方式等により、激変が生じにくいαやβの値を用いることを可能とする。

イ）都道府県繰入金による配慮

○ア）納付金の算定方法の設定による激変緩和措置については、都道府県で一つの計算式を用いるため、個別の市町村についての激変緩和措置が行えるわけではない。そのため、都道府県繰入金による激変緩和措置を設け、市町村ごとの状況に応じきめ細やかに激変緩和措置を講じることが可能な仕組みを設ける。

ウ）特例基金による配慮

○施行当初においては、予め激変緩和用として積み立てる特例基金を計画的に活用することとし、当該基金を都道府県特別会計に繰り入れることで、イ）都道府県繰入金による激変緩和措置により、他の市町村の納付金の額に大きな影響が出ないように調整を行うこととする。（H30 ～ 35）

図51　激変緩和措置のイメージ

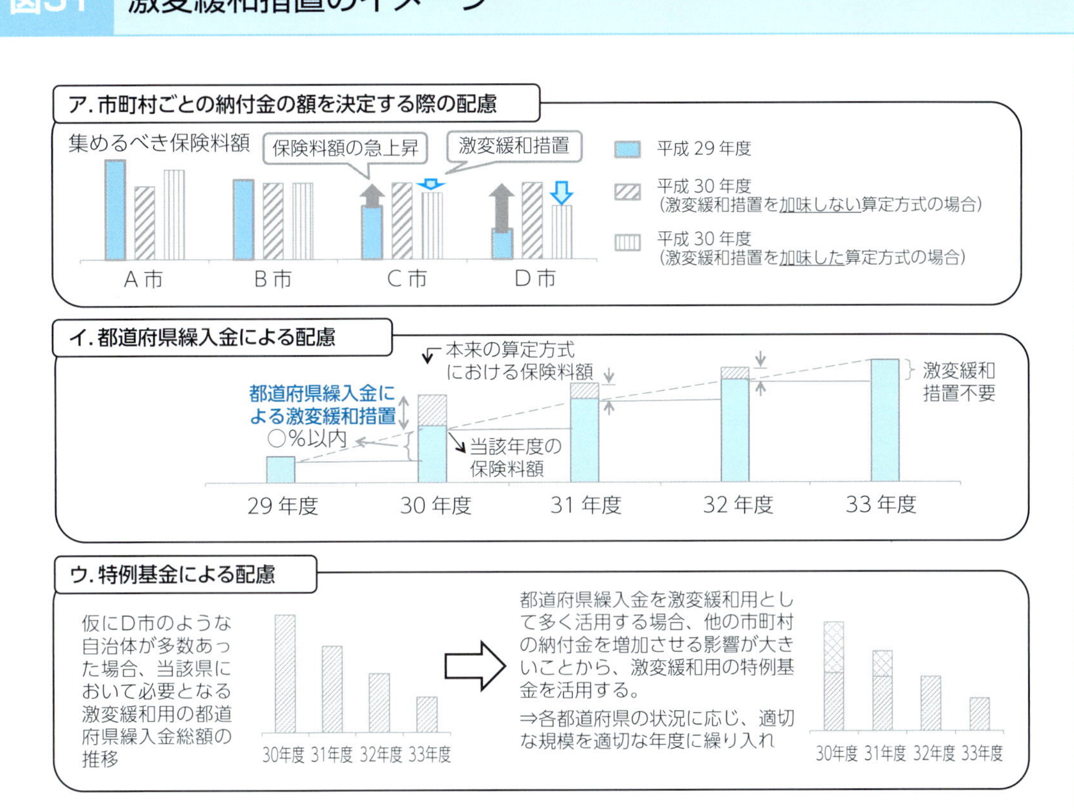

図52　激変緩和の対象

○　激変緩和は、標準保険料率で算定したときの一人当たりの標準保険料が、前年の標準保険料よりも急激に増加するときに、引き上げ幅が段階的なものとなるように、必要に応じて都道府県繰入金を活用して行うもの。

○　一方、市町村では、医療給付費等に充てるために本来はそれに応じた保険料を徴収するべきところ、その水準を政策的に一定水準に抑えるため、これまで法定外一般会計繰入を行ってきているところがある。

○　こうした決算補填等を目的とした法定外一般会計繰入は、安定的な保険運営を図る上で本来望ましいものではないことから、従来より段階的・計画的に解消することが求められており、今回の国保改革に伴う財政支援の拡充により解消を図ることが適切。

○　ただし、一般会計繰入を実施していない市町村との公平性の観点から、法定外一般会計繰入を解消することに伴う保険料の変化については、激変緩和措置の対象とはならない。

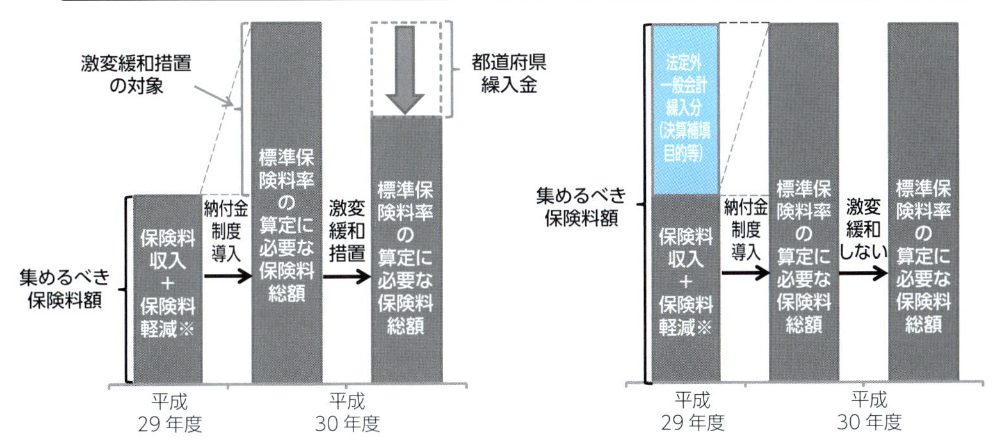

納付金制度の導入による保険料総額の増加分
→　都道府県繰入金による激変緩和措置の対象になる。

法定外一般会計繰入（決算補填目的等）の解消による保険料総額の増加分
→　都道府県繰入金による激変緩和措置の対象にならない。

※保険料軽減のための公費については、平成 30 年度以降は標準保険料率を算定した後に差し引くこととなるので、比較する 29 年度の保険料額には保険料収入に加算している。

6　新しい財政調整の仕組み

これまでの国民健康保険は、市町村ごとの財政運営の下、保険財政共同安定化事業による都道府県単位での財政の安定化、普通調整交付金による全国レベルでの市町村間の所得水準の調整、前期高齢者に係る財政調整の仕組みによる全国レベルでの市町村間の前期高齢者加入率の差異の調整等が行われてきました。

今回の改革により、財政運営の責任主体が都道府県となり、普通調整交付金による所得調整や前期高齢者に係る財政調整は都道府県レベルで行われることとなり、また、保険財政共同安定化事業は廃止されることとなります。また、新たに導入される国保事業費納付金の仕組みにおいて、都道府県内の市町村間における所得水準の調整や医療費水準の年齢構成調整が行われることとなります。

従来の保険財政共同安定化事業の下では、市町村は、年度途中で「入り」と「出」を合わせる必要があるため、市町村が保険料で集めるべき額も年度途中で変動する形となりますが、国保事業費納付金の仕組みにおいては、保険料で集めるべき額は医療費増等に影響されないこととなります。そのため、今回の改革により、市町村は、従来のような、補正予算により決算補てん等目的の一般会計繰入を行う必要性がなくなります。

また、財政安定化基金が設置されるので、仮に都道府県全体で医療費が伸びて当初見込んでいた国保事業費納付金による収入額では収支が合わなくなった場合でも、都道府県は、財政安定化基金を取り崩すことによって対処し、その分は翌年度に調整することが可

図53　財政運営の仕組みの変化

現　行	改革後
○市町村ごとの財政運営 ⇒被保険者が少ない自治体の運営が不安定 ○保険財政共同安定化事業 ⇒各市町村の所得水準、医療費水準、被保険者数による調整 ⇒年度途中に保険料で集めるべき額が変動 ○普通調整交付金 ⇒市町村間の所得水準を全国レベルで調整 ○前期高齢者交付金 ⇒市町村間で前期高齢者加入率の差異を調整	○都道府県が財政運営の責任主体 ⇒一定の被保険者数を確保 ○納付金制度 ⇒市町村間で所得水準、年齢構成を加味した医療費水準による調整 ⇒市町村の保険料で集めるべき額が医療費増等に影響されない ○普通調整交付金 ⇒都道府県間の所得水準を全国レベルで調整 ○前期高齢者交付金 ⇒都道府県間で前期高齢者加入率の差異を調整 ○財政安定化基金 ⇒保険料収納不足、医療費の増加等に対応

能となりました。

（国の調整交付金）

○　国の調整交付金については、従来の制度では、普通調整交付金は全国レベルでの市町村間の所得水準の調整を、特別調整交付金は市町村の特別な事情の考慮を、それぞれ行っています。今回の改革後においては、普通調整交付金の役割は都道府県間の所得水準の調整となり、都道府県内の市町村間における所得水準の調整については国保事業費納付金の仕組みにおいて行われることとなります。また、特別調整交付金の役割は都道府県と市町村の特別な事情を考慮することとなります。

（都道府県繰入金）

○　従来の都道府県調整交付金については、厚生労働省が示すガイドラインにおいて、「一号交付金」は財政調整のため、定率又は定率以外の方法により交付されています。今回の改革後においては、都道府県内の市町村間における所得水準等の調整は国保事業費納付金の算定の過程で行われることとなりますので、その役割が重複しないよう、「二号交付金」を控除した金額については、都道府県の国保事業費納付金の総額から差し引く、すなわち定率補助の扱いとすることが基本とされています。

図54　国の調整交付金

改正後の国民健康保険法
（調整交付金等）
第72条
　国は、都道府県等が行う国民健康保険について、都道府県及び当該都道府県内の市町村の財政の状況その他の事情に応じた財政の調整を行うため、政令で定めるところにより、都道府県に対して調整交付金を交付する。

現　在	改革後
普通調整交付金	普通調整交付金
・市町村間の所得水準を全国レベルで調整	・都道府県間の所得水準を全国レベルで調整 （都道府県内市町村間の所得水準は納付金で調整）
特別調整交付金	特別調整交付金
・市町村の特別な事情を考慮	・都道府県の特別な事情を考慮 ・市町村の特別な事情を考慮

○国保改革により、財政調整機能の強化として、自治体の責めによらない要因に対応するため、特別調整交付金の財政支援を拡充する他、既存の特別調整交付金についても要件の見直しを行う。

図55　都道府県繰入金

○　現行制度では市町村へ交付金として交付される都道府県調整交付金は、改革後は、都道府県の一般会計から国保特別会計への繰入金（医療給付費等の9%分）として繰り入れられた上で、その一部が国保保険給付費等交付金の一部として交付されることとなる。
⇒ 今回の改革の趣旨に則して、現行の都道府県調整交付金の役割と、都道府県調整交付金配分ガイドラインの見直しが必要となる。

	現行	改革後
1号交付金	Ⅰ定率交付	⇒ 納付金の役割と重複しないよう、全て定率の扱いとし、都道府県単位の納付金総額から控除する
	Ⅱ定率交付以外（所得水準等に応じて交付）	
2号交付金	Ⅰ保険者の責によらない医療費増、災害等	⇒ 国の新しい特別調整交付金との調整が必要
	Ⅱ保険財政共同安定化事業の激変緩和	⇒ 納付金の仕組み導入に伴う激変緩和
	Ⅲ保険料平準化を支援	⇒ 引き続き活用
	Ⅳ医療費適正化のための事業実施	⇒ 引き続き活用
	Ⅴ医療費の適正化や収納率向上の成績評価	⇒ 保険者努力支援制度との整理が必要
	Ⅵその他	

○　現在、ガイドラインに定める1号交付金は、財政調整のため、定率または定率以外の方法により交付されているが、今後都道府県内市町村間の所得水準等の調整は納付金の算定の過程で行われるため、2号交付金分を除いた金額については都道府県の納付金総額から差し引く（都道府県全体の医療給付から差し引く）こととすることを基本とする（※）。
　※ 後期高齢者支援金、介護納付金にかかる都道府県繰入金は全額を納付金総額から差し引くことが基本となる。
○　2号交付金については引き続き、国保保険給付費等交付金の一部として、地域の特殊な事情に応じた調整として交付し、受領した市町村は納付金の支払いに充てる（=保険料水準の抑制に充てる）こととする（医療費適正化のための事業実施分は別）。その際、国保運営方針との整合性を確保する必要がある。
○　また、現行制度において、2号交付金は、保険財政共同安定化事業の激変緩和に活用されていることに鑑み、納付金の仕組みの導入により、集めるべき保険料総額が著しく増加する市町村に対し、激変緩和措置として、2号交付金分を活用することとする。
○　1号交付金と2号交付金の割合については、各都道府県がその実情に応じ、連携会議にて市町村の意見を踏まえ検討。

図56　新たな財政調整の仕組みの全体像について

	現状（市町村間の調整）	改革後	
		都道府県間	市町村間
所得水準	普通調整交付金 保険者支援制度	普通調整交付金	**納付金算定** ※所得水準を反映 保険者支援制度
年齢構成調整	前期高齢者交付金	前期高齢者交付金	**納付金算定** ※年齢構成の差異を調整した医療費を反映
年度間調整	保険財政共同安定化事業	（財政安定化基金）	**納付金算定**
医療費適正化等	都道府県調整交付金（２号分）	保険者努力支援制度	保険者努力支援制度 都道府県繰入金（２号分） ［**納付金算定** ※年齢構成の差異を調整した医療費を反映］
その他特別な事情	特別調整交付金 都道府県調整交付金（２号分）	特別調整交付金	特別調整交付金 都道府県繰入金（２号分）

○　従来の「二号交付金」については、引き続き、保険給付費等交付金の一部として、地域の特殊な事情に応じた調整として交付されます。保険給付費等交付金の交付を受けた市町村は、当該財源を活用し、国保事業費納付金の支払いに充てることとされています。この「二号分」については、保険料水準の平準化や医療費適正化に活用されるものなので、都道府県が示す国保運営方針との整合性を確保する必要があるとされています。

　また、従来の「二号交付金」は、保険財政共同安定化事業において激変緩和に活用されていることに鑑み、国保事業費納付金の仕組みの導入により、集めるべき保険料総額が著しく増加する市町村に対し、激変緩和措置として、この「二号分」を活用することとされています。

○　「一号分」と「二号分」の割合については、各都道府県がその実情に応じ、市町村等との連携会議において、市町村の意見を踏まえながら検討することとされています。

（国・都道府県・市町村間の費用の流れ）

○　国民健康保険における費用の「出口」は、市町村が行う「保険給付」、都道府県が社会保険診療報酬支払基金に支払う「後期高齢者支援金」及び「介護納付金」の三つに大別されます。

○　こうした費用を賄うための財源としては、

・都道府県の国民健康保険特別会計には、「前期高齢者交付金」、「療養給付費等交付金」、「定率国庫負担」、「国の調整交付金」、「国の高額医療費負担金」、「保険者努力支援制度」等が入ることとなります。また、都道府県一般会計からも、「都道府県繰入金」、「都道府県の高額医療費負担金」等が入ることとなり、さらに、市町村が納付する「国保事業費納付金」も入ることとなります。

・市町村の国民健康保険特別会計には、都道府県の国民健康保険特別会計からの「保険給付費等交付金（特別給付分）」のほか、市町村一般会計からの保険基盤安定繰入金の保険料軽減分、保険者支援分等が入ることになり、なお残る部分を保険料として被保険者から徴収することになります。

○　なお、市町村の事務負担の軽減を図る観点から、医療機関に支払いを行う審査支払機関に対し、都道府県が、市町村を経由せず直接支払いを行う仕組みが検討されています。

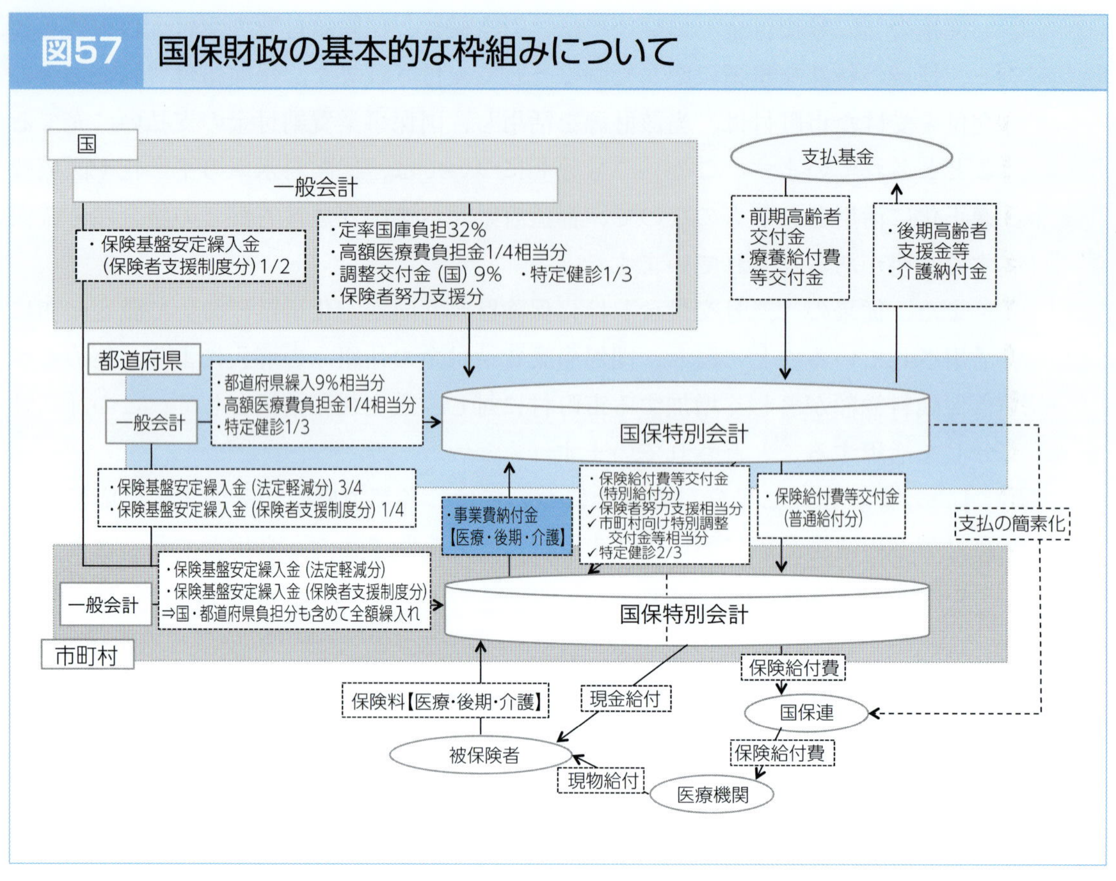

図57　国保財政の基本的な枠組みについて

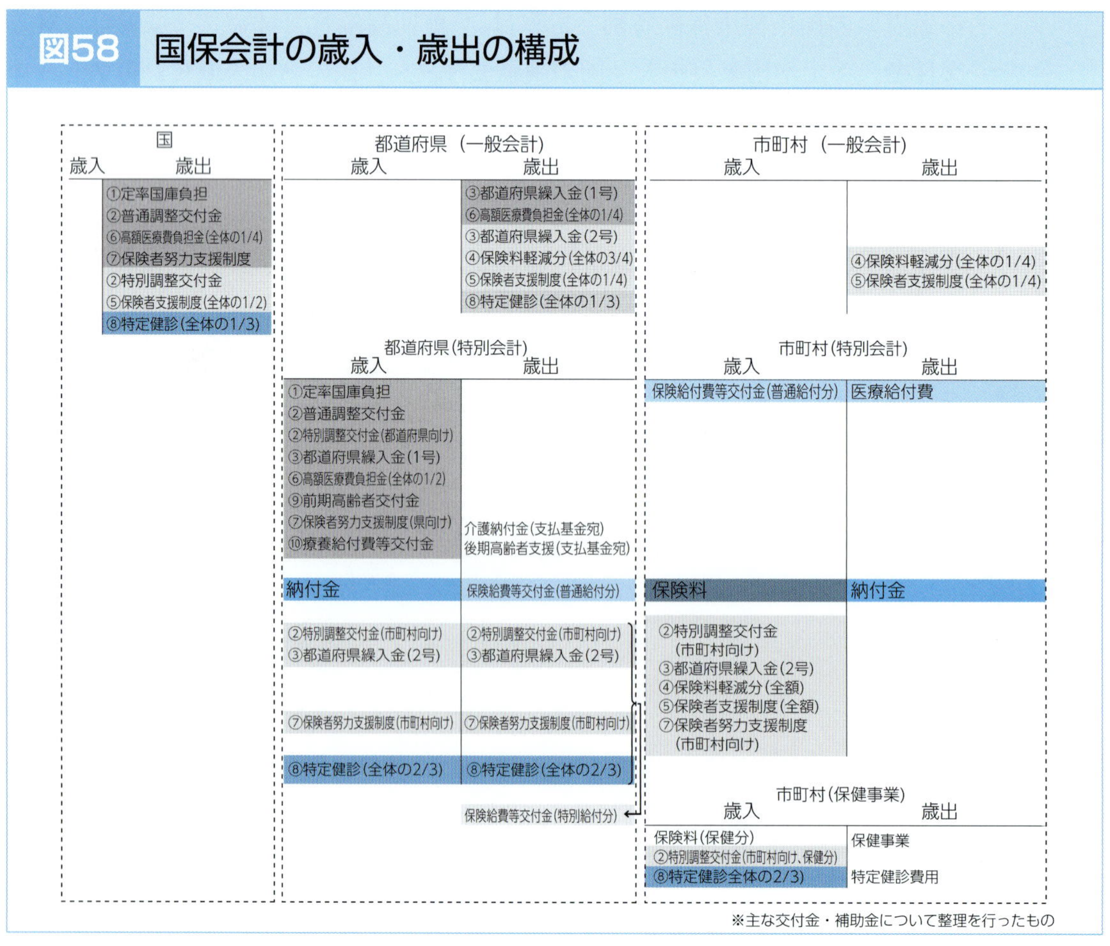

図58　国保会計の歳入・歳出の構成

7 財政運営のあり方の見直しに関する小括

これまで記してきたとおり、2018年度(平成30年度)から、都道府県が国民健康保険の財政運営の責任主体となり、市町村との適切な役割分担の下、国民健康保険の運営に中心的な役割を担うこととなります。

新しい制度においては、国保事業費納付金や標準保険料率といった新しい仕組みも導入されることになりますが、国保事業費納付金の配分及び標準保険料率の設定の在り方については、被保険者の保険料水準に大きな影響を与えるものですので、国は、制度趣旨や基本的なルールを示すとともに、各都道府県は市町村との協議を踏まえて、当該都道府県における国保事業費納付金の配分ルールや市町村標準保険料率の算定ルール等を決定することになります。

その際、各都道府県における医療費水準や保険料水準等に係る実態や課題が様々であることから、都道府県による財政運営という改革の趣旨に照らし、そうした実態や課題に応じて、各都道府県が市町村と協議を行いながら決定する必要があり、したがって国が示す国保事業費納付金及び標準保険料率の算定方法についても一定の幅が必要とされるものと考えられています。

そのような考え方の下、国保事業費納付金及び標準保険料率の計算方法の詳細について、厚生労働省が開催する国保基盤強化協議会事務レベルワーキンググループにおいてガイドラインが取りまとめられ、各自治体に示されています。

図59 国民健康保険における納付金及び標準保険料率の算定方法（ガイドライン）

○ 「納付金・標準保険料率の算定方法について」(納付金ガイドライン)は、都道府県が納付金及び標準保険料率の計算を行うにあたって、必要な考え方や計算方法の詳細について**地方自治法に基づく技術的助言**として示したもの。

○ 都道府県においては、ガイドラインを踏まえて、市町村や関係者と議論を行った上で都道府県内の納付金及び標準保険料率の算定ルールを定め、それに基づいて、納付金額等を市町村に提示していくこととなる。

※平成28年秋に国保事業費納付金等算定標準システムの簡易版を配付することとしており、まずは、本ガイドラインに基づき、納付金及び標準保険料率の試算を実施することが想定される。

ガイドラインの目次

1. はじめに
2. 基本的考え方及び全体像
　(1) 基本的考え方
　(2) 広域連合等における納付金と標準保険料率について
　(3) 算定の流れの全体像
3. 医療分の納付金算定
　(1) 保険料収納必要総額の算出
　(2) 納付金の算定
　(3) 標準保険料率の算定
　(4) 退職被保険者等分の納付金
4. 後期高齢者支援金の納付金
　(1) 保険料収納必要総額の算出
　(2) 納付金の算定
　(3) 標準保険料率の算定
　(4) 退職被保険者等分の納付金
5. 介護納付金の納付金
　(1) 保険料収納必要総額の算出
　(2) 納付金の算定
　(3) 標準保険料率の算定
　(4) 退職被保険者等分の納付金
6. まとめ
　(1) 総論
　(2) 激変緩和措置について
7. 各都道府県において予め決定すべき算定方針及び係数
　(1) 基礎的な算定方針について
　(2) 主に納付金の算定に必要な係数、方針
　(3) 主に標準保険料率の算定に必要な係数、方針
8. 国が示すべき係数

図60　主な納付金・標準保険料率の算定ルール①

（1）納付金の原則的考え方

○　納付金は医療費分、後期高齢者支援金分、介護分にそれぞれ分けて算定を行い、最後に合算した額が当該市町村の納付金総額となる。それぞれ以下の調整を行う。

	全体調整	個別調整
医療費分	年齢調整後の医療費水準、所得水準による調整	その他特別な事情を考慮
後期高齢者支援金分、介護分	所得水準による調整	―

○　納付金は一度算定し配分を確定させた場合には、市町村の国保運営の安定化のため、年度途中の修正、精算等を行わないことを原則とする。

（2）納付金算定の手順（医療費分）

(納付金総額の算定)

○　まずは、納付金で集めるべき総額を算定。医療給付費の見込みから、前期高齢者交付金や定率国庫負担などの公費等の見込みを差し引くことで、当該都道府県全体で集めるべき納付金の総額(納付金算定基礎額)を算出。

○　年齢調整後の医療費水準及び所得水準に応じて納付金算定基礎額を市町村ごとに配分する。これにより、納付金額の算定にあたっては、原則として同じ医療費水準(年齢調整後)である市町村は同じ保険料水準となる。また、各市町村ごとの合計額が納付金算定基礎額と等しくなるよう調整を行う。

(医療費水準による調整)

○　医療費分の納付金については年齢調整後の医療費水準により調整を行い、当該水準を反映させた納付金の配分とすることが原則となるが、都道府県内で統一の保険料水準とする観点から、当該調整は反映させないようにすることも可能。

※　α(医療費指数反映係数)＝1の時、年齢調整後の医療費水準を納付金の配分に全て反映。

※　α＝0の時、医療費水準を納付金の配分に全く反映させない(都道府県内統一の保険料水準)。

○　医療費のうち高額なものについては、高額医療費負担金による国と都道府県による補助があることから、各市町村分の金額を算出した後に、個別に各市町村の該当する医療費の多寡により、調整を行う。

(所得水準による調整)

○　納付金で集めるべき総額のうち、およそ半分を市町村の所得のシェアに応じて配分、残りを市町村の被保険者数のシェアにより配分。その比率については、当該都道府県の所得水準に応じて決定する。

※　β(所得係数)：1で上記比率を決定。所得水準が、全国平均なみの都道府県の場合、β(所得係数)＝1とし、納付金で集めるべき総額のうち半分が所得のシェアによる配分となる。所得水準が高い場合にはβが1より大きくなり、所得シェアにより行う配分の比率が、被保険者数のシェアにより行う比率よりも高くなる。

(個別の調整)

○　上記の調整により各市町村ごとの納付金基礎額を算出した後に、審査支払手数料や財政安定化基金の返済分などについて各市町村ごとに調整を行い、各市町村の納付金を算定する。

※　退職被保険者等に関しては市町村標準保険料率に基づき必要となる納付金の額を別途計算し、一般分の納付金額に最後に加算する。

※後期高齢者支援金分・介護納付金分は上記のうち、所得水準による調整のみを行う。

（3）標準保険料率の原則的考え方

○　標準保険料率は医療費分、後期高齢者支援金分、介護納付金分の納付金額に応じてそれぞれ分けて算定する。その際、下記の3つの保険料率を算定する。

	全体調整
都道府県標準保険料率	全国統一の算定基準による当該都道府県の保険料率の標準的な水準を表す
市町村標準保険料率	都道府県内統一の算定基準による市町村ごとの保険料率の標準的な水準を表す
各市町村の算定基準にもとづく標準的な保険料率	各市町村に配分された納付金を支払うために必要な各市町村の算定基準にもとづく保険料率

（4）標準保険料率の算定の手順（医療費分）

(納付金額からの調整)

○　医療分の納付金額から、保険者支援制度や国の特別調整交付金など当該市町村に交付されることが見込まれる公費を差し引くと同時に、保健事業や出産育児一時金など、保険給付費等交付金の対象となっていない費用については、各市町村個別に、それぞれの納付金額に加算し、標準保険料率の算定に必要な保険料総額を算出する。

(収納率による調整)

○　標準保険料率の算定に必要な保険料総額を都道府県が定める標準的な収納率で割り戻して調整した後に、当該市町村の被保険者数や総所得金額、算定方式等に基づき、標準保険料率を算定する。

※後期高齢者支援金分・介護納付金分についても上記と同様の調整を行う。

図61　主な納付金・標準保険料率の算定ルール②

（5）その他特別なルール

都道府県が市町村との協議の場において予め各市町村の意見を伺った上で、下記のような調整を行うことを可能な仕組みとしている。

（激変緩和措置）

○　納付金の仕組みの導入等により、「各市町村が本来集めるべき1人あたり保険料額」が変化し、被保険者の保険料負担が上昇する場合に対応するため、下記のような激変緩和の仕組みを設ける。
　①納付金の算定方法（α、β）を段階的に変化させることで納付金額を調整する。
　②都道府県繰入金による個別の調整を行い標準保険料率を変化させる。
　③特例基金を活用し、納付金総額を調整する（平成30～35年度）。

（都道府県で統一の保険料水準）

○　医療費水準を納付金に反映させないことで、都道府県で統一の保険料水準となるように、各市町村の納付金額を調整する。
　※　この他、二次医療圏ごとに統一の保険料水準にする、医療費の高額部分については都道府県内共同で負担するといった仕組みも用意。

（保険給付費等交付金の範囲の拡大）

○　都道府県で統一の保険料水準を目指す都道府県を念頭に、医療給付分に限られる保険給付費等交付金の範囲を保健事業や出産育児一時金等にも拡大し、そのため納付金として集めるべき総額についても拡大する。

※ その他の留意事項

○　国は納付金・標準保険料率の算定に必要な係数を各都道府県に提示することとし、各都道府県は、上記係数を活用しつつ、都道府県の実情も踏まえ算定することとなる。

図62　医療費に係る納付金の計算方法について

納付金算定の仕組みを数式にした場合のイメージ（高額医療費等について加味）

市町村の納付金の額＝（都道府県での必要総額）×｛α・（年齢調整後の医療費指数－1）＋1｝
×｛β・（所得（応能）のシェア）＋（人数（応益）のシェア）｝／（1＋β）
×　γ
－　高額医療費負担金調整
＋　地方単独事業の減額調整分
＋　財政安定化基金の返済分・補填分　等

※1　医療費指数反映係数αは医療費指数をどの程度反映させるかを調整する係数（0≦α≦1）
　α＝1の時、医療費水準を納付金額に全て反映。
　α＝0の時、医療費水準を納付金額に全く反映させない（都道府県内統一の保険料水準）

※2　所得係数βは所得のシェアをどの程度反映させるかを調整する係数であり、都道府県の所得水準に応じて設定する。ただし、激変緩和等の観点から、新制度施行後当面の間は、β以外のβ’を決定し使用することも可能な仕組みとする（ただし、その場合でも、都道府県標準保険料率においては、都道府県間の比較の観点からβを使用するものとする）。

※3　都道府県で保険料水準を統一する場合に、例外的に、収納率の多寡で保険料率が変化しないよう収納率の調整を行うことも可能とする仕組みとする。

※4　調整係数γは市町村の納付金額の総額を県の必要総額に合わせるための調整係数

※5　後期高齢者支援金、介護納付金に係る費用については別途所得調整を行う算式により計算した後に納付金額に加算することとする。

図63　国民健康保険における納付金及び標準保険料率の算定方法の全体像（イメージ）

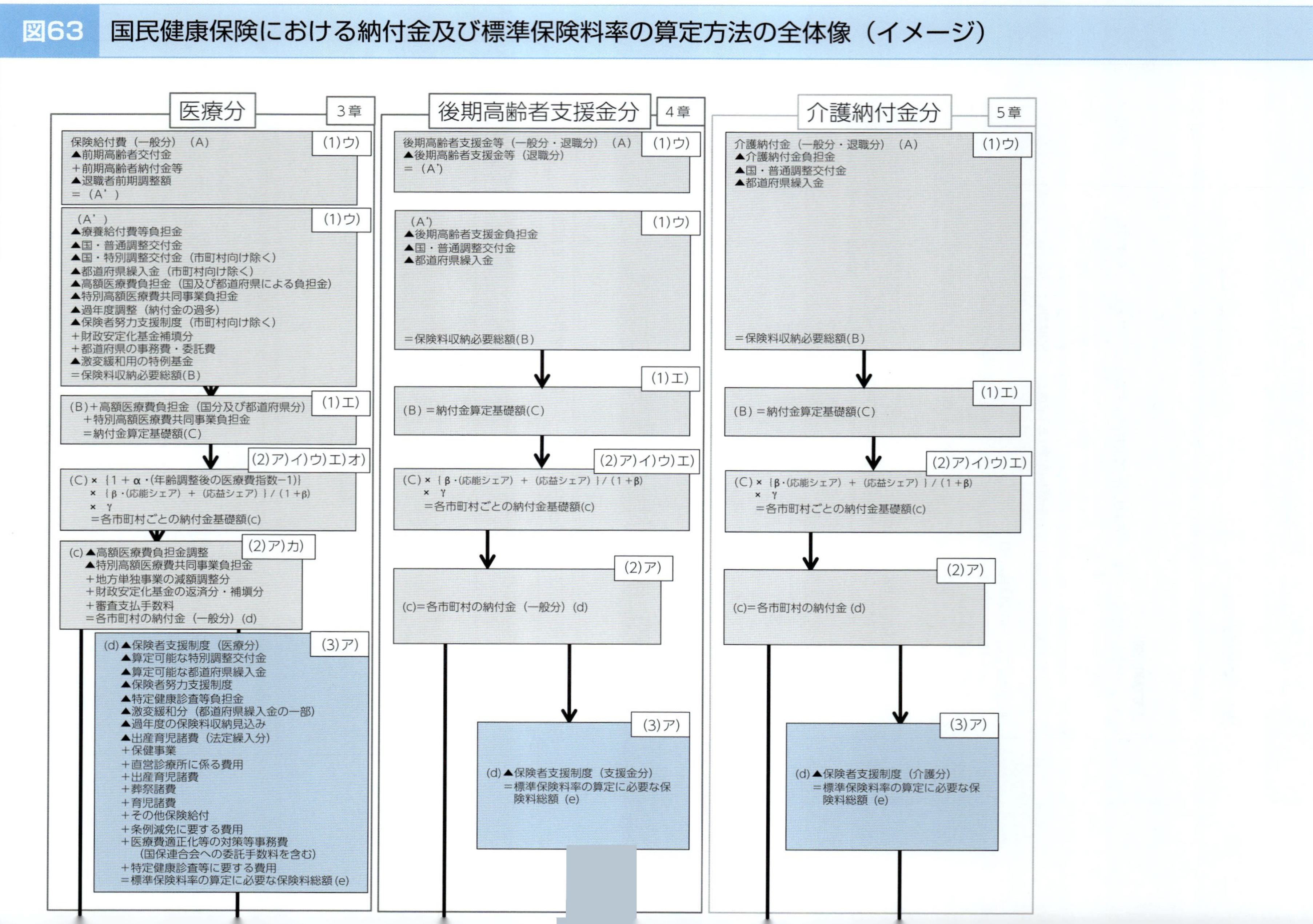

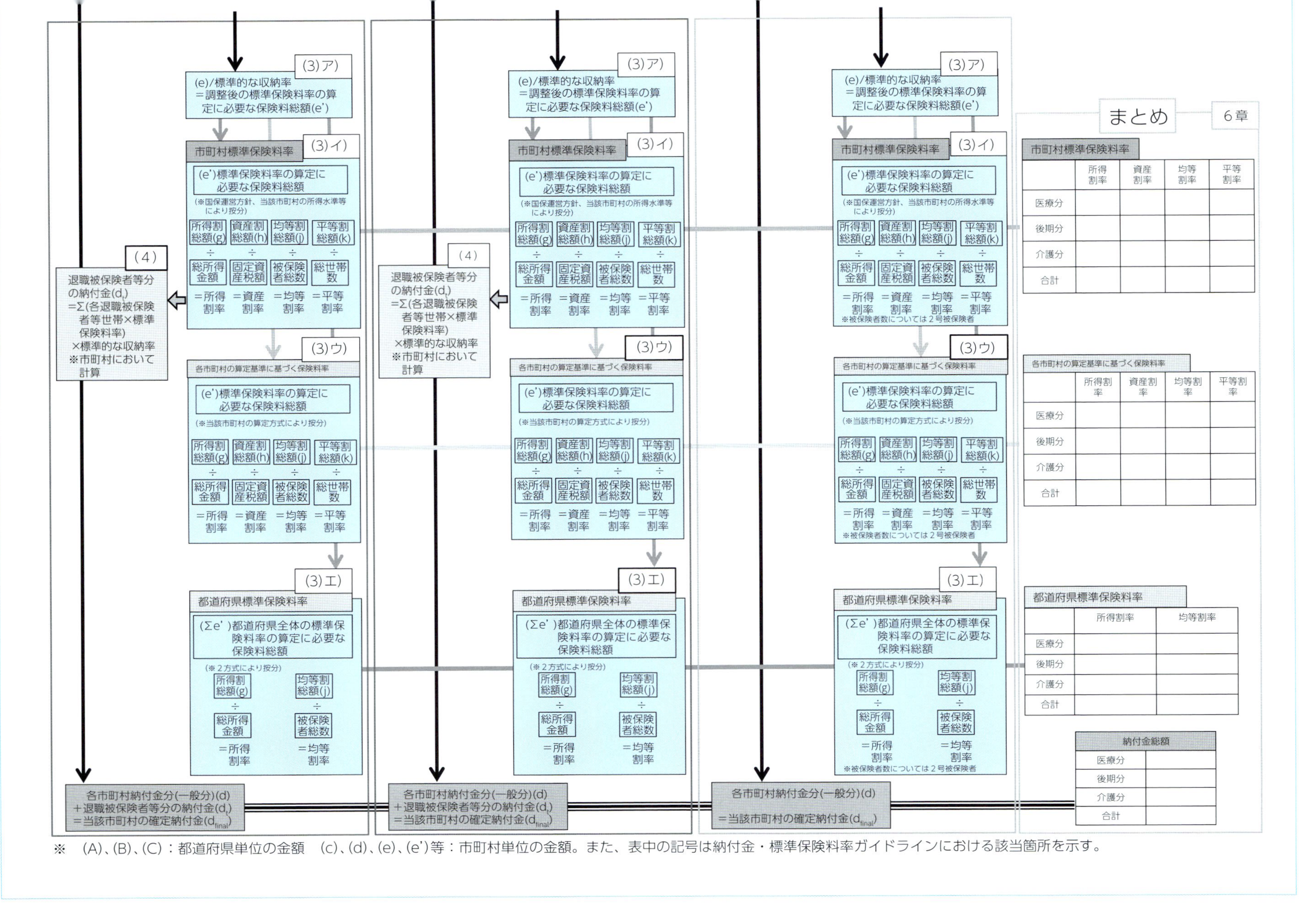

※　(A)、(B)、(C)：都道府県単位の金額　(c)、(d)、(e)、(e')等：市町村単位の金額。また、表中の記号は納付金・標準保険料率ガイドラインにおける該当箇所を示す。

8 国民健康保険運営方針

2018年度（平成30年度）以降の新制度においては、都道府県が財政運営の責任主体として中心的な役割を担うこととされている一方、市町村においても、地域住民と身近な関係の中、資格管理、保険給付、保険料率の決定、賦課・徴収、保健事業等の地域におけるきめ細かな事業を引き続き市町村が担うこととされています。

そこで、新制度においては、都道府県とその県内の各市町村が一体となって、財政運営、資格管理、保険給付、保険料率の決定、保険料の賦課・徴収、保健事業その他の保険者の事務を共通認識の下で実施するとともに、各市町村が事業の広域化や効率化を推進できるよう、都道府県が県内の統一的な国民健康保険の運営方針を定めることとされました。

都道府県は、県内の各市町村の意見を聴いた上で、都道府県国民健康保険運営方針を策定することとされ、各市町村においても、これを踏まえて国民健康保険の事務の実施に努めることとされています。

（策定の手順等）

○　都道府県国民健康保険運営方針については、都道府県とその県内の各市町村が一体となり、各々の立場から役割分担しつつ、かつ、保険者としての事務を共通認識の下で実施する体制を確保するために策定されるものなので、その策定に当たっては、都道府県とその県内の各市町村が保険者として目指す方向性について認識を共有しておく必要があるとされています。

図64　国保運営方針の位置づけ

○　**都道府県は**、安定的な財政運営や効率的な事業運営の確保のため、**都道府県内の統一的な運営方針としての国保運営方針を定め**、市町村が担う**事務の効率化、標準化、広域化を推進**する。

※1　都道府県は、あらかじめ連携会議で市町村の意見を聴いた上で、都道府県に設置する国保運営協議会での議論を経て、地域の実情に応じた国保運営方針を定める。

※2　厚生労働省は、地方と協議をしつつ国保運営方針のガイドラインを作成し、都道府県へ示す予定。

■　主な記載事項

〈必須事項〉

（1）国保の医療費、財政の見通し

（2）市町村の保険料の標準的な算定方法に関する事項

・標準的な保険料の算定方式、市町村規模別の標準的な収納率　等

（3）保険料の徴収の適正な実施に関する事項

・複数の自治体による滞納整理事務の共同実施、収納担当職員に対する研修会の共同実施　等

（4）保険給付の適正な実施に関する事項

・海外療養費の審査等の専門的な知見を要する事務の共同実施、保険医療機関による大規模な不正請求が発覚した場合における不正利得の回収に関する事項　等

〈任意項目〉

（5）医療費適正化に関する事項

・後発医薬品の使用促進に関する事項、医療費通知の共同実施　等

（6）市町村が担う事務の効率化、広域化の推進に関する事項

（7）保健医療サービス・福祉サービス等に関する施策との連携に関する事項

（8）施策の実施のために必要な関係市町村相互間の連絡調整等

○　また、保険者としての考え方のみではなく、被保険者、療養担当者（保険医・保険薬剤師）、公益（学識経験者等）、被用者保険の代表といった関係者の意見もよく聴いた上で、地域の実情に応じた方針を策定する必要があるとされています。

○　さらに、都道府県が国民健康保険運営方針を策定した後も、当該方針に基づく国民健康保険の運営状況等も踏まえ、定期的に検証・見直しを行い、必要に応じこれを改善していくことが重要とされています。

○　そうしたことから、厚生労働省が示した策定要領においては、都道府県による国民健康保険運営方針の策定は、以下の手順を基本として行うものとの考え方が示されました。

①　市町村等との連携会議における関係者間の意見交換・意見調整

②　①を踏まえて作成した国民健康保険運営方針の案について、当該都道府県内の全ての市町村への意見聴取を実施（法第82条の２第６項）

③　都道府県の国保運営協議会における審議と諮問・答申（法第11条第1項）

④　都道府県知事による国民健康保険運営方針の決定（法第82条の２第1項）

⑤　国民健康保険運営方針の公表（法第82条の２第7項）

⑥　国民健康保険運営方針に基づく事務の実施状況の検証

⑦　国民健康保険運営方針の見直し（見直しの手順は①から⑤までの策定の手順と同様）

※　なお、策定に当たっては、必ずしも上記手順に従わなければならないものではなく、例えば、①を踏まえて策定した国民健康保険運営方針の案について、先に都道府県の国保運営協議会において一定程度議論を行った後に、市町村への意見聴取を行い、当該意見を踏まえて、再度、都道府県の国保運営協議会において議論を行い、最終的な案を諮問・答申することなども可能であり、地域の実情に応じ検討を行うものとする。

○　市町村等との連携会議については、国民健康保険の運営主体相互の考え方をすり合わせる観点から、保険者としての都道府県及び市町村、審査・支払事務等の実施者である国民健康保険団体連合会等の関係者の意見を十分に聴くとともに、必要に応じて意見の調整を図る必要があるため、おおむね以下の関係者が参画するとの考え方が示されています。

①　都道府県の関係課室（国民健康保険担当のほか、必要に応じて、医療担当、健康担当、介護担当、薬事担当などを加えること）

②　市町村の国民健康保険担当部局等（必ずしも全ての市町村を会議の構成員とする必要はないが、地域別、被保険者規模別などに配慮すること）

③　国民健康保険団体連合会

④　必要に応じ、その他の関係者

連携会議では、まずは都道府県内の国民健康保険の現状を把握し、その課題等について上記の関係者間で認識を共有するとともに、それを踏まえて今後の国民健康保険の運営方針について意見交換や意見調整を行い、そうした関係者による議論を踏まえて、国民健康保険の運営方針について一定の案を取りまとめることを目指すとされています。

○　また、都道府県国民健康保険運営方針については、都道府県が定める各種計画

— 医療法（昭和23年法律第205号）に基づき定める今後の医療需要と病床の必要量の見通しや目指すべき医療提供体制を実現するための施策が盛り込まれた「地域医療構想」やこれを含む「医療計画」をはじめとして、高齢者の医療の確保に関する法律（昭和57年法律第80号）に規定する「都道府県医療費適正化計画」、健康増進法（平成14年法律第103号）に規定する「都道府県健康増進計画」、介護保険法（平成９年法律第123号）に規定する「都道府県介護保険事業支援計画」等 — との整合性をとりながら、地域の実情に応じた方針を示すことが重要とされています。

○　都道府県国民健康保険運営方針の対象期間は特段の定めはありませんが、策定要領においては、「例えば、都道府県介護保険事業支援計画の改定周期が3年とされており、医療計画もこれに合わせて６年間の中間年に必要な見直しを行うこととされていることなどを踏まえ、国保運営方針の対象期間も平成30年度からの3年間とするなど、地域の実情に応じて複数年度にわたるものとすることが望ましい。また、少なくとも3年ごとに検証を行い、必要がある場合には、これを見直すことが望ましい」と示されています。

図65　国保運営方針策定要領（ガイドライン）の構成

○　国保運営方針策定要領(ガイドライン)は、都道府県が国保運営方針の策定・見直しを行うに当たり、
① 国保運営方針を**策定するねらい**
② 国保運営方針の**策定や見直しの手順**
③ 国保運営方針の**記載事項ごとに盛り込むべき内容**
などについての基本的な考え方を、**地方自治法に基づく技術的助言**として示すもの。

○　都道府県においては、ガイドラインを踏まえて、市町村や関係者と議論を行った上で国保運営方針の策定・見直しを行い、市町村と共に当該国保運営方針に沿った事業運営を行っていくこととなる。

ガイドラインの目次

1. 策定のねらい
(1) 市町村国保の現状と課題
(2) 改正法による国保の都道府県単位化
(3) 都道府県国民健康保険運営方針の必要性

2. 策定の手順 等
(1) 策定の流れ
(2) 市町村等との連携会議の開催
(3) 市町村への意見聴取
(4) 都道府県の国民健康保険事業の運営に関する協議会における審議
(5) 公表
(6) 国保運営方針の検証・見直し
(7) その他の留意事項

3. 主な記載事項
<必須項目>
(1) 国民健康保険の医療に要する費用及び財政の見通し
(2) 市町村における保険料の標準的な算定方法に関する事項
(3) 市町村における保険料の徴収の適正な実施に関する事項
(4) 市町村における保険給付の適正な実施に関する事項
<任意項目>
(5) 医療費の適正化に関する事項
(6) 市町村が担う事務の広域的及び効率的な運営の推進に関する事項
(7) 保健医療サービス・福祉サービス等に関する施策と連携に関する事項
(8) 施策の実施のために必要な関係市町村相互間の連絡調整等

図66　1　国保運営方針策定のねらい（2016年4月28日国保運営方針策定要領）

(1)市町村国保の現状と課題

○　国保には、小規模保険者が多数存在し、財政が不安定になりやすい等の**財政運営上の構造的な課題**や、市町村ごとに事務処理の実施方法にばらつきがある等の**事業運営上の課題**がある。
○　こうした課題に対し、これまで、公費投入、保険者間での財政調整、保険者事務の共通化・共同実施・広域化などによって対応してきたが、いまだ十分とはいえない。

(2)改正法による国保の都道府県単位化

○　こうした現状を改善するため、国民健康保険への**財政支援の拡充**を行うとともに、平成30年度から、**都道府県が、国民健康保険の財政運営の責任主体**として、安定的な財政運営や効率的な事業の確保などの事業運営において中心的な役割を担うことにより、国民健康保険制度の安定化を図ることとされた。

(3)国保運営方針の必要性

○　新制度においては、都道府県が財政運営の責任主体となるほか、**市町村においても**、資格管理、保険給付、保険料率の決定、賦課・徴収、保健事業等の**地域におけるきめ細かい事業を引き続き担う**こととされている。
○　そこで、新制度においては、**都道府県とその県内の各市町村が一体となって保険者の事務を共通認識の下で実施**するとともに、**各市町村が事業の広域化や効率化を推進**できるよう、都道府県が県内の統一的な国民健康保険の運営方針を定める必要がある。

※　改正法の施行日は平成30年4月1日であるが、改正法附則第7条において、都道府県は、施行日の前日までに国保運営方針を定めることとされている。このため、各都道府県においては、地域の実情に応じ、市町村等との連携会議や国保運営協議会を前倒しで設置して検討を行うなど、国保運営方針を定めるための準備を速やかに行い、平成29年度内に策定していただく必要がある。

図67　2　国保運営方針の策定手順

○　国保運営方針の策定に当たっては、①**都道府県・市町村が保険者として目指す方向性について認識を共有**すること、②被保険者、療養担当者、公益、被用者保険等の**関係者の意見を聴く**ことが重要であり、**策定後も定期的な検証・見直し・改善**をしていくことが重要。このため、以下の手順を基本として、地域の実情に応じて策定を行う。

①　市町村等との連携会議の開催

連携会議では、都道府県の関係課室、市町村の国保担当部局等、国保連、その他の関係者による意見交換、意見調整を行う。国保運営方針案の議決を行う場ではない。

②　国保運営方針案を作成、市町村へ意見聴取

都道府県は、連携会議とは別に、当該都道府県内のすべての市町村に対し、国保運営方針案について意見を求めなければならない。(法82条の２第６項)

③　都道府県の国保運営協議会で審議、諮問・答申

都道府県の国保運営協議会は、地方自治法第138条の４第３項に基づく都道府県の執行機関の附属機関として位置づけられる。

④　都道府県知事による国保運営方針の決定

国保運営方針は、都道府県の国保運営協議会の答申を判断資料として都道府県知事が決定するが、国保運営協議会の意見は、法的に知事を拘束するものではない。

⑤　国保運営方針の公表

法第82条の２第７項に基づき、都道府県は遅滞なく公表するよう努めるものとする。公表の方法は、都道府県のホームページや公報による公示などが考えられる。

⑥　事務の実施状況の検証、国保運営方針の見直し

見直しの手順は①～⑤までと同様。少なくとも３年ごとに検証を行い、必要に応じて見直すことが望ましい。

図68　3　国保運営方針の主な記載事項（1）

(1)国民健康保険の医療に要する費用及び財政の見通し

(医療費の動向と将来の見通し)

○　都道府県全体の国民健康保険における医療費の動向や、市町村ごとの保険料水準、財政状況の現況などのほか、将来の国民健康保険財政の見通しについても記載する。

※ 医療費適正化計画においては、医療に要する費用の見込みを定めることとしており、その推計方法を参考とすることも考えられる。

(財政収支の改善に係る基本的な考え方)

○　国保財政を安定的に運営していくためには、国民健康保険特別会計の収支が均衡していることが重要。

○　市町村の国民健康保険特別会計において、**解消又は削減すべき対象としての法定外の一般会計繰り入れとは、法定外の一般会計繰入のうち①決算補填等を目的としたものを指すもの**であり、②保健事業に係る費用についての繰入れなどの決算補填等目的以外のものは、解消・削減すべきとは言えないものである。

○　都道府県特別会計においては、必要以上に黒字幅や繰越金を確保することのないよう、**市町村の財政状況をよく見極めた上で、バランスよく財政運営を行っていく必要**があることに留意。

(赤字解消・削減の取組、目標年次等)

○　決算補填等を目的とする一般会計繰入や前年度繰上充用について、収納率の向上や医療費適正化の取組にあわせ、計画的・段階的な解消が図られるよう、実効性のある取組を定めること。

○　赤字市町村については、赤字についての要因分析、必要な対策の整理を行うこと。これを踏まえ、都道府県は、**市町村ごとの赤字の解消又は削減の目標年次及び赤字解消に向けた取組を定めること**。

※ 赤字解消・削減の取組や目標年次は、新制度の納付金、標準保険料率、公費等を勘案し、平成30年度から設定することが望ましい。

※ また、赤字の解消又は削減は、原則として赤字発生年度の翌年度に解消を図ることが望ましいが、単年度での赤字の解消が困難な場合は、例えば、5年度以内の計画を策定し、段階的に赤字を削減し、できる限り赤字を解消するよう努めるものとするなど、市町村の実態を踏まえて、その目標を定めること。

(財政安定化基金の運用)

○　国保運営方針においても、財政安定化基金の運用ルールの基本的な考え方を定めること。

※　具体的には、以下の事項などを定めることが考えられる。

- 財政安定化基金の交付を行うに当たっては、市町村の収納意欲の低下を招くことがないよう「特別な事情」がある場合に限定されており、この「特別な事情」の基本的な考え方
- 交付を行う場合の交付額の算定の考え方
- 交付を行った場合には、国、都道府県及び市町村が3分の1ずつを補填することとされており、このうち市町村が行う補填の考え方（交付を受けた市町村が補填することを基本としつつ、「特別な事情」を加味しながら、すべての市町村の意見を踏まえて按分方法を決定）
- 新制度への以降に伴う保険料激変緩和への活用の考え方（平成35年度までの特例）

図69　3　国保運営方針の主な記載事項（2）

(2) 市町村における保険料の標準的な算定方法に関する事項

(標準的な保険料算定方式)

○　年齢構成の差異の調整後の医療費水準が同じ市町村であれば、同じ応益割保険料の標準保険料率となることを基本に、各市町村の実態も踏まえて、市町村における標準的な保険料算定方式を定めること。

※　標準保険料率の算定に当たって必要な国保事業費納付金の算定に関連する項目についてもあわせて定めることが考えられ、具体的には、以下の事項などについて、医療分、後期高齢者支援金分、介護納付金分についてそれぞれ定めることが考えられる。

- 標準的な保険料算定方式について、２方式、３方式又は４方式のいずれの方式を採るか
- 標準的な保険料の応益割と応能割の割合、所得割と資産割、均等割と平等割の割合をそれぞれどの程度にするか
- 標準保険料率の算定に必要な国保事業費納付金（以下「納付金」という。）の算定に当たって、医療費水準をどの程度反映するか（αをどのように設定するか）、各市町村の所得のシェアを各市町村の納付金にどの程度反映するか（βをどのように設定するか）
- 賦課限度額をどのように設定するか

(標準的な収納率)

○　標準的な収納率の算定に当たっては、**各市町村の収納率の実態を踏まえた実現可能な水準**としつつ、**かつ、低い収納率に合わせることなく**、例えば、保険者規模別や市町村別などにより適切に設定すること。

※　各市町村が目指すべき収納率目標については、これとは別に定める必要があることに留意。

図70　3　国保運営方針の主な記載事項（3）～（4）

(3) 市町村における保険料の徴収の適正な実施に関する事項

(収納対策)

○　都道府県は、各市町村における収納率を向上させる観点から、**収納率目標を定めること**。収納率目標の設定に当たっては、標準的な収納率や各市町村の収納率の**実態を踏まえつつ、かつ、低い収納率に合わせることなく**、例えば、保険者規模別や市町村別などにより適切に設定すること。

○　収納率が低く、収納不足が生じている市町村は、収納不足についての要因分析、必要な対策の整理を行うこと。これを踏まえ、都道府県は、収納対策の強化に資する取組を定めること。

※　収納対策の強化に資する取組としては、例えば、収納担当職員に対する研修会の実施、徴収アドバイザーの派遣、複数の自治体による滞納整理事務の共同実施への支援等がある。

(4) 市町村における保険給付の適正な実施に関する事項

(都道府県による保険給付の点検、事後調整)

○　平成 30 年度以降、都道府県は、広域的又は専門的な見地から、法第 75 条の 3 等の規定に基づく市町村が行った保険給付の点検等（例えば海外療養費等）や、法第 65 条第 4 項に基づき、市町村の委託を受けて行う不正請求等に係る費用返還を求める等の取組を行うことも可能となるため、こうした取組の具体的内容について定めること。

(その他の保険給付の適正な実施に関する取組)

○　療養費の支給の適正化、レセプト点検の充実強化、第三者求償や過誤調整等の取組強化、高額療養費の多数回該当の取扱い等の保険給付の適正な実施に関する取組について定めること。

図71　3　国保運営方針の主な記載事項（5）～（6）

(5)医療費の適正化に関する事項

(医療費の適正化に向けた取組)

○　取組の進んでいる市町村の好事例の横展開等、医療費適正化対策の充実強化に資する取組を定めること。また、データヘルス計画に基づくＰＤＣＡサイクルにより、効果的・効率的に保健事業を実施すること。

(医療費適正化計画との関係)

○　医療費の適正化に関する事項を定めるに当たっては、都道府県医療費適正化計画に定められた取組の内容との整合を図るとともに、その内容のうち保険者として取り組む内容は、国保運営方針にも盛り込むこと。

(6)市町村が担う事務の広域的及び効率的な運営の推進に関する事項

(広域的及び効率的な運営の推進に向けた取組)

○　都道府県は、市町村の意向・要望を聴取した上で、市町村が担う事務の共通化、収納対策や医療費適正化対策の共同実施、職員に対する研修会の実施等の取組を定めること。

図72　3　国保運営方針の主な記載事項（7）～（8）

(7)保健医療サービス・福祉サービス等に関する施策と連携に関する事項

(保健医療サービス・福祉サービス等との連携)

○　都道府県は、従来から広域的な立場から医療提供体制の確保や、保健医療サービス、福祉サービスなどを推進する上で役割を果たしてきており、今回、国保の財政運営の責任主体として保険者の役割を担うことで、医療はもちろんのこと、保健・福祉全般にわたって目配りをしながら施策を推進することが可能となる。

○　このため、都道府県は、地域包括ケアシステムの構築に向けた取組の重要性に留意し、保健医療サービス及び福祉サービスに関する施策その他の関連施策との有機的連携に関する取組を定めること。

(8)施策の実施のために必要な関係市町村相互間の連絡調整等

○　連携会議の開催、連携会議の中で必要に応じて開かれる作業部会の開催、収納対策や医療費適正化対策、保健事業に関する研修会の実施など、関係市町村相互間の連絡・調整を行うための措置を定めること。

○　上記の他、都道府県が必要と認める事項を定めること。

※ その他の留意事項

(国保運営方針の名称)

○　名称は「○○県国民健康保険運営方針」とすることが望ましいが、これ以外の名称であっても差し支えない。

(国保運営方針の対象期間)

○　対象期間は、特段の定めはないが、例えば、都道府県介護保険事業支援計画の改訂周期が３年とされており、医療計画もこれに合わせて６年間の中間年に必要な見直しを行うこととされていることなどを踏まえ、平成30年度からの３年間とするなど、地域の実情に応じて複数年度にわたるものとすることが望ましい。

図73　地域医療構想・医療費適正化計画・国保運営方針の策定スケジュール（イメージ）

○　平成26年に成立した「医療介護総合確保推進法」により、平成27年4月より、都道府県が「地域医療構想」を策定することとなっている（法律上は平成30年3月までであるが、平成28年半ば頃までの策定が望ましい）。
○　医療費適正化計画については、厚生労働省において平成27年度内に基本方針を定め、これを踏まえて都道府県において、平成28年度以降、地域医療構想との整合性を図りつつ、策定作業を進めることとなる。
○　国保運営方針は、平成28年度以降、医療費適正化計画との整合性を図りつつ、策定作業を進めることとなる。

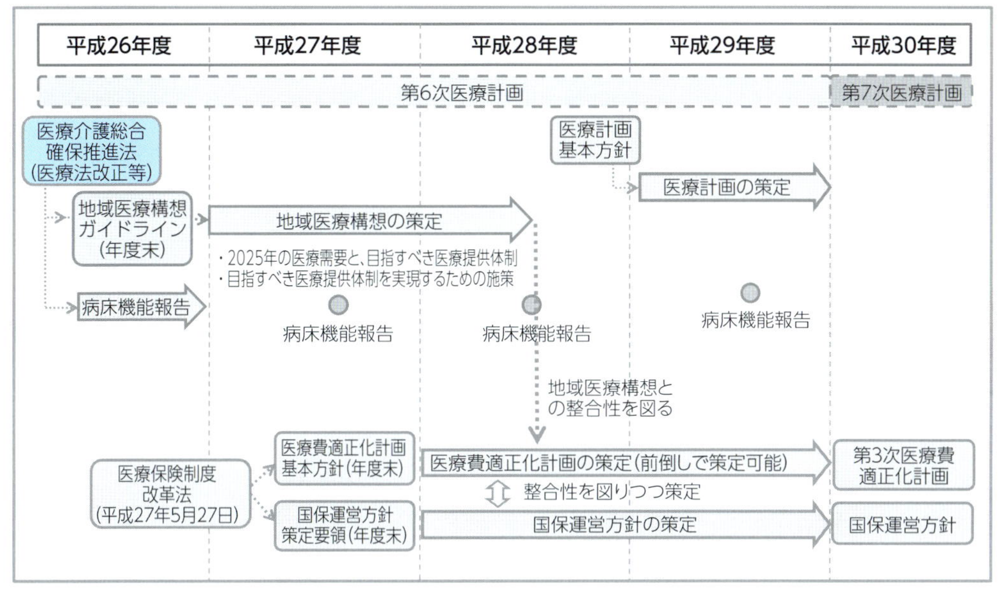

（都道府県国民健康保険運営方針の記載事項（総論））

○　都道府県国民健康保険運営方針の主な記載事項としては、必須事項が４点、任意事項が４点あります。

○　必須事項については以下のとおりです。（法第82条の２第２項）

①　国民健康保険の医療に要する費用及び財政の見通し

②　市町村における保険料の標準的な算定方法に関する事項

③　市町村における保険料の徴収の適正な実施に関する事項

④　市町村における保険給付の適正な実施に関する事項

○　また、任意事項については以下のとおりです。（法第82条の２第３項）

⑤　医療に要する費用の適正化の取組みに関する事項

⑥　市町村が担う国民健康保険事業の広域的及び効率的な運営の推進に関する事項

⑦ 保健医療サービス及び福祉サービスに関する施策その他の関係施策との連携に関する事項

⑧　②～⑦に掲げる事項の実施のために必要な関係市町村相互間での連絡・調整その他都道府県が必要と認める事項

○　なお、上記の項目の記載の前提として、下記のような事項を定めることが望ましいとされています。

・策定の目的

・策定の根拠規定

・策定年月日
・見直し時期の目安

（都道府県国民健康保険運営方針の記載事項（必須事項））

①　国民健康保険の医療に要する費用及び財政の見通し

中長期的に安定的な財政運営を行うためには、これまでの医療費の動向を把握し、将来の国民健康保険財政の見通しを示すとともに、その要因の分析を行うことが重要です。その上で、これを、今後の標準保険料率の見通しの策定、データヘルス計画の策定、重症化予防等も含めた医療費適正化の取組みの実施に当たって参考とすることで、持続可能な国民健康保険運営を図られることになります。

このため、国保運営方針においては、都道府県全体の国民健康保険における医療費の動向や、市町村ごとの保険料水準、財政状況の現況、将来の国民健康保険財政の見通し等を記載することとされました。

また、財政を安定的に運営していくためには、国民健康保険が一会計年度単位で行う短期保険であることに鑑み、原則として、必要な支出を保険料や国庫負担金などにより賄うことにより、国民健康保険特別会計において収支が均衡していることが重要です。しかし、実際には、多くの市町村において決算補てん等を目的とした法定外の一般会計繰入や前年度繰上充用が行われています。法定外の一般会計繰入の内訳について見てみると、（ⅰ）決算補てん等を目的としたもののほか、（ⅱ）保健事業に係る費用についての繰入れなどの決算補てん等目的以外のものがあります。このため、国民健康保険特別会計において、解消又は削減すべき対象としての法定外の一般会計繰入とは、法定外の一般会計繰入のうち上記（ⅰ）を指すものであり、各市町村の政策判断により積極的に行われている上記（ⅱ）については、解消・削減すべき対象とは言えないものと考えられています。

都道府県及び市町村において、財政収支の改善等について検討を行うに当たっては、まずは、こうした解消・削減すべき対象としての「赤字」の範囲について認識の共有を図ることが重要とされています。

また、都道府県の国民健康保険特別会計も同様に、原則として、必要な支出を国保事業費納付金や国庫負担金などによって賄うことにより、収支が均衡していることが重要です。

その際、同時に、当該都道府県内の市町村における事業運営が健全に行われることも重要であるため、都道府県の国民健康保険特別会計において、必要以上に黒字幅や繰越金を確保することのないよう、市町村の財政状況をよく見極めた上で、バランスよく財政運営を行っていく必要があることに留意する必要があります。

市町村において行われている決算補てん等を目的とする一般会計繰入や前年度繰上充用については、今回の改正による財政支援措置の拡充と都道府県から保険給付に要した費用を全額交付する仕組みの中で、解消が図られる方向となっていますが、これに加え、収納率の向上や医療費適正化の取組みに合わせ、保険料の適正な設定等により、計画的・段階的な解消が図られるよう、実効性のある取組みを定めること、との考えが示されました。また、赤字市町村については、（ア）

赤字についての要因分析（医療費水準、保険料設定、保険料収納率等）を行うとともに、必要な対策について整理すること、（イ）これを踏まえ、都道府県は、市町村ごとの赤字の解消又は削減の目標年次及び赤字解消に向けた取組みを定めるとの考えが示されました。（ウ）その際、赤字の解消又は削減については、国民健康保険が一会計年度を収支として行う短期保険であることに鑑み、原則として赤字発生年度の翌年度に解消を図ることが望ましいものであるが、被保険者の保険料負担の急変を踏まえると、単年度での赤字の解消が困難な場合は、例えば、５年度以内の計画を策定し、段階的に赤字を削減し、できる限り赤字を解消するよう努めるものとするなど、市町村の実態を踏まえて、その目標を定めるとの考えが示されました。

○　国民健康保険事業の財政の安定化のため、給付増や保険料収納不足により財源不足となった場合に備え、法定外の一般会計繰入を行う必要がないよう、都道府県に財政安定化基金を設置し、都道府県及び市町村に対し、貸付又は交付を行うこととされている。

○　市町村の収納不足が生じた場合の財政安定化基金の交付については、市町村の収納意欲の低下を招くことがないよう「特別な事情」がある場合に限定されており、また、交付額は収納不足額の２分の１以内とされている。「特別な事情」の具体的な判断や交付額の割合については、都道府県が市町村の意見を踏まえ、決定することとなる。

○　また、交付を行った場合には、国、都道府県及び市町村がそれぞれ３分の１ずつを補てんすることとされているが、このうち、市町村が行う補てんについては、交付を受けていない他の市町村の負担を考慮し、当該交付を受けた市町村が補てんすることを基本とする。「特別な事情」を加味しながら、全ての市町村の意見を踏まえ、都道府県がその按分方法を決定することとなる。

○　さらに、平成35年度までの特例として、新制度への以降に伴う保険料の激変緩和措置など、改正法の円滑な施行のために必要な資金の交付に充てることができることとされている。

○　こうした観点から、国保運営方針においても、財政安定化基金の運用ルールの基本的な考え方を定めること。

※１　具体的には、「特別な事情」の基本的な考え方、交付額の算定の考え方、激変緩和措置への活用の考え方、交付を行った場合の補てんの考え方等を定めることが考えられる。

※２　制度施行後、国は、各都道府県における財政安定化基金の貸付・交付等の運用状況を集約・周知することとし、各都道府県においては、このような実績を踏まえ、財政安定化基金の運用の考え方を更新する際の参考とすること。

※３　なお、「特別な事情」の状況によっては、国の特別調整交付金や都道府県繰入金の二号分により、各市町村に保険給付費等交付金を交付することが可能であることも併せて考慮すべきである。

国保運営方針に基づき国民健康保険事業を実施するに当たっては、安定的な財政運営や、市町村が担う事業の広域的・効率的な運営に向けた取組みを継続的に改善するためにも、事業の実施状況を定期的に把握・分析し、評価を行うことで検証することが必要である。

○　現在、都道府県は、国民健康保険法又は地方自治法等による権限に基づき、市町村が行う国民健康保険事業の実施状況について、実地に指導・助言を行っているところであり、新制度においても、引き続き、市町村も含めた関係者に対し、必要な指導・助言を行うこととなるが、こうした取組みは国保運営方針に基づき実施する事業の継続的な改善に向けたＰＤＣＡサイクルを循環させる上でも重要な位置付けとなる。

○　このため、都道府県による指導・助言のあり方も含め、国保運営方針に基づき実施する事業の継続的な改善に向けたＰＤＣＡサイクルを循環させるための基本的な取組み方針について、国保運営方針に定めること。

参考1「医療費の動向」

「医療費の動向」については、

・都道府県全体及び市町村ごとに、５歳ごとの年齢階層別の一人当たり医療費と、全年齢階層の一人当たり医療費
・市町村ごとの年齢構成の差異を調整した後の医療費指数
・医療の提供状況（医療機関等の数、病床数等）と一人当たり医療費（年齢構成の差異を調整した後の医療費指数）の相関
・地域（市町村、二次医療圏等）ごとの診療種別医療費や疾病分類別医療費の特徴
・高額医療費の状況
・高医療費市町村における医療費適正化の状況

等を分析するとの考え方が示されました。

また、医療費の動向や、市町村ごとの保険料水準、財政状況の現況などについて要因分析を行うために、都道府県全体及び市町村ごとの年齢構成、所得状況、低所得者の状況、収納率の状況、一般会計繰入の状況などについても分析するとの考え方が示されました。

参考2「将来の見通し」

「将来の見通し」については、都道府県において、例えば以下の統計を基礎として推計することが考えられるとされています。

・日本の地域別将来推計人口（国立社会保障･人口問題研究所）
・日本の世帯数の将来推計（都道府県別推計）（国立社会保障･人口問題研究所）
・国民健康保険事業年報（厚生労働省保険局）
・医療費の動向（概算医療費、医療保険医療費）（厚生労働省保険局）
・患者調査（厚生労働省大臣官房統計情報部）患者の住所地別患者数と医療機関の所在地別患者数　等
・病院報告（厚生労働省大臣官房統計情報部）都道府県別 平均在院日数　等
・その他　国勢調査、推計人口（総務省）、国民医療費等

また、推計に当たっては、例えば将来の人口推計に加入率を乗じて被保険者数を推計し、入院（食事含む。）、入院外（調剤、訪問看護、療養費含む。）、歯科別の診療種別ごとに、年齢階層別平均在院日数や、一人一日当たり医療費の実績や伸び率などを用いて都道府県全体及び市町村ごとに推計することが考えられるとされています。さらに、推計に当たり、いわゆる団塊の世代が後期高齢者となる2025年（平成37年）までの見通しを示すことが望ましいとされています。

参考3

医療費適正化計画においては、現在、医療に要する費用の見込みを定めることとしており、国保運営方針においてその推計方法を参考とすることも考えられるとされました。

②　市町村における保険料の標準的な算定方法に関する事項

現状、国民健康保険の保険料は様々な要因により差異が生じているため、他の市町村の保険料水準との差を単純に比較することは困難な状況にあります。

こうした課題に対し、2018年度（平成30年度）以降、都道府県が市町村標準保険料率を示すことにより、標準的な住民負担の「見える化」を図ることとされました。具体的には、都道府県は、標準的な保険料算定方式や市町村規模等に応じた標準的な収納率等、市町村が保険料率を定める際に必要となる事項の標準を定めるとともに、当該標準設定に基づき、市町村標準保険料率を算定することとなります。また、都道府県は、全国一律の算定方式により、当該都道府県内の全ての市町村の保険料率の標準的な水準（都道府県標準保険料率）を示すことにより、都道府県間の住民負担の「見える化」を図り、他県との比較ができる状態の中で、あるべき保険料水準を考えることが可能となります。（都道府県は、法第82条の３第４項に基づき、遅滞なく、これらの標準保険料率を公表するよう努めることとされています。）

国保運営方針において保険料の標準的な算定方法を定めるに当たっては、以下のように取り組むとの考え方が示されました。

・都道府県は、現状把握のため、各市町村の現状の保険料算定方式、応能割と応益割の割合、所得割・資産割・均等割・平等割の賦課割合、賦課限度額の設定状況等に関するデータを記載すること。

・都道府県は、年齢構成の差異を調整した後の医療費水準が同じ市町村であれば、同じ応益割保険料の市町村標準保険料率となることを基本に、各市町村の実態も踏まえて、市町村における標準的な保険料算定方式を定めること。

・毎年度、市町村標準保険料率の算定に当たっては、国保保険者標準事務処理システムの一つとして開発する「国保事業費納付金等算定標準システム」を有効に活用するとともに、既存の国保事業報告システムとの円滑な連携や国民健康保険団体連合会への業務委託等を行うこと。これにより、算定に必要なデータを確実に集計できるようになるなど、新たな事務負担の増加を抑制することが可能となる。

・標準的な収納率については、収納率目標とは異なり、都道府県内における市町村標準保険料率を算定するに当たっての基礎となる値である。仮に、実態よりも大幅に高い収納率を基に市町村標準保険料率を算定した場合には、その分、市町村標準保険料率も引き下がり、結果としてその市町村標準保険料率を参考にした市町村は、本来必要な保険料収入を集めることができなくなるおそれもある。このため、標準的な収納率の算定に当たっては、各市町村の収納率の実態を踏まえた実現可能な水準としつつ、かつ、低い収納率に合わせることなく、例えば、保険者規模別や市町村別などにより適切に設定すること。

また、保険料率については、市町村ごとに設定することを基本としつつ、地域の実情に応じて、二次医療圏ごと、都道府県ごとに保険料率を一本化することも可能とされています。二次医療圏ごとや都道府県ごとに保険料率を一本化する場合には、都道府県が設定する保険料の標準的な算定方法（収納率等）についても、地域の実情に応じて、二次医療圏ごとや都道府県ごとに定めるとの考え方が示されました。

③　市町村における保険料の徴収の適正な実施に関する事項

保険料は、国保財政の「収入面」に当たるものであり、これを適正に徴収することが国民健康保険の安定的な財政運営の大前提となるものです。しかし、国民健康保険の保険料については、市町村ごとに賦課総額の設定や徴収事務の実施方法にばらつきがあることから、これらについて県内において一定程度統一の方針を定めるとともに、都道府県が必要な支援を行うことで、保険料収入の確保を図っていく必要があるとされています。

このため、国保運営方針においては、市町村が収納率を向上させ、必要な保険料を徴収することができるよう、その徴収事務の適正な実施のため取り組む事項等を定めることとされました。

都道府県は、現状把握のため、（ア）都道府県又は市町村ごとの保険料の収納率（現年度分・過年度分）の推移のほか、口座振替率や滞納処分等、収納対策の実施状況に関するデータを記載すること。（イ）その際、市町村ごとの状況の差の「見える化」が図られるよう、留意すること、との考え方が示されました。

また、都道府県は、「標準的な収納率」とは別に、各市町村における収納率を向上させる観点から、収納率目標を定めることや、収納率目標の設定に当たっては、標準的な収納率や各市町村の収納率の実態を踏まえつつ、かつ、低い収納率に合わせることなく、例えば、保険者規模別や市町村別などにより適切に設定すること、といった考え方が示されました。

さらに、収納率が低く、収納不足が生じている市町村は、収納不足についての要因分析（滞納状況、口座振替率、人員体制等）を行うとともに、必要な対策について整理すること。これを踏まえ、都道府県は、各市町村における収納率目標の達成のため、地域の実情を把握の上、収納担当職員に対する研修会の実施、徴収アドバイザーの派遣、複数の自治体による滞納整理事務の共同実施に対する支援等、収納対策の強化に資する取組みを定めること、といった考え方が示されました。

④　市町村における保険給付の適正な実施に関する事項

保険給付は保険制度の基本事業であり、保険料の賦課・徴収と異なり、統一的なルールの下にその事務が実施されていますが、不正請求への対応、療養費の支給の適正化、第三者の不法行為に係る損害賠償請求（以下「第三者求償」という。）、過誤調整等のように、広域的な対応が必要なものや一定の専門性が求められるものなど、市町村のみでは効率的に対応しきれない場合があります。また、都道府県が保険者となることにより、同一都道府県内であれば高額療養費の多数回該当に係る該当回数が通算されることなど、保険給付の実施に当たり、新たな取扱いも生じることとなります。

このため、国保運営方針においては、国民健康保険財政を「支出面」から管理する上で、保険給付の実務が法令に基づく統一的なルールにしたがって確実に行われ、必要な者に必要な保険給付が着実になされるようにするために取り組む事項等を定めることとされました。

都道府県は、現状把握のため、（ア）各市町村におけるレセプト点検の実施状況や、市町村が取得した第三者求償の実施状況、高額療養費等の支給に係る申請の勧奨状況等、保険給付の適正な実施に関するデータを記載すること、（イ）その際、市町村ごとの状況の差の「見える化」が図られるよう、留意すること、との考え方が示されました。

例えば、都道府県全体及び市町村ごとの、レセプト点検の効果率や効果額、柔道整復療養費に関する患者調査の実施状況、第三者求償の実施状況、過誤調整の実施状況、国民健康保険団体連合会の介護給付システムから提供される情報を活用したレセプト点検の実施状況等について示すことが考えられるとされています。

また、2018年度（平成30年度）以降、都道府県が財政運営の責任主体となることに伴い、都道府県は、（ア）広域的又は医療に関する専門的な見地から、市町村が行った保険給付の点検等を行うことが可能となるとともに、（イ）保険医療機関等による大規模な不正が発覚した場合、広域的・専門的見地から、市町村の委託を受けて、不正請求等に係る費用返還を求める等の取組みを行うことが可能となります。

このほか、下記のような考え方が示されました。

・都道府県は、地域の実情を把握の上、取組みの進んでいる市町村の事例の情報提供等を通じた好事例の横展開や、療養費の支給に関するマニュアルの作成、市町村に対する定期的・計画的な指導・助言の実施等、療養費の支給の適正化に資する取組みを定めること
・都道府県は、地域の実情を把握の上、レセプト点検（内容点検）の充実強化に関する技術的助言を行うアドバイザーの市町村への派遣や、システムにより提供される医療保険と介護保険の突合情報を活用した効率的な点検の促進、市町村に対する定期的・計画的な指導・助言の実施等、レセプト点検の充実・強化に資する取組みを定めること
・都道府県は、市町村における第三者求償事務の取組みに関する数値目標や取組み計画等を把握し、ＰＤＣＡサイクルの循環により継続的に取組みが改善するよう、第三者求償事務に関する技術的助言を行うアドバイザーの市町村

への派遣や、損害保険関係団体との取り決めの締結、市町村に対する定期的・計画的な指導・助言の実施等、第三者求償事務の取組み強化に資する取組みを定めること

・都道府県は、被保険者資格喪失後の受診により発生する返還金の保険者間の調整については、被保険者等の負担の軽減及び市町村等における速やかな債権の回収という点を考慮し、厚生労働省において、その事務処理の枠組みを示しているが、都道府県においては、地域の実情を把握の上、そうした枠組みの普及・促進に資する取組みを定めること

2018年度（平成30年度）以降は、都道府県も国民健康保険の保険者となることに伴い、市町村をまたがる住所の異動があっても、それが同一都道府県内であり、かつ、世帯の継続性が保たれている場合は、平成30年４月以降の療養において発生した、転出地における高額療養費の多数回該当に係る該当回数を転入地に引き継ぎ、前住所地から通算することとされました。都道府県においては、こうした取扱いが適正に実施されるよう、国保保険者標準事務処理システムの一つとして開発する「国保情報集約システム」により、市町村における資格管理情報や高額療養費の該当情報等を都道府県単位で集約・管理することのほか、地域の実情に応じ、世帯の継続性に係る判定、高額療養費の計算方法や申請勧奨事務に係る取組みの標準化などについて定めるとの考え方が示されました。

（都道府県国民健康保険運営方針の記載事項（任意事項））

⑤　医療に要する費用の適正化の取組みに関する事項

国保運営方針においては、任意的記載事項として、国民健康保険の財政運営に当たり、「支出面」の中心である医療費について適正化を行い、国民健康保険財政の基盤を強化するための取組み等を定めることとされました。

都道府県は、現状把握のため、（ア）市町村ごとの特定健診・特定保健指導の実施状況、後発医薬品の使用状況、重複受診や重複投薬への訪問指導の実施状況、その他の保健事業などの、医療費適正化対策に関するデータを記載すること。（イ）その際、市町村ごとの状況の差の「見える化」が図られるよう、留意すること、との考え方が示されました。

また、都道府県は、（ウ）地域の実情を把握の上、取組みの進んでいる市町村の事例の情報提供等を通じた好事例の横展開や、市町村に対する定期的・計画的な指導・助言の実施等、医療費適正化対策の充実・強化に資する取組みを定めること。（エ）また、保健事業に取り組む際には、データヘルス計画に基づくＰＤＣＡサイクルによる事業実施を行い、効果的・効率的な実施を行うこと、との考え方が示されました。具体的な取組みを定めるに当たっては、国民健康保険法に基づく保健事業の実施等に関する指針（平成16年厚生労働省告示第307号）に示されている保健事業の内容や、保険者努力支援制度において定められる指標等も参考にすることが考えられます。

さらに、医療費適正化計画との関係については、医療費適正化計画は、健康増

進計画や医療計画等と整合のとれたものとして作成され、施策の連携が図られていますので、国保運営方針において医療費の適正化に関する事項を定めるに当たっては、都道府県が作成する都道府県医療費適正化計画に定められた取組みの内容との整合性を図るとともに、都道府県医療費適正化計画に盛り込まれた都道府県又は市町村が保険者として取り組む内容については、国保運営方針にも盛り込み、計画の具体化を図るとの考え方が示されています。

⑥　市町村が担う国民健康保険事業の広域的及び効率的な運営の推進に関する事項

市町村が担う事務の種類や性質によっては、当該市町村が単独で行うのではなく、より広域的に実施することにより効率化することが可能なものもあります。また、当該都道府県内の好事例を横展開することにより事務の効率化を図ることも可能であると考えられています。このため、国保運営方針においては、そうした事務について、都道府県が中心となり市町村の事務の広域化・効率化を推進するため必要な取組みを定めるものとされました。

都道府県は、広域的及び効率的な運営の推進に向けて、（ア）市町村の意向・要望を聴取した上で、市町村が担う事務の共通化、収納対策や医療費適正化対策の共同実施、職員に対する研修会の実施等、市町村が担う事務の効率化、標準化、広域化に資する取組みを定めること、（イ）例えば、市町村が同じ基準で取り組むべき情報セキュリティ対策については、国保運営方針に標準的なセキュリティレベルでの、情報の保管・移送・消去などの取扱いを定めること、との考え方が示されました。

⑦　保健医療サービス及び福祉サービスに関する施策その他の関係施策との連携に関する事項

今後、団塊の世代が後期高齢者となる2025年（平成37年））を目処に、高齢者が可能な限り住み慣れた地域で、自分らしい暮らしを人生の最期まで続けることができるよう、住まい・医療・介護・予防・生活支援が一体的に提供される地域の包括的な支援・サービス提供体制（地域包括ケアシステム）の構築を市町村や都道府県が、地域の自主性や主体性に基づき、地域の特性に応じて作り上げていくことが必要となっています。都道府県は、従来から広域的な立場から医療提供体制の確保や、保健医療サービス・福祉サービスなどを推進する上で役割を果たしてきており、今回、国民健康保険の財政運営の責任主体として保険者の役割を担うことで、医療はもちろんのこと、保健・福祉全般にわたって目配りをしながら施策を推進することが可能となります。国保運営方針においては、こうした医療保険以外の保健・介護・福祉分野等の諸施策との連携の取組みを定めるものとされました。

都道府県は、安定的な財政運営や、市町村が担う国民健康保険事業の効率的な実施の確保その他の国民健康保険事業の健全な運営について中心的な役割を果たすに当たっては、地域包括ケアシステムの構築に向けた取組みの重要性に留意し、保健医療サービス及び福祉サービスに関する施策その他の関連施策との有機

参考　広域的及び効率的な運営の推進に向けた取組みの例

(i)　**保険者事務の共同実施**

・通知等の作成

被保険者証等の作成、被保険者台帳の作成、高額療養費の申請勧奨通知の作成、療養費支給決定帳票の作成、高額療養費支給申請・決定帳票の作成、高額療養費通知の作成

・計算処理

高額療養費支給額計算処理業務、高額介護合算療養費支給額計算処理業務、退職被保険者の適用適正化電算処理業務

・統計資料

疾病統計業務、事業月報・年報による各種統計資料の作成

・資格・給付関係

資格管理業務、資格・給付確認業務、被保険者資格及び異動処理事務、給付記録管理業務

・その他

各種広報事業、国庫補助金等関係事務、共同処理データの提供、市町村基幹業務支援システムへの参加促進

(ii)　**医療費適正化の共同実施**

医療費通知の実施、後発医薬品差額通知書の実施、後発医薬品調剤実績・削減効果実績の作成、レセプト点検の実施、レセプト点検担当職員への研修、第三者行為求償事務共同処理事業、医療費適正化に関するデータの提供、高度な医療費の分析

(iii)　**収納対策の共同実施**

広域的な徴収組織の設立・活用の推進、口座振替の促進等の広報、収納担当職員への研修、保険料収納アドバイザーによる研修・実地指導、滞納処分マニュアルの作成、マルチペイメント・ネットワークの共同導入、多重債務者相談事業の実施、資格喪失時の届出勧奨

(iv)　**保健事業の共同実施**

特定健診の受診促進に係る広報、特定健診・特定保健指導等の研修会・意見交換会の実施、特定健診データの活用に関する研修、特定保健指導の共通プログラムの作成、特定健診・特定保健指導の委託単価・自己負担額の統一、重複・頻回受診者に対する訪問指導の実施、糖尿病性腎症重症化予防の取組みの実施

的連携に関する取組みを定めること、との考え方が示されました。

例えば、以下のような取組みを盛り込むことが考えられるとされています。

・地域における医療及び介護の総合的な確保の促進に関する法律（平成元年法律第64号）における、都道府県が策定する地域における医療及び介護の総合的な確保のための事業の実施に関する計画との連携

・保健事業と介護予防の取組みとの連携（訪問指導における保健医療・福祉・介護予防等のサービスの活用方法等に関する指導、国保総合保健施設の保健事業部門・介護支援部門・居宅サービス部門と国保直営診療施設との一体的事業の実施など）

・特定健診・特定保健指導と市町村の衛生部門における健診事業との連携

・高齢者の介護予防の取組みとの連携
・障害福祉サービスを定める都道府県障害福祉計画との連携

都道府県は、国保データベース（ＫＤＢ）システムに代表される健康・医療情報に係る情報基盤を活用し、市町村ごとの健康課題や保健事業の実施状況を把握するとともに、当該都道府県の健康増進計画を踏まえて、市町村や国民健康保険団体連合会における保健事業の運営が健全に行われるよう、必要な助言及び支援を行うなど積極的な役割を果たすことが求められています。

⑧　②～⑦に掲げる事項の実施のために必要な関係市町村相互間での連絡・調整その他都道府県が必要と認める事項

国保運営方針においては、これまで記したもののほか、国民健康保険運営に係る施策の実施のために必要な関係市町村相互間の連絡・調整その他都道府県が必要と認める事項について定めることが可能です。具体的には、関係市町村相互間の連携会議の開催、当該連携会議の中で必要に応じて開かれる作業部会の開催、収納対策や医療費適正化対策、保健事業に関する研修会の実施など、関係市町村相互間での連絡・調整を行うための措置を必要に応じて定める、といった考え方が示されています。

9　国民健康保険運営協議会

国民健康保険運営協議会については、国民健康保険法に基づき、各市町村において設置されてきたものですが、2018年度（平成30年度）以降の新制度においては、都道府県及び市町村のそれぞれに、国民健康保険事業の運営に関する重要事項について審議する場である国民健康保険運営協議会が設置されることとなりました。

都道府県においては、新制度の施行に向けて、国民健康保険事業費納付金の徴収（算定方法の決定等）や都道府県国民健康保険運営方針の作成等の重要事項について、都道府県の国保運営協議会の審議を経る必要があることから、改正法附則第９条の規定に基づき、2016年度（平成28年度）から国民健康保険運営協議会を設置し、審議を開始することも考えられるとされています。

（都道府県の国民健康保険運営協議会）

都道府県の国民健康保険運営協議会は、国民健康保険事業の運営に関する事項のうち、国民健康保険事業費納付金の徴収、都道府県国民健康保険運営方針の作成その他の都道府県が処理することとされている事務に係る重要事項について、関係者により審議を行う場として設置されるものです。

このため、都道府県の国民健康保険運営協議会については、国民健康保険の被保険者を代表する委員（被保険者代表）、国民健康保険の保険医又は保険薬剤師を代表する委員（保険医等代表）及び学識経験者等の公益を代表する委員（公益代表）の三者を必ず構成員とするとともに、国民健康保険の財政において被用者保険が拠出する前期高齢者交付金の割合が約31％（2015年度予算ベース）と相当程度高く、国民健康保

図74　国保運営協議会（都道府県、市町村）の設置

○　今般の国保法の改正により、都道府県及び市町村のそれぞれに、国保事業の運営に関する重要事項について審議する場である国保運営協議会を設置することとされた。

＜参考＞　国民健康保険の見直しについて（議論のとりまとめ）（平成27年2月12日国保基盤強化協議会）

2. 運営の在り方の見直し（保険者機能の強化）

○　（略）

国保の運営に関する重要事項を協議する場として、都道府県に、被保険者代表、保険医又は保険薬剤師代表、公益代表、被用者保険代表が参加する国保運営協議会を設置する。

＜参考＞　国保運営協議会における審議事項

- 都道府県…国保事業費納付金の徴収、国保運営方針の作成その他の重要事項
- 市町村…保険給付、保険料の徴収その他の重要事項

○　都道府県においては、国保事業費納付金の徴収（算定方法の決定等）や国保運営方針の作成等の重要事項について、都道府県の国保運営協議会の審議を経る必要があることから、平成30年度からの新制度の施行に向けて、平成29年度には国保運営協議会を設置する必要があるが、地域の実情に応じて、あらかじめ、国保運営協議会（又はその前身となる機関）を設置し、審議を行うことが考えられる。

○　そのため、国保運営協議会の運営に関する詳細（国保運営協議会の構成、委員の定数等）について、国保事務レベルWGで協議の上、平成28年1月26日付けの通知で各自治体に提示したところ。

険の事業の運営の在り方が被用者保険の運営にも影響を与えていることに鑑み、被用者保険等保険者を代表する委員（被用者保険代表）も必ずその構成員とすることとされました。なお、都道府県とともに国民健康保険の運営を担うこととなる市町村については、都道府県の国民健康保険運営協議会の構成員ではなく、事務局の立場から審議に参画することが想定されています。

また、被保険者代表、保険医等代表及び公益代表については各同数とし、被用者保険代表についてはその数の半数以上同数以内とすることとされています。各側の具体的な人数については、各都道府県の実情を踏まえて条例により決定されます。

委員の任期については、３年とされました。

（市町村の国民健康保険運営協議会）

市町村の国民健康保険運営協議会は、国民健康保険事業の運営に関する事項のうち、保険給付、保険料の徴収その他の市町村が処理することとされている事務に係る重要事項について、関係者により審議を行う場として設置されるものです。

このため、都道府県による財政運営の下で、地域におけるきめ細かな事業の実施を担うこととなる市町村の国民健康保険運営協議会については、被保険者代表、保険医等代表及び公益代表の三者を必ず構成員として、一方、被用者保険代表については市町村の国民健康保険運営協議会では任意の構成員と位置付けられ、各市町村の実情を踏まえて適切に判断されるものとされました。

また、被保険者代表、保険医等代表及び公益代表については各同数とし、被用者保険

図75　法律上の国民健康保険運営協議会（都道府県、市町村）の位置付け

都道府県に設置される国保運営協議会

主な審議事項	・国保事業費納付金の徴収 ・国保運営方針の作成 その他の重要事項
委員	・被保険者代表 ・保険医又は保険薬剤師代表 ・公益代表 ・被用者保険代表 (*)「国民健康保険の見直しについて（議論のとりまとめ）」（平成27年2月12日国保基盤強化協議会）より

市町村に設置される国保運営協議会

主な審議事項	・保険給付 ・保険料の徴収 その他の重要事項
委員	・被保険者代表 ・保険医又は保険薬剤師代表 ・公益代表 ・被用者保険代表（任意）

（参考）改正後の国民健康保険法（抜粋）

（国民健康保険事業の運営に関する協議会）

第11条　国民健康保険事業の運営に関する事項（この法律の定めるところにより都道府県が処理することとされている事務に係るものであつて、…(略)…**国民健康保険事業費納付金の徴収**、…(略)…**都道府県国民健康保険運営方針の作成その他の重要事項**に限る。）**を審議させる**ため、**都道府県に都道府県の国民健康保険事業の運営に関する協議会を置く**。

2　国民健康保険事業の運営に関する事項（この法律の定めるところにより市町村が処理することとされている事務に係るものであつて、…(略)…**保険給付**、…(略)…**保険料の徴収その他の重要事項に限る**。）を審議させるため、**市町村に市町村の国民健康保険事業の運営に関する協議会を置く**。

3　前二項に定める協議会は、前二項に定めるもののほか、国民健康保険事業の運営に関する事項(…(略)…)を審議することができる。

4　前三項に規定するもののほか、第一項及び第二項に定める協議会に関して必要な事項は、政令で定める。

険代表については、任意の構成員であることに鑑み、他の各側の委員と同数を上限とすることとされました。各側の具体的な人数については、各市町村の実情を踏まえて条例により決定されます。

委員の任期については、３年とされました。ただし、新制度の施行日前までに着任している委員については現状どおり２年の任期とし、施行日以後、新規に着任し、又は再任された委員については３年とされました。

図76　都道府県の国保運営協議会の構成等

<委員の構成>

○　国保運営協議会は、国保事業の適正な運営を図る観点から、国保事業の運営に関する重要事項について関係者による審議を行う場として設置されるものである。

○　そのため、都道府県の国保運営協議会については、「国保の被保険者」、「国保の保険医又は保険薬剤師」、「公益（学識経験者等）」の三者の代表に加え、国保財政において被用者保険が拠出する前期高齢者交付金の割合が相当程度高く（約31%。平成27年度予算ベース）、国保事業の運営の在り方が被用者保険の運営にも影響を与えることに鑑み、「被用者保険」の代表も必ずその構成員とすることとする。

○　一方、都道府県とともに国保の運営を担うこととなる市町村については、都道府県の国保運営協議会の構成員ではなく、事務局の立場から審議に参画することを想定している。

※　都道府県と市町村との間の協議については、国保運営協議会とは別の場において行われ、当該場での協議内容を踏まえたものが国保運営協議会において審議されることを想定している。

<委員の数 等>

○　国保の被保険者の代表、国保の保険医又は保険薬剤師の代表、公益の代表各側の意向が適切に配慮されるよう、それぞれ同数とする。被用者保険代表については、各代表の数の半数以上、同数以内とする。

○　また、各側委員の具体的な人数については、各都道府県の実情を踏まえて条例により決定する。

○　委員の任期については、三年とする。

※　上記委員の数等については、現行の市町村の国保運営協議会と同様の取扱い。

図77　市町村の国保運営協議会の構成等

<委員の構成>

○　従来より市町村に設置されている国保運営協議会にあっては、

・「国保の被保険者」、「国保の保険医又は保険薬剤師」、「公益（学識経験者等）」の三者を必ずその構成員とし、

・前期高齢者交付金の太宗を拠出する立場である「被用者保険の代表」については、国保の財政運営の責任主体となる都道府県に新たに設置される国保運営協議会において構成員と位置づけられ、都道府県の国保運営協議会において意見表明が可能であることから、市町村の国保運営協議会では任意の構成員と位置づける。

※なお、被保険者の健康の保持のために必要な保健事業についての全体的な取組方針等は都道府県に置かれる保険者協議会において議論することを想定している。

<委員の数 等>

○　国保の被保険者の代表、国保の保険医又は保険薬剤師の代表、公益の代表の各側の意向が適切に配慮されるよう、それぞれ同数とする。

被用者保険の代表については、任意の構成員であることに鑑み、他の各側の委員と同数を上限とする。

○　各側委員の具体的な人数については、各市町村の実情を踏まえて条例により決定する。

○　委員の任期については、三年とする。

※30年度までは現状通り二年の任期とし、30年度以降の委員の着任以降三年とする。

10 都道府県による保険給付の点検、事後調整

2018年度（平成30年度）以降、都道府県が財政運営の責任主体となることに伴い、都道府県は、国民健康保険法第75条の３から第75条の６までの規定に基づき、広域的又は医療に関する専門的な見地から、市町村が行った保険給付の点検等を行うことが可能となります。都道府県による市町村が行った保険給付の点検の具体的内容については、都道府県と市町村が協議し、地域の実情に応じて、都道府県としての広域性・専門性が発揮されるものについて定める、との考え方が示されました。

広域性の発揮という観点では、例えば、都道府県であれば同一都道府県内他市町村への転居後の状況も含めて請求情報を把握することが可能となります。このため、同一医療機関で算定回数が定められている診療行為等について、同一都道府県内他市町村に転居した場合にも適切な請求がなされているかを都道府県が点検することが考えられます。また、同じ申請内容が複数の市町村に対して行われているような療養費の不正請求事案の場合、市町村のみで点検を行っていては不正請求を見抜くことは難しいが、都道府県が点検を行うことで、当該都道府県内における療養費の申請状況を把握することが可能となり、不正

図78　都道府県による保険給付の点検、事後調整

※詳細は引き続き地方と協議

■ 国民健康保険の見直しについて（議論のとりまとめ）（平成27年2月12日国保基盤強化協議会）（抜粋）

2. 運営の在り方の見直し（保険者機能の強化）
…（中略）…都道府県は、保険給付に要した費用を市町村に対して確実に支払うとともに、市町村が行った保険給付の点検を行うなど、適正な給付を推進する。また、都道府県内の複数の市町村に関わるような医療機関による大規模な不正請求事案において、不正利得の回収にイニシアティブを発揮する等、市町村の事務負担の軽減を図る。

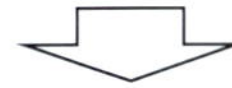

具体的な内容

○その1　（改正後の国民健康保険法第75条の3～第75条の6関係）
・都道府県は、**広域的・専門的見地**により、市町村が行った**保険給付の点検を行うことが可能**。
・点検の結果、**違法又は不当に保険給付が行われたおそれがあると判断したもの**については、理由を付して、**市町村や審査支払機関に対して再度の審査を求めること等が可能**。

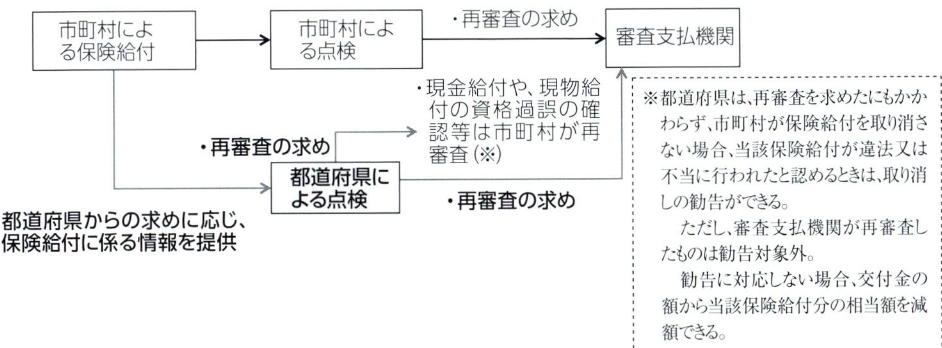

○その2　（改正後の国民健康保険法第65条第4項関係）
・保険給付を行った後、保険医療機関などによる大規模な不正請求等が発覚した場合には、都道府県は、広域的・専門的見地から、市町村に代わり、不正請求等に係る費用返還を求める等の取組を行うことが可能。

請求の発覚につなげることができるものと考えられています。また、専門性の発揮という観点では、例えば、海外療養費については、まずは給付前の時点における国民健康保険団体連合会及び市町村による審査・点検が重要です。一方で、市町村によって申請数に違いがあり、市町村ごとに給付後の二次的な点検を行うための体制を整備する（担当者の教育・研修の実施など）には負担が大きい場合もあります。この点、都道府県であれば比較的その体制を整備しやすい環境にあるため、都道府県において給付後の二次的な点検を実施することは効果的であると考えられます。また、例えば、都道府県が保有している他の情報（医療監視の情報など）を組み合わせることにより都道府県が点検を行うことも考えられます（医療監視で把握した理学療法士、作業療法士等の配置人数を基に、一日当たりのリハビリの算定回数がその人数では認められない回数を算定していないかを点検する等)。その他、柔道整復師の施術の療養費等に係る受領委任の協定締結主体でもある都道府県において、当該療養費の点検をすることも考えられます。

制度上、都道府県は、再審査を求めたにもかかわらず、市町村が保険給付を取り消さない場合、当該保険給付が違法又は不当に行われたと認めるときは、取り消しの勧告が可能ですが、ただし、審査支払機関が再審査したものは勧告対象外とされました。また、勧告に対応しない場合、保険給付費等交付金の額から当該保険給付分の相当額を減額できることとされました。

図79　都道府県による不正利得の回収等へのイニシアティブの発揮

※詳細は引き続き地方と協議

○　都道府県は、保険給付に要した費用を市町村に対して確実に支払うとともに、市町村が行った保険給付の点検を行うなど、適正な給付を推進する。また、都道府県内の複数の市町村に関わるような医療機関による大規模な不正請求事案において、不正利得の回収にイニシアティブを発揮する等、市町村の事務負担の軽減を図る。

○　都道府県が専門性を要する事務に一括して対応することにより、より効果的に返還金の徴収等が行われることが期待される。

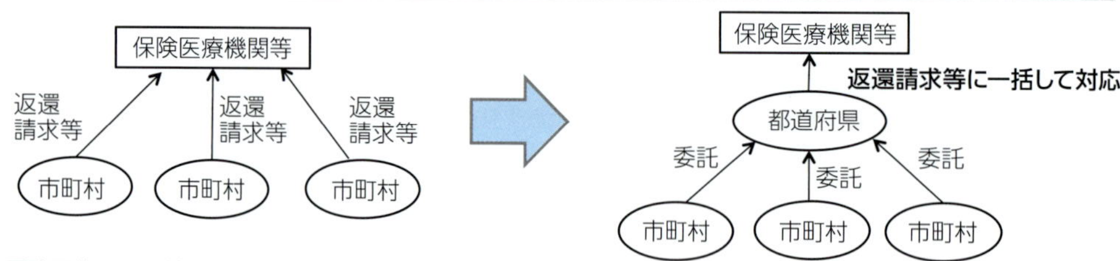

■改正後の国民健康保険法（抜粋）　※第4項は新設

（不正利得の徴収等）

第65条　（略）

2　（略）

3　市町村及び組合は、保険医療機関等又は指定訪問看護事業者が偽りその他不正の行為によって療養の給付に関する費用の支払…（中略）…を受けたときは、当該保健医療機関等又は指定訪問看護事業者に対し、その支払つた額につき返還させるほか、その返還させる額に100分の40を乗じて得た額を支払わせることができる。

4　都道府県は、市町村からの委託を受けて、市町村が前項の規定により保健医療機関等又は指定訪問看護事業者から返還させ、及び支払わせる額の徴収又は収納の事務のうち広域的な対応が必要なもの又は専門性の高いものを行うことができる。

また、2018年度（平成30年度）以降、都道府県は、国民健康保険法第65条第４項に基づき、保険医療機関等による大規模な不正が発覚した場合、広域的・専門的見地から、市町村の委託を受けて、不正請求等に係る費用返還を求める等の取組みを行うことが可能となります。都道府県が専門性を要する事務を一括して対応することにより、より効果的・効率的に返還金の徴収等が行われることが期待されるとともに、市町村の事務負担の軽減に資することから、不正利得の回収等における都道府県の果たす役割について定める、との考え方が示されました。

なお、市町村の事務の都道府県への委託については、国民健康保険法において特別の規定がなくとも、地方自治法等に基づき行うことができますが、国民健康保険法第65条第４項の規定は、同項に基づく取組みが、国民健康保険の事業運営の効率化に資することや、債権の確実な回収を図ることで、被保険者の国民健康保険の事業運営に対する信頼を高めることになると考えられることから、上記のような取組みを促進するため明示的に規定されたものです。

11 データヘルス

近年、健診やレセプトなどの健康医療情報は、2008年（平成20年）の特定健診・特定保健指導制度の導入やレセプトの電子化に伴い、その電子的管理が進んでいます。これにより、従来は困難だった電子的に保有された健康医療情報を活用した分析が可能となってきました。データヘルスとは、医療保険者がこうした分析を行った上で行う、加入者の健康状態に即したより効果的・効率的な保健事業を指します。

高齢化の進展に伴い、働き盛りの世代からの健康づくりの重要性が高まる中、政府が決定した「日本再興戦略」（平成25年6月14日閣議決定）では、「国民の健康寿命の延伸」が重要な柱として掲げられました。この戦略の中では、健康寿命の延伸に関する問題点の一つとして、「保険者は、健康管理や予防の必要性を認識しつつも、個人に対する動機付けの方策を十分に講じていない」ことが指摘されました。この課題を解決するため、「予防・健康管理の推進に関する新たな仕組みづくり」として、「全ての健康保険組合に対し、レセプト等のデータの分析、それに基づく加入者の健康保持増進のための事業計画として『データヘルス計画』の作成・公表・事業実施、評価等の取組みを求めるとともに、市町村国保が同様の取組みを行うことを推進する」ことが掲げられました。また、個人の健康の保持・増進に対して、保険者、企業、自治体等がそれぞれの立場から一定の役割を果たすべきことが謳われ、その後も政府全体の様々なところで、データヘルスに取り組むことの重要性が定められました。

国民健康保険においても、住民に身近な市町村において、レセプト・健診情報等のデータの分析に基づく、効率的・効果的な保健事業をＰＤＣＡサイクルで実施することが求められており、特定健診・特定保健指導や糖尿病性腎症等の生活習慣病の重症化予防に更に取り組んでいくことが期待されています。

参考

データヘルス計画については、①「Plan（計画）」－データ分析に基づく事業の立案。例えば、健康課題や事業目的の明確化、目標設定、費用対効果を考慮した事業選択－、②「Do（実施）」－事業の実施－、③「Check（評価）」－データ分析に基づく効果測定・評価－、④「Act（改善）」－次サイクルに向けて目標値及び事業内容を見直す－というＰＤＣＡサイクルにより事業を実施することが求められている。

図80　データヘルス計画の推進に係る政府の方針

政府の施策方針	健康・医療分野における重点項目	具体的な内容
日本再興戦略 （平成25年6月14日閣議決定）	○予防・健康管理の推進に関する新たな仕組みづくり	・保険者によるレセプト等のデータ分析 ・分析に基づく健康保持増進のための事業計画・評価等
	○ 医療・介護情報の電子化の促進	・ICTを活用したレセプト等データの分析と健康づくりの推進
健康・医療戦略 （平成25年6月14日関係9閣僚申合せ）	○ 医療機関主体による新サービスや、企業と医療機関の連携による新サービス ○ 保健情報の分析の促進	・市町村によるレセプト等のデータ分析に基づく保健事業の実施を推進 ・市町村におけるKDBシステムの利活用による医療介護情報の統合的利活用を推進
	○ 分析結果に基づく保健事業の促進	
経済財政運営と改革の基本方針(骨太の方針) （平成25年6月14日閣議決定）	○ 健康管理・疾病予防に向けた医療関連情報の電子化・利活用の推進 ○ 医療保険者による疾病予防の促進	
「国民の健康寿命が延伸する社会」に向けた予防・健康管理に係る取組の推進について （平成25年8月30日厚生労働大臣公表）	○ 医療・介護情報の「見える化」等を通じた介護予防等の更なる推進	・市町村は、後期高齢者医療広域連合におけるKDBシステム等を活用し、介護予防等の視点を踏まえた保健事業の推進
健康・医療戦略 （平成26年7月22日閣議決定）	○ レセプト・健診情報等のデータ活用	・各保険者によるレセプト・健診情報等を活用し、データ分析に基づく保健事業の実施を推進
	○ レセプト・健診情報等のデータ活用 ○ 医療適正化と国民の健康の増進の総合的な推進	・市町村におけるKDBシステムによる医療介護情報の統合的利活用を推進

図81　データヘルス計画とは

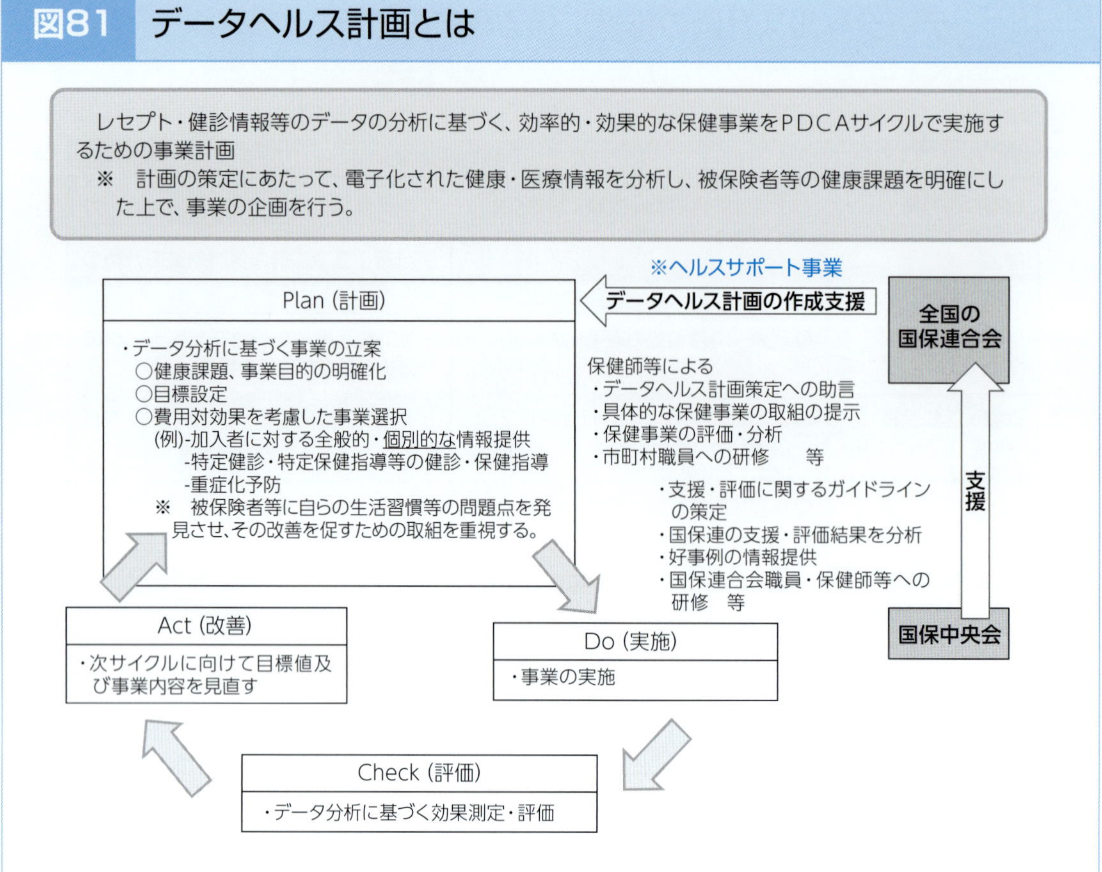

図82　保健事業実施計画（データヘルス計画）作成の手引き【国保】

※ 平成26年6月12日事務連絡

●保健事業実施計画（データヘルス計画）の基本的事項
- ◎背景
  - ・日本再興戦略における保健事業の推進、保健事業実施にかかる指針の改正
- ◎データヘルス計画の位置づけ
  - ・データヘルス計画（PDCAサイクル、データ分析と評価）、他の計画・指針との関係
- ◎計画期間

●計画に記載する事項
- ◎背景の整理
  - ・保険者の特性把握（被保険者の状況、性・年齢階層別、人口に対する割合、推移）
  - ・過去の取組の考察（特定健診・特定保健指導、その他の保健事業）
- ◎健康・医療情報の分析及び分析結果に基づく健康課題の把握
- ◎目的・目標の設定
  - ・課題に対応した各種目的、目標の設定の重要性、成果目標と事業量目標
- ◎保健事業の実施内容
  - ・優先順位を決定し目標達成のために必要な事業を展開
    （ポピュレーションアプローチとハイリスクアプローチを組み合わせた事業展開）
- ◎評価方法の設定
  - ・目標に対応した評価の実施、評価のタイミング
- ◎計画の見直し
- ◎計画の公表・周知
- ◎その他（運営上の留意事項、市町村の関係部署との連携、個人情報保護等）

●策定における支援
- ◎国保・後期高齢者ヘルスサポート事業
- ◎国保ヘルスアップ事業評価事業報告書

・ 計画策定にあたっての基本的な考え方や、計画にもり込むべき事項について、エッセンス部分をまとめたもの

※後期高齢者医療広域連合向け「保健事業実施計画（データヘルス計画）作成の手引き」（平成26年7月31日事務連絡）
健康保険組合向け「データヘルス計画作成の手引き」（平成26年10月14日公表）

資料編

資料1

資料2

資　料　1

<もくじ>

国民健康保険の見直しについて（中間整理）

平成26年8月8日
国民健康保険制度の基盤強化に関する
国と地方の協議（国保基盤強化協議会）

Ⅰ　はじめに

○　国民健康保険の在り方については、「持続可能な社会保障制度の確立を図るための改革の推進に関する法律」（以下「プログラム法」という。）や社会保障制度改革国民会議報告書（以下「国民会議報告書」という。）において、以下のような方向性が示された。

① 今回の改革の前提条件として、国民健康保険に対する財政支援の拡充等により国民健康保険の抜本的な財政基盤の強化を図り、国民健康保険の財政上の構造的な問題を解決することとする

② その上で、国民健康保険の運営について、財政運営をはじめとして都道府県が担うことを基本としつつ、国民健康保険の保険料の賦課・徴収、保健事業の実施等に関する市町村の役割が積極的に果たされるよう、都道府県と市町村において適切に役割分担する

③ 保険料に係る国民負担に関する公平の確保を図る

○　また、プログラム法では、国民健康保険の在り方を含む医療保険制度改革について、平成26年度から平成29年度までを目途に順次講ずるものとし、このために必要な法律案を平成27年に開会される国会の常会に提出することを目指すものとすることとされている。

○　国民健康保険の見直しについては、地方団体の意見を十分に伺いながら検討を進める必要があることから、本年1月以降、厚生労働省と地方との協議（国保基盤強化協議会）を開催し、

① 国民健康保険の財政上の構造問題の分析とその解決に向けた方策

② 国民健康保険の運営に関する都道府県と市町村の役割分担の在り方

③ その他、地方からの提案事項

を主な協議事項として、議論を重ねてきた。

○　以下は、事務レベルのワーキンググループでの7回にわたる議論を踏まえ、国民健康保険の見直しについて、課題や見直しの方向性等について整理を行うものである。

この中で、引き続き検討することとしている事項については、地方の理解が得られるよう、更に議論を深めることとし、年末までを目途に結論を得て、必要な法律案を平成27年に開会される国会の常会に提出することを目指す。

Ⅱ　国民健康保険が抱える財政上の構造問題の解決に向けた方向性

1．基本認識

○　我が国の医療保険制度は、原則として全ての国民が何らかの公的医療保険制度でカバーされるという国民皆保険に最大の特徴がある。

国民皆保険の理念の下、誰もが安心して医療を受けることができる医療制度を実現し、世界最長の平均寿命や高い保健医療水準を達成してきている。

○　その中で、国民健康保険は、他の医療保険等に加入している者を除いた全ての住民を被保険者としており、国民皆保険の基礎として重要な役割を果たしているが、国民会議報告書において指摘されたように、被用者保険と比べ、①低

所得の加入者が多い、②年齢構成が高いこと等により医療費水準が高い、③所得に占める保険料が重いといった構造的な課題を抱えており、こうしたこともあって、毎年度、市町村が決算補填等を目的とする多額の法定外繰入を行っている。また、特定の都道府県では、前年度繰上充用を行っている市町村も多く見られる。

○　こうした課題に対し、プログラム法や国民会議報告書においては、国民皆保険を堅持し、持続可能な医療保険制度を構築する観点から、以下の方針が示された。

①　現在の国民健康保険の赤字の原因や運営上の課題を分析の上、抜本的な財政基盤の強化を通じて国民健康保険が抱える財政上の構造問題の解決を図ること。

②　その際には、財政基盤の強化のために必要な公費投入だけでなく、保険料の適正化など国民健康保険自身の努力によって、国民健康保険が将来にわたって持続可能となるような仕組みについても検討すべきであること。

③　国民健康保険が抱える財政上の構造問題の解決を図ることが、国民健康保険の運営について、財政運営をはじめとして都道府県が担うことを基本としつつ、都道府県と市町村において適切に役割分担するという今回の改革の前提条件であること。

○　これらを踏まえると、今回の改革においては、国民健康保険の将来にわたる安定的な制度運営が可能となるよう、現在の国民健康保険の赤字の原因等を分析した上で、国民健康保険に対する財政支援を拡充すること等により、将来にわたる法定外繰入の必要性を大幅に解消し、国民健康保険が抱える財政上の構造問題の解決を図ることが必要不可欠である。

2. 財政基盤強化の具体策に関する基本的な考え方

○　今回の改革により国民健康保険が抱える財政上の構造問題の解決が図られることを見通すためには、追加公費の規模も含めた財政基盤強化の具体策と効果を明らかにすることが必要である。

○　この点、厚生労働省は、

・　国民健康保険に対する財政支援の拡充をしっかりと行い、財政上の構造問題の解決に責任をもって取り組んでいくとの考え方を表明しているものの、

・　国民健康保険の在り方を含む医療保険制度改革に関する議論が社会保障審議会医療保険部会において進められている中、現時点において、追加公費の規模も含めた財政基盤強化の具体策を明らかにできる状況にはない。

○　こうした状況にかんがみ、国保基盤強化協議会としては、

・　高齢化の進展、高度な医療の普及等による医療費の増大が見込まれる中、国民健康保険の将来にわたる安定的な制度運営が可能となるよう、

・　厚生労働省が、引き続き、国民健康保険が抱える財政上の構造問題の解決に責任をもって取り組むとの認識の下、

・　必要な追加公費の投入が行われることを前提として、現在の国民健康保険の赤字の原因等の分析を踏まえ、国民健康保険が抱える財政上の構造問題を解決するための効果的・効率的な公費投入の方法等について、検討を進めていくとともに、

・　厚生労働省においては、地方が、追加公費の規模も含めた財政基盤強化の具体策が財政上の構造問題の解決策として受け入れることができるかどうかの最終判断を行うことに支障をきたさないよう、できる限り早期に追加公費の規模も含めた財政基盤強化の具体策を明らかにし、地方と十分に協議を行うものとする。

○　また、国民健康保険が抱える財政上の構造問題の解決を図るためには、国民の保険料負担

の公平の確保に努めるという視点に立ち、「あるべき保険料水準」について十分議論した上で、きわめて大きい被用者保険との保険料負担の格差をできる限り縮小するような、抜本的な財政基盤の強化が必要であるとの強い指摘や、現状でも重い国民健康保険の保険料負担をこれ以上増やさない仕組みを構築する必要があるとの指摘もあった。

○　この点については、仮に「加入者一人当たり平均所得」に占める「加入者一人当たり平均保険料」を機械的に試算すると、国民健康保険は9.9%、協会けんぽは7.6%、組合健保は5.3%となっている。[1]

1「加入者一人当たり平均所得」に占める「加入者一人当たり平均保険料」に係る機械的に試算について
- ・国民健康保険については、「現年分保険料調定額」（平成24年度）、「加入者数」（平成24年度平均）、「総所得金額等」（『総所得金額（収入金額から必要経費、給与所得控除、公的年金等控除を差し引いたもの）及び山林所得金額』に『雑損失の繰越控除額』と『分離譲渡所得金額』を加えたもの。平成24年度）を基に試算。
- ・協会けんぽ及び組合健保については、「決算における保険料額」（事業主負担を除く。平成24年度）、「加入者数」（平成24年度平均）、「加入者一人当たり保険料の賦課対象となる額（標準報酬総額を加入者数で割ったもの）から給与所得控除に相当する額を除いた参考値」（平成24年度）を基に試算。

○　なお、こうした指摘に対しては、国民健康保険と被用者保険とでは、所得の形態や所得捕捉の状況に違いがあるという観点や、被用者保険における事業主負担をどのように捉えるかという観点から、国民健康保険と被用者保険を単純に比較することは困難であるとの指摘もある。

○　国民健康保険が抱える財政上の構造問題の解決を図るに当たっては、国民皆保険の基礎として他の医療保険等に加入している者を除いた全ての住民の受け皿としての役割を果たしている国民健康保険は、社会情勢の変化等に伴い、年金生活者をはじめとする無職者や被用者保険への加入要件を満たさない非正規の被用者等が多く加入している状況となっており、現状、低中所得層の保険料の負担水準は重くなっているとの認識に基づき、各医療保険制度の保険料の負担水準の格差に関する指摘も念頭に置きつつ、国民健康保険が抱える財政上の構造問題の解決を図るために必要となる方策について、地方からの提案も含め、引き続き、検討を進め、できる限り早期に明らかにすることとする。

○　なお、被用者保険の被保険者の範囲を拡大するため、平成24年8月に成立した年金機能強化法により、平成28年10月から、一定の要件を満たす短時間労働者を健康保険の被保険者とすることとなっているが、同法の附則において、平成31年9月30日までに、更なる適用拡大について検討を加え、その結果に基づき必要な措置を講ずることとされていること等を踏まえ、厚生労働省において適切に対応していく必要がある。

3. 国民健康保険が抱える財政上の構造問題の解決に向けた方向性

○　国民健康保険が抱える財政上の構造問題の解決を図るとともに、国民の保険料負担の公平の確保に努めるという視点に立ち、以下のような施策を講ずることにより、国民健康保険全体としての財政基盤の抜本的な強化や保険料負担の平準化等を図り、被保険者の保険料負担の軽減やその伸びを抑制していく。

①　社会保障・税一体改革において方針の決まっている低所得者対策のうち、未だ実現していない保険者支援制度の拡充（1,700億円）について、確実かつ早期の実施に努めること

②　上記に加え、国民健康保険の見直し時期までに、更なる追加公費の投入を実現すること。また、実際に追加公費を投入するに当たっては、

・　財政上の構造問題を抱える保険者にあっては、現に法定外繰入を実施しているか否かにかかわらず、被用者保険と比べ、年齢構成が高い等の保険者の責によらない要因により医療費水準が高いという課題や、低

所得者が多いために所得水準が低く、低中所得層の保険料負担が重いという課題を抱えているという認識の下、

・ 国民皆保険の基礎としての役割を果たしている国民健康保険が、その責によらない要因により医療給付費が高くなっていることや所得水準が低く低中所得層の保険料の負担水準が重くなっていること等への財政支援の強化を図り、国民健康保険が抱える財政上の構造問題を解決するための効果的・効率的な投入方法を検討し、実施すること

③ 更に、予期しない給付増や保険料収納不足といった財政リスクを分散・軽減するための制度的対応として、例えば、財政安定化基金の創設や、2年を一期とした財政運営を導入することなどが考えられる。

財政安定化基金を創設する場合の、財政安定化基金の規模、具体的な活用方法等については、引き続き検討する。

④ このように、財政上の構造問題を抱える保険者に対して追加公費を重点的に投入すること等により、市町村間の所得水準の格差是正や、国民の保険料負担の平準化に向けた取組を推進すること

⑤ あわせて、医療費の適正化に向けた取組や保険料の収納対策の強化・支援、被保険者資格の適用の適正化を更に進めるなど、事業運営の改善を一層推進することや、負担能力に応じた負担とする観点からの保険料の賦課限度額の在り方の見直しを進めることにより、保険料の適正化に向けた取組等を進めること

○ 上記のほか、地方からは、今回の改革により、国民健康保険の将来にわたる安定的な制度運営が可能となるよう、今後とも増大が見込まれる医療費への制度的対応等を行うべきとの強い指摘があった。これに対しては、どのような対応が可能か、引き続き検討する。

また、地方からは、地方公共団体が地方単独事業として医療費助成を行った場合に採られている国民健康保険の国庫負担金の減額措置については、本来国が全国統一的に行うべき子育て・少子化対策等に関する地方の努力に反し、地方のみに責任を負わせるものであるため、廃止すべきであるとの強い指摘があった。これについては、一般的には、医療費の窓口負担を軽減・無料化した場合には、しない場合に比べて医療給付費が増加し、これに対する国庫負担が増加することとなるため、限られた財源の中で公平に国庫補助を配分する観点から行われている措置であり、引き続き検討していく。

○ さらに、追加公費の規模については、前述のとおり、厚生労働省は、現時点において、その具体策を示すことが困難な状況にあるが、追加公費の投入のために必要となる税財源については、社会保障審議会医療保険部会において検討が進められている後期高齢者支援金への全面総報酬割を導入した場合に生じる国費を活用することについて検討することを含め、予算編成過程を通じてその確保に努めることとし、地方が、追加公費の規模も含めた財政基盤強化の具体策が財政上の構造問題の解決策として受け入れることができるかどうかの最終判断を行うことに支障をきたさないよう、できる限り早期に、追加公費の規模も含めた財政基盤強化の具体策と効果を明らかにし、地方と十分に協議を行うものとする。

○ 上記の財政基盤強化の具体策について、あくまで国費の投入によって抜本的な財政基盤の強化を図るべきであり、新たな地方負担を前提とすべきではないとの強い意見があった。

○ なお、国民皆保険を支える国民健康保険の財政基盤の安定化を図ることは極めて重要な課題であり、今回の改革にとどまらず、不断の取組が求められる分野である。

厚生労働省は、高齢化の進展、高度な医療

の普及等により医療費の増大が見込まれるという認識の下、国民健康保険の将来にわたる安定的な制度運営が可能となるよう、国民健康保険が抱える財政上の構造問題の解決を図ることとしているが、それでもなお将来に対応が必要となる課題については、今後とも責任を十分に果たし、適切な措置を講じていくとともに、都道府県及び市町村においても、それぞれの役割に応じて、国とともにその責任を果たしていく。

○　こうした観点に立ち、国民健康保険が抱える財政上の構造問題の解決方策について、引き続き検討を進める。

Ⅲ　国民健康保険の運営に関する都道府県と市町村の役割分担の在り方

1. 基本認識

○　国民健康保険の運営については、国民会議報告書において、

・　効率的な医療提供体制への改革を実効あらしめる観点から、都道府県が地域医療の提供水準と標準的な保険料等の住民負担の在り方を総合的に検討することを可能とする体制とすること

・　市町村の保険料収納や医療費適正化へのインセンティブを損なうことのない分権的な仕組みとすること

との方向性が示された。

○　これを踏まえ、プログラム法においては、財政支援の拡充等により、国民健康保険の財政上の構造問題を解決することとした上で、財政運営をはじめとして都道府県が担うことを基本としつつ、保険料の賦課及び徴収、保健事業の実施等に関する市町村の役割が積極的に果たされるよう、都道府県と市町村において適切に役割を分担するための必要な方策を検討するとの方針が示された。

○　今回の改革においては、プログラム法や国民会議報告書において示された方向性に留意した上で、事務の効率的な運営、被保険者の利便性、医療と介護の連携の確保等の観点も踏まえながら、制度の具体化に向けて検討を進めていく。

2.　国民健康保険が抱える財政上の構造問題の解決に向けた方策に関する議論との関係

○　前述のとおり、国民健康保険が抱える財政上の構造問題の解決を図ることが、国民健康保険の運営に関する都道府県と市町村の役割分担の見直しを含めた今回の改革の前提条件となる。

○　また、国民健康保険制度における公費支援の役割については、国民健康保険の運営に関する都道府県と市町村の役割分担の在り方と密接に関わるものであり、役割分担の見直しにあわせ、現行の公費支援の役割も見直す必要があることにも留意が必要である。

○　このため、国民健康保険が抱える財政上の構造問題の解決を図るための議論と国民健康保険の運営に関する都道府県と市町村の役割分担の在り方に関する議論を完全に切り離して行うことは現実的でないことから、国保基盤強化協議会においては、都道府県と市町村の役割分担の在り方に関する議論についても必要な範囲で行い、下記3. のとおり、現時点における考え方や今後の検討課題等を整理した。

3. 国民健康保険の運営に関する都道府県と市町村の役割分担についての検討状況

(1) 財政運営と、保険料の賦課・徴収の仕組み

○　プログラム法を踏まえ、財政支援の拡充等により、国民健康保険が抱える財政上の構造問題を解決することとした上で、国民健康保険の財政運営については、都道府県が担うこととすることが考えられる。

○　国民健康保険の財政運営を都道府県が担

うこととする場合における、保険料の賦課・徴収の仕組みについては、プログラム法で示された方針や、市町村における保険料収納へのインセンティブを確保する観点等を踏まえ、以下のようなものが考えられる。

・ 都道府県は、都道府県内の国民健康保険の医療給付費等の見込みを立て、それに見合う「保険料収納必要額」を算出の上、都道府県内の各市町村が都道府県に納める額（いわゆる「分賦金」）を定める。
・ 市町村は、分賦金を賄うために必要となる保険料を被保険者に賦課し、徴収した上で、都道府県に納める。

○ また、上記の仕組みに加え、都道府県内の保険料負担の平準化を更に推進するとともに、今回の改革が、医療計画の策定者である都道府県が住民負担の面から地域医療の提供体制の姿を考えていくことに資するものとなるよう、以下のような仕組みを設けることが考えられる。

・ 都道府県が、都道府県内統一の標準的な保険料算定方式や市町村規模別の収納率目標等、市町村が保険料率を定める際に必要となる事項についての標準を設定することが考えられる。

　また、そうした都道府県が設定する標準に基づき、都道府県が、各市町村がそれぞれの分賦金を賄うために必要な保険料率（「標準保険料率」）を市町村ごとに示すことも考えられるが、これに対しては、その必要性についてなお議論すべきであるとの意見があったことを踏まえ、引き続き検討する。
・ 市町村は、都道府県が定めた都道府県内統一の標準的な保険料算定方式や市町村規模別の収納率目標等を参考に、市町村として分賦金を賄うために必要と考える保険料算定方式、保険料率等を定め、保険料を賦課・徴収する。

○ 予期しない給付増や保険料収納不足といった財政リスクを分散・軽減するための制度的対応については、前述のとおり、例えば、モラルハザードを防ぐための一定のルールを設定した上で財政安定化基金を創設すること等が考えられる。

○ なお、保険料の賦課・徴収の仕組みに関する検討を進めるに当たっては、現在、国民健康保険料として賦課・徴収を行っている市町村と国民健康保険税として賦課・徴収を行っている市町村が併存している等の実態に十分留意しつつ、国民健康保険料・国民健康保険税の在り方についても議論を進めていく必要がある。

(2) 保険料の設定の在り方

○ 現状、国民健康保険の保険料は、市町村によって医療費水準に違いがあることや、保険料の算定方式が異なること、保険料の上昇を抑制するために一般会計からの法定外繰入を行っている市町村が存在すること等の要因により、市町村間で格差が生じており、仮に直ちに都道府県内が均一保険料率となることとした場合には、被保険者の保険料水準が大きく変化する場合が多いものと考えられる。

○ こうした状況の下、今回の改革により、市町村との適切な役割分担を行いつつ財政運営などを都道府県が担うこととする中で、都道府県内の保険料の設定の在り方としては、以下のようなものが考えられる。

・ 都道府県が分賦金を定めるに当たり、市町村ごとの医療費水準を考慮することが考えられる。これにより、市町村における医療費適正化の効果が当該市町村の保険料水準に反映されることとなり、市町村における医療費適正化へのインセンティブを損なうことのない分権的な仕組みづくりに資することとなることが考えられる。

その際、一般に年齢構成が高いほど医療費水準が高くなることにかんがみ、市町村ごとの年齢構成の差異による医療費水準の差異を調整する仕組みを導入することも考えられるが、その具体的仕組みについては、引き続き検討する。

・ 国民健康保険の財政運営を都道府県が担うこととする場合、現在、全国レベルで市町村間の所得水準を調整している国の普通調整交付金については、今回の改革により、都道府県間の所得水準を調整する役割を担うこととなることが考えられる。

また、都道府県内の市町村間の所得水準の差異については、負担能力に応じた負担とする観点から、各市町村の分賦金は市町村ごとの所得水準を考慮したものとすることが考えられる。

・ その際、都道府県調整交付金については、例えば、今回の改革により被保険者の保険料水準が急激に変化することのないよう、保険料の設定方法の見直しを円滑に進めるための調整を行うなど、地域の実情に応じて活用することが考えられ、その役割について、併せて検討する。

・ このように、市町村ごとの医療費水準等の差異を一定程度考慮することとする一方で、都道府県のリーダーシップの下、市町村が、保険料の算定方式の統一化等に取り組んでいくことを通じ、保険料負担の更なる平準化が可能となる。

・ 以上のことを基本とするが、都道府県内の市町村間の医療費水準等の差異が比較的小さく、また、市町村の合意が得られる都道府県にあっては、都道府県内を均一保険料率に設定することも可能とすべきとの指摘があることを踏まえ、前述の「分賦金」の仕組みの下、そうした都道府県内均一保険料率の設定も可能とすることについて、引き続き検討していく。

○ また、国民健康保険については、収納率の向上が課題となっており、保険料の収納対策に市町村が積極的に取り組むことができる仕組みとすることが基本であるが、特に若年層が多い市町村等の収納率の低さについては、当該市町村による自助努力だけで対応することは難しいという指摘もある。

このため、都道府県が分賦金を定めるに当たっては、モラルハザードを防ぐための一定のルールを設けた上で、「市町村による自助努力だけで対応することが難しい『収納率の低さ』」に配慮することとしてはどうかとの指摘があったが、保険料負担の公平性や収納率向上を図る観点から問題があるとの指摘もあり、引き続き議論する必要がある。

○ こうした観点に立ち、都道府県内の保険料の設定の在り方について検討を進めていくが、今回の改革においては、保険料の設定方法の在り方や現行の公費支援の役割の見直しの影響により、被保険者の保険料水準が急激に変化することのないよう、必要な経過措置を相当程度の期間設けることを含め、制度設計を行う必要がある。

(3) 保険給付、資格管理の具体的仕組み

○ 保険給付、資格管理の具体的な仕組みについて、届出・申請の受付や、証明書の引渡業務といった事実上の行為（窓口業務）については、被保険者の利便性を確保する観点から、市町村が行うことが考えられる。

○ その上で、証明書の発行・交付や給付の決定といった処分性を有する行為については、以下のような視点の下、その具体的な仕組みについての検討を行った。

・ 国保の被保険者の資格情報である住所・世帯情報や所得情報を市町村が有している中、事務の効率的な運営（効率的な事務処理体制の確保を含む）や被保険

者の利便性の確保を図ること

・　保険給付、資格管理、保険料の賦課・徴収には、相互に密接に関連している事務（短期被保険者証、被保険者資格証明書の交付等）があり、これらの事務の一体的な処理や、個々の事情に応じた柔軟・迅速な対応の確保を図ること

・　日常生活圏域で医療・介護サービスが一体的に提供される地域包括ケアシステムを構築していくこととの整合性の確保を図ること

・　膨らんだ保険給付については公費と保険料で賄うこととなることにかんがみ、保険給付の支払の適正化を通じた医療費適正化インセンティブの確保を図ること

○　市町村が保険給付や資格管理を担うこととした場合には、

・　住民情報や課税情報を管理している市町村が資格管理と保険給付を併せて行うことが効率的であり、また、都道府県ではそうした事務を担うのは難しいとの指摘や、地域包括ケアシステムの構築を推進するに当たり、医療給付と介護給付の情報は市町村に一元的に集約するのが望ましいとの指摘等があった一方で、

・　都道府県が保険給付や資格管理を担うこととする場合と比べ、市町村の事務が集約化されないことやシステムが標準化されないことにより効率的な事務運営の確保やシステム改修費の節減が課題となるとの指摘や、国保データベースシステムを活用し、医療情報と介護情報を突合させたデータを把握すれば、住民に必要なサービスを把握することは可能ではないかとの指摘等があった。

○　都道府県が保険給付や資格管理を担うこととした場合には、

・　事務の集約化やシステムの標準化により効率的な運営の確保や将来的に発生するシステム改修費の抑制が図られるとの指摘や、都道府県内における保険給付や資格管理に係る処理基準の統一化が図られるとの指摘、同一都道府県内の転居等の際の被保険者の利便性が向上するとの指摘、国保連合会等を活用すれば都道府県においても事務処理を遂行することは可能であるとの指摘等があった一方で、

・　市町村が保険給付や資格管理を担うこととする場合と比べ、証明書の発行・交付や給付の決定に時間を要することとなり被保険者の利便性が損なわれるとの指摘や、都道府県において必要な人員増等事務処理体制を新たに構築する必要が生じるとの指摘、システム開発等に多額の初期投資がかかり、また、住民・世帯情報等を有する市町村においても、引き続き、システム改修が必要であることに留意すべきとの指摘等があった。

○　また、保険給付や資格管理には様々な事務が存在することから、一律に論ずるのではなく、個々の事務の具体的な仕組みについて検討すべきとの指摘や、そうした検討を進める際には、国民健康保険と後期高齢者医療制度との被保険者の特性の相違や事務の特性の相違を念頭に置きつつ、後期高齢者医療制度における後期高齢者医療広域連合と市町村の役割分担の仕組みも参考にしてはどうかとの指摘もあった。

○　こうした指摘を踏まえつつ、保険給付、資格管理の具体的な仕組みについて、引き続き検討を進めていく。

（4）保健事業

○　保健事業については、プログラム法で示された方針を踏まえ、引き続き、住民に身近な基礎自治体である市町村が担うことが考えられる。

○　また、近年、特定健康診査の実施やレセプトの電子化の進展、国保データベースシステム等の整備により、健康や医療に関する情報を活用して被保険者の健康課題の分析、保健事業の評価等を行うための基盤の整備が進んでいる。

○　こうした状況の下、被保険者の更なる健康保持増進に努めるため、レセプト・健診等のデータを活用しながら、自らの地域の健康状況を把握し、優先すべき課題を明確化するとともに、被保険者をリスク別に分け、健康づくりの普及啓発等のポピュレーションアプローチや、生活習慣病の症状の進展や合併症の発症を抑えるための重症化予防の取組等を進めていくことなどが必要となる。

○　市町村においては、こうしたレセプト・健診情報を活用したデータ分析に基づく保健事業（データヘルス事業）を推進していくとともに、国と都道府県においても、それぞれの役割に応じて、市町村の取組を積極的に支援する。

Ⅳ　その他

○　高齢化の進展、高度な医療の普及等による医療費の増大が見込まれる中、厚生労働省においては、国民健康保険の見直しにとどまらず、国民皆保険を堅持し、持続可能な医療保険制度の構築を図る観点から、国民の保険料負担の公平の確保に努めるとともに、医療費の適正化に向けた取組を併せて進めていく。

医療保険制度改革骨子

平成２７年１月１３日
社会保障制度改革推進本部決定

医療保険制度改革については、持続可能な制度を構築し、将来にわたり国民皆保険を堅持することができるよう、以下の骨子に基づき、各年度において必要な予算措置を講ずるとともに、本年の通常国会に所要の法案を提出するものとする。

1. 国民健康保険の安定化

○ 国保への財政支援の拡充等により、財政基盤を強化する。具体的には、平成27年度から保険者支援制度の拡充（約1700億円）を実施する。これに加えて、更なる公費の投入を平成27年度（約200億円）から行い、平成29年度には、高齢者医療における後期高齢者支援金の全面総報酬割の実施に伴い生じる国費を優先的に活用し、約1700億円を投入する。

公費追加の投入方法として、国の国保財政に対する責任を高める観点からの財政調整機能の強化、自治体の責めによらない要因による医療費増・負担への対応、医療費の適正化に向けた取組等に対する支援、財政安定化基金による財政リスクの分散・軽減等を実施する。

○ また、平成30年度から、都道府県が財政運営の責任主体となり、安定的な財政運営や効率的な事業運営の確保等の国保運営について中心的な役割を担うこととし、制度の安定化を図る。

具体的には、都道府県は県内の統一的な国保の運営方針を定め、市町村ごとの分賦金決定及び標準保険料率等の設定、保険給付に要する費用の支払い、市町村の事務の効率化・広域化等の促進を実施する。市町村は、地域住民と直接顔の見える関係の中、保険料の徴収、資格管理・保険給付の決定、保健事業など、地域におけるきめ細かい事業を引き続き担う。引き続き、地方との協議を進める。

○ 財政運営に当たっては、都道府県が医療費の見込みを立て、市町村ごとの分賦金の額を決定することとし、市町村ごとの分賦金の額は、市町村ごとの医療費水準及び所得水準を反映する。国の普通調整交付金については、都道府県間の所得水準を調整する役割を担うよう適切に見直す。保険給付に要した費用は都道府県が市町村に対して確実に支払う。

2. 高齢者医療における後期高齢者支援金の全面総報酬割の導入

○ 被用者保険者の後期高齢者支援金について、より負担能力に応じた負担とし、制度の持続可能性を確保する観点から、総報酬割部分（現行制度では3分の1）を平成27年度に2分の1、平成28年度に3分の2に引き上げ、平成29年度から全面総報酬割を実施する。

○ 被用者保険の負担が増加する中で、拠出金負担の重い被用者保険者への支援を実施する。（平成27年度は約110億円。全面総報酬割が実施される平成29年度には約700億円の見込み。これに加え、既存の高齢者医療運営円滑化等補助金が後期高齢者支援金部分の縮減に対応して、平成27年度は約200億円。平成29年度は約120億円の見込み。)

3．協会けんぽの国庫補助率の安定化と財政特例措置

○　国庫補助率の特例措置が平成26年度末で期限切れとなる協会けんぽについて、国庫補助率を当分の間16.4％と定め、その安定化を図る。ただし、現下の経済情勢、財政状況等を踏まえ、準備金残高が法定準備金を超えて積み上がっていく場合に、新たな超過分の国庫補助相当額を翌年度減額する特例措置を講じる。

4．医療費適正化計画の見直し

○　都道府県が、医療機能の分化･連携、地域包括ケアシステムの構築を図るために策定される地域医療構想と整合的な目標（医療費の水準、医療の効率的な提供の推進）を計画の中に設定し、国においてこの設定に必要な指標等を定めることとする。

○　上記の見直しにあわせて現行の指標（特定健診･保健指導実施率、平均在院日数等）について必要な見直しを行うとともに、後発医薬品の使用割合等を追加する。

○　計画について、毎年度の進捗状況管理、計画期間終了前の暫定評価等を行い、目標が実績と乖離した場合は、都道府県はその要因分析を行うとともに、必要な対策を検討し、講ずるよう努めるものとする。

○　都道府県は地域医療構想の策定後、同構想と整合性が図られるよう医療費適正化計画を見直すこととし、第3期計画（平成30～35年度）を前倒して実施する。

5．個人や保険者による予防･健康づくりの促進

○　個人の予防･健康づくりのインセンティブを強化するため、加入者の予防･健康づくりに向けた取組に応じたヘルスケアポイントの付与や保険料への支援等について、国が策定するガイドラインに沿って保険者が保健事業の中で実施できることを明確化する。また、データヘルス（保険者がレセプト･健診等のデータ分析に基づき加入者の健康状態等に応じて行う保健事業）を推進する。

○　後期高齢者支援金の加算･減算制度について、予防･健康づくり等に取り組む保険者に対するインセンティブをより重視するため、多くの保険者に広く薄く加算し、指標の達成状況に応じて段階的に減算する仕組みへと見直し、平成30年度から開始する。特定健診･保健指導実施率のみによる評価を見直し、後発医薬品の使用割合等を追加し、複数の指標により総合的に評価する仕組みとする。

○　平成28年度から、後期高齢者医療広域連合において、栄養指導等の高齢者の特性に応じた保健事業を実施する。

6．負担の公平化等

①　入院時食事療養費等の見直し

○　入院時の食事代（現行：1食260円）について、入院と在宅療養の負担の公平等を図る観点から、食材費相当額に加え、調理費相当額の負担を求めることとし、平成28年度から1食360円、平成30年度から1食460円に段階的に引き上げる。

○　ただし、低所得者は引上げを行わない。難病患者、小児慢性特定疾病患者は現在の負担額を据え置く。

② 紹介状なしで大病院を受診する場合等の定額負担の導入

○ フリーアクセスの基本は守りつつ、外来の機能分化を進める観点から、平成28年度から紹介状なしで特定機能病院及び500床以上の病院を受診する場合等には、選定療養として、初診時又は再診時に原則的に定額負担を患者に求めることとする。定額負担の額は、例えば5000円～1万円などが考えられるが、今後検討する。

③ 所得水準の高い国保組合の国庫補助の見直し

○ 所得水準の高い国保組合の国庫補助について、負担能力に応じた負担とする観点から、平成28年度から5年かけて段階的に見直すこととし、所得水準に応じて13%から32%の補助率とする。

○ 具体的には、所得水準が150万円未満の組合には32%の定率補助を維持し、150万円以上の組合については所得水準に応じて引き下げ、240万円以上の組合については13%とする。

○ また、所得水準の低い国保組合の国庫補助には影響が生じないようにするため、調整補助金の総額を医療給付費等の15.4%まで段階的に増額する。

④ 後期高齢者の保険料軽減特例（予算措置）の見直し

○ 後期高齢者の保険料軽減特例（予算措置）については、特例として実施してから7年が経過する中で、後期高齢者医療制度に加入する前に被用者保険の被扶養者であった者は所得水準にかかわらず軽減特例の対象となるほか、国保での軽減割合は最大7割となっていることなど不公平をもたらしており、見直しが求められている。

○ このため、後期高齢者の保険料軽減特例（予算措置）については、段階的に縮小する。その実施に当たっては、低所得者に対する介護保険料軽減の拡充や年金生活者支援給付金の支給とあわせて実施することにより低所得者に配慮しつつ、平成29年度から原則的に本則に戻すとともに、急激な負担増となる者については、きめ細かな激変緩和措置を講ずることとする。激変緩和措置の具体的な内容については、今後検討し結論を得る。

⑤ 標準報酬月額の上限額の見直し等

○ 健康保険の保険料について、平成28年度から、標準報酬月額に3等級追加し、上限額を121万円から139万円に引き上げる。併せて標準賞与額についても、年間上限額を540万円から573万円に引き上げる。

○ 健康保険の一般保険料率の上限について、平成28年度から13%に引き上げる。また、船員保険の保険料率の上限も、同様に13%に引き上げる。

○ 国保の保険料（税）の賦課限度額について、段階的に引き上げることとし、平成27年度は4万円引き上げる。

7. 患者申出療養（仮称）の創設

○ 困難な病気と闘う患者の国内未承認薬等を迅速に保険外併用療養として使用したいという思いに応えるため、患者からの申出を起点とする新たな保険外併用療養の仕組みとして患者申出療養（仮称）を創設し、平成28年度から実施する。

8. 今後さらに検討を進めるべき事項

○ 今後、引き続き、医療保険制度の安定化と持続可能性の確保等に向けた施策のあり方（国保の安定的な運営の確保、医療費適正化、保険給付の範囲、患者負担について年齢に関わりなく更に負担能力に応じた負担とすることなど）について検討を進める。

国民健康保険の見直しについて（議論のとりまとめ）

平成27年2月12日
国民健康保険制度の基盤強化に関する
国と地方の協議（国保基盤強化協議会）

国民皆保険を支える重要な基盤である国民健康保険制度の安定的な運営が可能となるよう、厚生労働省は、以下の方針に基づき、必要な予算の確保、本年通常国会への所要の法案の提出等の対応を行う。

1．公費拡充等による財政基盤の強化

○　国保に対し、平成26年度に実施した低所得者向けの保険料軽減措置の拡充（約500億円）に加え、毎年約3,400億円の財政支援の拡充等を実施することにより財政基盤を更に強化する。これに伴い、被保険者の保険料負担の軽減やその伸びの抑制が可能となる。

○　具体的な公費拡充策としては、

・平成27年度から、低所得者対策の強化として、保険者支援制度の拡充（約1,700億円）を実施する。

・これに加えて、更なる国費の投入を平成27年度から行い、平成29年度以降は、毎年約1,700億円を投入し、以下のような施策を実施する。

①−1　国の国保財政に対する責任を高める観点からの財政調整機能の強化

※高額医療費共同事業の国庫負担については、その一部を国の財政調整交付金から振り替える予算上の措置を行っているが、本事業への直接の財源手当を増加することにより、国の財政調整交付金を実質的に増額する

①−2　国民皆保険の基礎としての役割を果たしている国保において、自治体の責めによらない要因により医療費が高くなっていること等への財政支援の強化

※例えば、精神疾患に係る医療費が高いことへの財政支援、子どもの被保険者が多い自治体への財政支援、非自発的失業者に係る保険料軽減額への財政支援等

（①：700億円～800億円規模）

②　医療費の適正化に向けた取組み等、保険者としての努力を行う自治体に対し、適正かつ客観的な指標（例えば、後発医薬品使用割合、前期高齢者一人当たり医療費、保険料収納率等を検討）に基づく財政支援を創設

（「保険者努力支援制度」の創設。
700億円～800億円規模）

③　予期しない給付増や保険料収納不足といった財政リスクの分散・軽減のため、モラルハザードを防ぐための一定のルールを設定した上で、都道府県及び市町村に対し貸付・交付を行う財政安定化基金を都道府県に創設（2,000億円規模）

※財政安定化基金の創設を全額国費で行う。
※財政安定化基金のうち交付分への補填措置については都道府県が適正規模を判断して決定し、国・都道府県・市町村（保険料。按分の在り方については引き続き検討）で1／3ずつ補填する。
※基金創設の完了後に生ずる国費の使途は、国保への他の財政支援策に充てることを基本とする。

④　著しく高額な医療費に対する国の責任を強化する観点からの超高額医療費共同事業への財政支援の拡充（数十億円規模）

○　あわせて、医療費の適正化に向けた取組や保険料の収納対策の推進、被保険者資格の適

用の適正化、保険料の賦課限度額の引上げ等事業運営の改善等を一層推進し、財政基盤の強化を図る。

2．運営の在り方の見直し（保険者機能の強化）

○ 平成30年度から、都道府県が、当該都道府県内の市町村とともに国保の運営を担うこととする。その上で、都道府県が国保の財政運営の責任主体となり、安定的な財政運営や効率的な事業の確保等の国保運営について中心的な役割を担うこととし、制度の安定化を図る。

都道府県は、都道府県内の統一的な国保の運営方針を定め、市町村が担う事務の効率化や標準化、共同処理･広域化の取組、医療費の適正化に向けた取組、保険料の納付状況の改善のための取組等を推進する。

国保の運営に関する重要事項を審議する場として、都道府県に、被保険者代表、保険医又は保険薬剤師代表、公益代表、被用者保険代表が参加する国保運営協議会を設置する。

○ 市町村は、地域住民との身近な関係の中、被保険者の実情を把握した上で、保険料の賦課･徴収、個々の事情に応じた資格管理･保険給付の決定、保健事業（レセプト･健診情報を活用したデータ分析に基づくデータヘルス事業等）、地域包括ケアシステム構築のための医療介護連携等、地域におけるきめ細かい事業を行う。

○ 都道府県は、国保の財政運営の責任主体として、市町村における保険料収納へのインセンティブを確保する等の観点から、都道府県内の国保の医療給付費等の見込みを立て、市町村ごとの分賦金（仮称）の額を決定する。

また、将来的な保険料負担の平準化を進めるため、都道府県は、標準的な保険料算定方式や市町村規模別の収納率目標等、市町村が保険料率を定める際に参考となる事項についての標準を設定するとともに、当該標準等に基づいて市町村ごとの標準保険料率を示すこととする（標準的な住民負担の見える化）。加えて、全国統一ルールで算出した場合の、都道府県単位での標準的な保険料率を示すこととする。

市町村は、都道府県の示す標準保険料率等を参考に、それぞれの保険料算定方式や予定収納率に基づき、保険料率を定め、保険料を被保険者に賦課し、徴収するとともに、都道府県に分賦金（仮称）を納める。

都道府県は、保険給付に要した費用を市町村に対して確実に支払うとともに、市町村が行った保険給付の点検を行うなど、適正な給付を推進する。また、都道府県内の複数の市町村に関わるような医療機関による大規模な不正請求事案において、不正利得の回収にイニシアティブを発揮する等、市町村の事務負担の軽減を図る。

※市町村の事務負担の軽減を図るため、医療機関に支払いを行う審査支払機関に対し、都道府県が市町村を経由せず、直接支払いを行う仕組みを検討する。

○ 都道府県は、市町村ごとの分賦金の額を決定するに当たり、市町村の医療費適正化機能が積極的に発揮されるよう、市町村ごとの医療費水準（年齢構成の差異を調整し、複数年の平均値を用いたもの）を反映するとともに、負担能力に応じた負担とする観点から、市町村ごとの所得水準を反映する。

なお、現在、全国レベルで市町村間の所得水準を調整している国の普通調整交付金については、都道府県間の所得水準を調整する役割を担うよう適切に見直す。

また、市町村の特別の事情に応じて交付される財政調整交付金のうち、今後も市町村の財政を直接的に支援すべきものについては、改革後も同様の役割を果たすよう、取り扱う。

保険料率については、市町村ごとに設定す

ることを基本としつつ、地域の実情に応じて、二次医療圏ごと、都道府県ごとに保険料率を一本化することも可能な仕組みとする。

なお、今回の改革により被保険者の保険料の保険料水準が急激に変化することのないよう、必要な配慮を行う。

3．改革により期待される効果

○ 今回の改革において、公費拡充等による財政基盤の強化を行うことにより、被保険者の保険料負担の軽減やその伸びの抑制が図られるとともに、上述の運営の在り方の見直しを行うことにより、以下のような効果が期待される。

① 国保の財政運営責任が市町村から都道府県に移行することにより、人工透析等の高額医療費の発生などの多様なリスクが都道府県全体で分散され、急激な保険料上昇が起きにくくなる。

また、地域医療構想を含む医療計画の策定者である都道府県が国保の財政運営にも責任を有する仕組みとすることにより、都道府県が住民負担の面から地域医療の提供体制の姿を考えていくこととなり、これまで以上に良質な医療の効率的な提供に資することとなる。

さらに、被保険者が同一都道府県内に転居した場合、高額療養費の多数回該当に係る該当回数を引継ぐこととするなど、被保険者の負担の軽減を図る。

② 都道府県が、財政安定化基金も活用しつつ、給付に必要な費用を、全額、市町村に交付することにより、予期しない医療費の増加による財源不足・決算補填等目的の一般会計繰入の必要性が解消することにつながり、保険給付費の確実な支払いが確保される。

③ 厚生労働省が社会保障・税番号制度の導入も踏まえつつ主導的に構築する標準システムの活用や、都道府県が都道府県内の統一的な国保の運営方針を定めること等により、市町村の事務遂行の効率化・コスト削減、標準化が図られるとともに、それにより事務の共同処理や広域化が図られやすくなる。

こうした改革により、小規模な保険者の多い従来の国保について、その運営の安定化を図り、全国の自治体において、今後も国保のサービスを確保し、国民皆保険を堅持する。

4．今後、更に検討を進めるべき事項

○ 厚生労働省は、上記１．～３．を踏まえた新たな制度の円滑な実施・運営に向け、制度や運用の詳細について、引き続き地方と十分協議しながら検討し、順次、具体化を図ることとする。

○ また、高齢化の進展等に伴い今後も医療費の伸びが見込まれる中、国保制度を所管する厚生労働省は、持続可能な国保制度の堅持に最終的な責任を有している。国民皆保険を支える国保の安定化を図ることはきわめて重要な課題であり、その在り方については、不断の検証を行うことが重要である。そして、その際には、地方からは子どもに係る均等割保険料の軽減措置の導入や地方単独事業に係る国庫負担調整措置の見直しといった提案も行われていることも踏まえ、そうした地方からの提案についても、現行制度の趣旨や国保財政に与える影響等を考慮しながら、引き続き議論していくこととする。

○ 今回の改革後においても、医療費の伸びの要因や適正化に向けた取組の状況、都道府県と市町村との新たな役割分担の下での運営の状況を検証しつつ、更なる取組を一層推進するとともに、医療保険制度間の公平に留意しつつ、国保制度の安定的な運営が持続するよう、都道府県と市町村との役割分担の在り方も含め、国保制度全般について必要な検討を進め、当該検討結果に基づき、所要の措置を

講じることとする。

○　その際、国保の在り方については地方団体の意見を十分に伺いながら検討を進める必要があることから、今後も、厚生労働省と地方との間で、国保基盤強化協議会等において真摯に議論を行うこととする。

持続可能な医療保険制度を構築するための国民健康保険法等の一部を改正する法律案

（平成27年5月29日法律第31号）新旧対照条文

○国民健康保険法（昭和33年法律第192号）（抄）

（第1条関係／平成27年4月1日施行）

（下線の部分が改正部分）

改正案	現行
（準用規定） **第115条**　第106条第2項の規定は、第113条及び前条の規定による質問について、第106条第3項の規定は、第113条及び前条の規定による権限について準用する。	（準用規定） **第115条**　第106条第2項の規定は、前2条の規定による質問について、第106条第3項の規定は、前2条の規定による権限について準用する。
（厚生労働大臣と都道府県知事との連携） **第119条**　第41条第1項（第52条第6項、第52条の2第3項、第53条第3項及び第54条の3第2項において準用する場合を含む。）及び第2項（第45条の2第4項、第52条第6項、第52条の2第3項、第53条第3項及び第54条の3第2項において準用する場合を含む。）、第45条の2第1項（第52条第6項、第52条の2第3項、第53条第3項及び第54条の3第2項において準用する場合を含む。）、第54条の2の2（第54条の3第2項において準用する場合を含む。）、第54条の2の3第1項（第54条の3第2項において準用する場合を含む。）並びに第114条の規定により、厚生労働大臣又は都道府県知事がこれらの規定に規定する事務を行うときは、相互に密接な連携の下に行うものとする。	（厚生労働大臣と都道府県知事との連携） **第119条**　第41条第1項（第52条第6項、第52条の2第3項、第53条第3項及び第54条の3第2項において準用する場合を含む。）及び第2項（第45条の2第4項、第52条第6項、第52条の2第3項、第53条第3項及び第54条の3第2項において準用する場合を含む。）、第45条の2第1項（第52条第6項、第52条の2第3項、第53条第3項及び第54条の3第2項において準用する場合を含む。）、第54条の2の2（第54条の3第2項において準用する場合を含む。）、第54条の2の3第1項（第54条の3第2項において準用する場合を含む。）並びに第114条第2項の規定により、厚生労働大臣又は都道府県知事がこれらの規定に規定する事務を行うときは、相互に密接な連携の下に行うものとする。
附　則	附　則
（退職被保険者等の経過措置） **第6条**　市町村が行う国民健康保険の被保険者（65歳に達する日の属する月の翌月以後であるものを除く。）のうち、次に掲げる法令に基づく老齢又は退職を支給事由とする年金たる給付を受けることができる者であつて、これらの法令の規定による被保険者、組合員若しくは加入者であつた期間（当該期間に相当するものとして政令で定める期間を含む。）又はこれらの期間を合算した期間（以下この項及び附則第20条において「年金保険の被保険者等であつた期間」という。）が20年（その受給資格期間たる年金保険の被保険者等であつた期間が20年未満である当該年金たる給付を受けることができる者にあつては、当該年金たる給付の区分に応じ政令で定める期間）以上であるか、又は40歳に達した月以後の年金保険の被保険者等であつた	（退職被保険者等の経過措置） **第6条**　平成26年度までの間において、市町村が行う国民健康保険の被保険者（65歳に達する日の属する月の翌月以後であるものを除く。）のうち、次に掲げる法令に基づく老齢又は退職を支給事由とする年金たる給付を受けることができる者であつて、これらの法令の規定による被保険者、組合員若しくは加入者であつた期間（当該期間に相当するものとして政令で定める期間を含む。）又はこれらの期間を合算した期間（以下この項及び附則第20条において「年金保険の被保険者等であつた期間」という。）が20年（その受給資格期間たる年金保険の被保険者等であつた期間が20年未満である当該年金たる給付を受けることができる者にあつては、当該年金たる給付の区分に応じ政令で定める期間）以上であるか、又は40歳に達した月以後の年金保

改正案	現行
期間が10年以上であるものに該当する者（当該者となつた時以後平成26年度までの間に、市町村が行う国民健康保険の被保険者である期間を有する者に限る。）は、退職被保険者とする。ただし、当該年金たる給付の支給がその者の年齢を事由としてその全額につき停止されている者については、この限りでない。 一～九（略） 2（略）	険の被保険者等であつた期間が10年以上であるものに該当する者は、退職被保険者とする。ただし、当該年金たる給付の支給がその者の年齢を事由としてその全額につき停止されている者については、この限りでない。 一～九（略） 2（略）
（拠出金に関する高齢者の医療の確保に関する法律の準用） **第16条** 高齢者の医療の確保に関する法律第41条及び第43条から第46条まで、第134条第2項及び第3項、第159条並びに附則第13条の10の規定は、拠出金に関して準用する。この場合において、これらの規定中「保険者」とあるのは、「被用者保険等保険者」と読み替えるものとする。	**（拠出金に関する高齢者の医療の確保に関する法律の準用）** **第16条** 高齢者の医療の確保に関する法律第41条及び第43条から第46条まで、第134条第2項及び第3項、第159条並びに附則第13条の5の6の規定は、拠出金に関して準用する。この場合において、これらの規定中「保険者」とあるのは、「被用者保険等保険者」と読み替えるものとする。
（特例退職被保険者等の経過措置） **第21条** 健康保険法附則第3条第1項に規定する健康保険の被保険者（市町村が行う国民健康保険の被保険者であるとしたならば、附則第6条第1項の規定による退職被保険者となることとなる者に限る。以下「特例退職被保険者」という。）及びその被扶養者（65歳に達する日の属する月の翌月以後であるもの又は同一の世帯に属さない者を除く。以下同じ。）は、附則第12条の規定による当該年度の被用者保険等保険者の標準報酬総額の見込額及び被用者保険等拠出対象額の見込額、附則第13条の規定による前々年度の被用者保険等保険者の標準報酬総額及び被用者保険等拠出対象額並びに附則第14条の規定による前々年度の被用者保険等保険者の標準報酬総額の算定に当たつては、退職被保険者等とみなす。 2～6（略）	**（特例退職被保険者等の経過措置）** **第21条** 健康保険法附則第3条第1項に規定する健康保険の被保険者（平成26年度までの間において、附則第6条第1項の規定による退職被保険者となることができる者に限る。以下「特例退職被保険者」という。）及びその被扶養者（65歳に達する日の属する月の翌月以後であるもの又は同一の世帯に属さない者を除く。以下同じ。）は、附則第12条の規定による当該年度の被用者保険等保険者の標準報酬総額の見込額及び被用者保険等拠出対象額の見込額、附則第13条の規定による前々年度の被用者保険等保険者の標準報酬総額及び被用者保険等拠出対象額並びに附則第14条の規定による前々年度の被用者保険等保険者の標準報酬総額の算定に当たつては、退職被保険者等とみなす。 2～6（略）
第21条の3 平成25年度から平成28年度までの各年度の概算療養給付費等拠出金の額及び確定療養給付費等拠出金の額についての附則第21条第3項及び第4項の規定の適用については、同条第3項第二号中「が負担する後期高齢者支援金」とあるのは「に係る後期高齢者支援金（当該特定健康保険組合に高齢者の医療の確保に関する法律附則第14条の3から第14条の10までの規定の適用がないものとして同法第119条の規定を適用するとしたならば同条第1項の規定により算定されることとなるものをいう。次項第二号において同じ。）」と、同条第4項第二号中「が負担した」とあるのは「に係る」とする。 2（略） 3 平成27年度における附則第21条第5項の規定の適	**第21条の3** 平成25年度から平成28年度までの各年度の概算療養給付費等拠出金の額及び確定療養給付費等拠出金の額についての附則第21条第3項及び第4項の規定の適用については、同条第3項第二号中「が負担する後期高齢者支援金」とあるのは「に係る後期高齢者支援金（当該特定健康保険組合に高齢者の医療の確保に関する法律附則第14条の3から第14条の6までの規定の適用がないものとして同法第119条の規定を適用するとしたならば同条第1項の規定により算定されることとなるものをいう。次項第二号において同じ。）」と、同条第4項第二号中「が負担した」とあるのは「に係る」とする。 2（略） 3 平成27年度及び平成28年度の各年度における附

改正案	現行
用については、同項中「調整対象基準額は、当該年度」とあるのは「調整対象基準額は、平成27年度」と、「第34条第3項に規定する概算調整対象基準額をいう。以下この項において同じ」とあるのは「附則第13条の5の6第三号及び第四号に掲げる額の合計額をいう。以下この項において「平成27年度概算調整対象基準額」という」と、「ただし、当該年度の前々年度の概算調整対象基準額が当該年度の前々年度」とあるのは「ただし、平成25年度の概算調整対象基準額（同法附則第13条の5の2第三号及び第四号に掲げる額の合計額をいう。以下この項において「平成25年度概算調整対象基準額」という。）が同年度」と、「第35条第3項に規定する確定調整対象基準額をいう。以下この項において同じ」とあるのは「附則第13条の5の3第三号及び第四号に掲げる額の合計額をいう。以下この項において「平成25年度確定調整対象基準額」という」と、「ときは、当該年度の概算調整対象基準額」とあるのは「ときは、平成27年度概算調整対象基準額」と、「当該年度の前々年度におけるすべての」とあるのは「全ての」と、「概算調整対象基準額と確定調整対象基準額」とあるのは「平成25年度概算調整対象基準額と平成25年度確定調整対象基準額」と、「とし、当該年度の前々年度の概算調整対象基準額が当該年度の前々年度の確定調整対象基準額」とあるのは「とし、平成25年度概算調整対象基準額が平成25年度確定調整対象基準額」とする。	則第21条第5項の規定の適用については、同項中「以下この項において同じ。）とする」とあるのは「）とする」と、「前々年度の概算調整対象基準額」とあるのは「前々年度の概算調整対象基準額（同法附則第13条の5の2第三号及び第四号に掲げる額の合計額をいう。）」と、「第35条第3項に規定する確定調整対象基準額」とあるのは「附則第13条の5の3第三号及び第四号に掲げる額の合計額」と、「ときは、当該年度の概算調整対象基準額」とあるのは「ときは、当該年度の概算調整対象基準額（同法第34条第3項に規定する概算調整対象基準額をいう。）」と、「概算調整対象基準額と」とあるのは「概算調整対象基準額（同法附則第13条の5の2第三号及び第四号に掲げる額の合計額をいう。）と」とする。
4　平成28年度における附則第21条第5項の規定の適用については、同項中「調整対象基準額は、当該年度」とあるのは「調整対象基準額は、平成28年度」と、「第34条第3項に規定する概算調整対象基準額をいう。以下この項において同じ」とあるのは「附則第13条の6第三号及び第四号に掲げる額の合計額をいう。以下この項において「平成28年度概算調整対象基準額」という」と、「ただし、当該年度の前々年度の概算調整対象基準額が当該年度の前々年度」とあるのは「ただし、平成26年度の概算調整対象基準額（同法附則第13条の5の2第三号及び第四号に掲げる額の合計額をいう。以下この項において「平成26年度概算調整対象基準額」という。）が同年度」と、「第35条第3項に規定する確定調整対象基準額をいう。以下この項において同じ」とあるのは「附則第13条の5の3第三号及び第四号に掲げる額の合計額をいう。以下この項において「平成26年度確定調整対象基準額」という」と、「ときは、当該年度の概算調整対象基準額」とあるのは「ときは、平成28年度概算調整対象基準額」と、「当該年度の前々年度におけるすべての」とあるのは「全ての」と、「概算調整対象基準額と確定調整対象基準額」とあるのは「平成26年度概	（新設）

改　正　案	現　　行
算調整対象基準額と平成26年度確定調整対象基準額」と、「とし、当該年度の前々年度の概算調整対象基準額が当該年度の前々年度の確定調整対象基準額」とあるのは「とし、平成26年度概算調整対象基準額が平成26年度確定調整対象基準額」とする。	
（組合に対する補助の特例） **第22条の2**　平成22年度から平成27年度までの各年度における第73条第2項の規定の適用については、同項中「補助の割合」とあるのは、「補助の割合及び組合の財政力」とする。	（組合に対する補助の特例） **第22条の2**　平成22年度から平成26年度までの各年度における第73条第2項の規定の適用については、同項中「補助の割合」とあるのは、「補助の割合及び組合の財政力」とする。

○国民健康保険法（昭和33年法律第192号）（抄）

（第2条関係／平成28年4月1日施行）

（下線の部分が改正部分）

改正案	現行
（療養の給付） 第36条　（略） 2　次に掲げる療養に係る給付は、前項の給付に含まれないものとする。 一～三（略） 四　患者申出療養（健康保険法第63条第2項第四号に規定する患者申出療養をいう。以下同じ。） 五　選定療養（健康保険法第63条第2項第五号に規定する選定療養をいう。以下同じ。） 3　（略）	（療養の給付） 第36条　（略） 2　次に掲げる療養に係る給付は、前項の給付に含まれないものとする。 一～三（略） （新設） 四　選定療養（健康保険法第63条第2項第四号に規定する選定療養をいう。以下同じ。） 3　（略）
（保険医療機関等の診療報酬） 第45条　（略） 2～4　（略） 5　保険者は、前項の規定による審査及び支払に関する事務を都道府県の区域を区域とする国民健康保険団体連合会（加入している保険者の数がその区域内の保険者の総数の3分の2に達しないものを除く。）又は社会保険診療報酬支払基金法（昭和23年法律第129号）による社会保険診療報酬支払基金（以下「支払基金」という。）に委託することができる。 6～8　（略）	（保険医療機関等の診療報酬） 第45条　（略） 2～4　（略） 5　保険者は、前項の規定による審査及び支払に関する事務を都道府県の区域を区域とする国民健康保険団体連合会（加入している保険者の数がその区域内の保険者の総数の3分の2に達しないものを除く。）又は社会保険診療報酬支払基金法（昭和23年法律第129号）による社会保険診療報酬支払基金に委託することができる。 6～8　（略）
（保険外併用療養費） 第53条　保険者は、被保険者が自己の選定する保険医療機関等について評価療養、患者申出療養又は選定療養を受けたときは、世帯主又は組合員に対し、その療養に要した費用について、保険外併用療養費を支給する。ただし、当該被保険者の属する世帯の世帯主又は組合員が当該被保険者に係る被保険者資格証明書の交付を受けている間は、この限りでない。 2　（略） 3　健康保険法第64条並びに本法第36条第3項、第40条、第41条、第45条第3項から第8項まで、第45条の2及び第52条第3項から第5項までの規定は、保険医療機関等について受けた評価療養、患者申出療養及び選定療養並びにこれらに伴う保険外併用療養費の支給について準用する。この場合において、これらの規定に関し必要な技術的読替えは、政令で定める。 4　（略）	（保険外併用療養費） 第53条　保険者は、被保険者が自己の選定する保険医療機関等について評価療養又は選定療養を受けたときは、世帯主又は組合員に対し、その療養に要した費用について、保険外併用療養費を支給する。ただし、当該被保険者の属する世帯の世帯主又は組合員が当該被保険者に係る被保険者資格証明書の交付を受けている間は、この限りでない。 2　（略） 3　健康保険法第64条並びに本法第36条第3項、第40条、第41条、第45条第3項から第8項まで、第45条の2及び第52条第3項から第5項までの規定は、保険医療機関等について受けた評価療養及び選定療養並びにこれらに伴う保険外併用療養費の支給について準用する。この場合において、これらの規定に関し必要な技術的読替えは、政令で定める。 4　（略）
第58条　（略） 2　（略） 3　保険者は、第1項の保険給付及び前項の傷病手当	第58条　（略） 2　（略） 3　保険者は、第1項の保険給付及び前項の傷病手当

改正案	現行
金の支払に関する事務を国民健康保険団体連合会又は支払基金に委託することができる。	金の支払に関する事務を国民健康保険団体連合会に委託することができる。
（組合に対する補助） **第73条**　国は、政令の定めるところにより、組合に対し、療養の給付等に要する費用並びに前期高齢者納付金及び後期高齢者支援金並びに介護納付金の納付に要する費用について、次の各号に掲げる額の合算額を補助することができる。 一　次に掲げる額の合算額に組合の財政力を勘案して100分の13から100分の32までの範囲内において政令で定める割合を乗じて得た額 イ・ロ　（略） 二　（略） 2　前項第二号の特定割合は、100分の32を下回る割合であつて、健康保険法による健康保険事業に要する費用（前期高齢者納付金及び後期高齢者支援金並びに介護納付金の納付に要する費用を含む。）に対する国の補助の割合及び組合の財政力を勘案して、特定給付額及び特定納付費用額のそれぞれについて、政令で定めるところにより算定した割合とする。 3・4　（略） 5　前項の規定により増額することができる補助の額の総額は、第1項第一号イに掲げる額及び特定給付額（これらの額について第3項の規定の適用がある場合にあつては、同項の規定を適用して算定した額）並びに同号ロに掲げる額及び特定納付費用額の合算額の見込額の総額の100分の15.4に相当する額の範囲内の額とする。	（組合に対する補助） **第73条**　国は、政令の定めるところにより、組合に対し、療養の給付等に要する費用並びに前期高齢者納付金及び後期高齢者支援金並びに介護納付金の納付に要する費用について、次の各号に掲げる額の合算額を補助することができる。 一　次に掲げる額の合算額の100分の32に相当する額 イ・ロ　（略） 二　（略） 2　前項第二号の特定割合は、100分の32を下回る割合であつて、健康保険法による健康保険事業に要する費用（前期高齢者納付金及び後期高齢者支援金並びに介護納付金の納付に要する費用を含む。）に対する国の補助の割合を勘案して、特定給付額及び特定納付費用額のそれぞれについて、政令で定めるものとする。 3・4　（略） 5　前項の規定により増額することができる補助の額の総額は、第1項第一号イに掲げる額及び特定給付額（これらの額について第3項の規定の適用がある場合にあつては、同項の規定を適用して算定した額）並びに同号ロに掲げる額及び特定納付費用額の合算額の見込額の総額の100分の15に相当する額の範囲内の額とする。
第82条　保険者は、特定健康診査等を行うものとするほか、これらの事業以外の事業であつて、健康教育、健康相談及び健康診査並びに健康管理及び疾病の予防に係る被保険者の自助努力についての支援その他の被保険者の健康の保持増進のために必要な事業を行うように努めなければならない。 2　保険者は、前項の事業を行うに当たつては、高齢者の医療の確保に関する法律第16条第2項の情報を活用し、適切かつ有効に行うものとする。 3　（略） 4　組合は、第1項及び前項の事業に支障がない場合に限り、被保険者でない者にこれらの事業を利用させることができる。 5　厚生労働大臣は、第1項の規定により保険者が行う被保険者の健康の保持増進のために必要な事業に関して、その適切かつ有効な実施を図るため、指針の公表、情報の提供その他の必要な支援を行うものとする。 6　（略）	**第82条**　保険者は、特定健康診査等を行うものとするほか、これらの事業以外の事業であつて、健康教育、健康相談、健康診査その他の被保険者の健康の保持増進のために必要な事業を行うように努めなければならない。 （新設） 2　（略） 3　組合は、前2項の事業に支障がない場合に限り、被保険者でない者に当該事業を利用させることができる。 4　厚生労働大臣は、第1項の規定により保険者が行う健康の保持増進のために必要な事業に関して、その適切かつ有効な実施を図るため必要な指針を公表するものとする。 5　（略）

改正案	現行
（保健事業等に関する援助等） **第104条**　連合会及び指定法人は、国民健康保険事業の運営の安定化を図るため、市町村が行う第82条第1項及び第3項に規定する事業、療養の給付等に要する費用の適正化のための事業その他の事業（以下この条において「保健事業等」という。）に関する調査研究及び保健事業等の実施に係る市町村相互間の連絡調整を行うとともに、保健事業等に関し、専門的な技術又は知識を有する者の派遣、情報の提供その他の必要な援助を行うよう努めなければならない。	（保健事業等に関する援助等） **第104条**　連合会及び指定法人は、国民健康保険事業の運営の安定化を図るため、市町村が行う第82条第1項及び第2項に規定する事業、療養の給付等に要する費用の適正化のための事業その他の事業（以下この条において「保健事業等」という。）に関する調査研究及び保健事業等の実施に係る市町村相互間の連絡調整を行うとともに、保健事業等に関し、専門的な技術又は知識を有する者の派遣、情報の提供その他の必要な援助を行うよう努めなければならない。
（連合会又は支払基金への事務の委託） **第113条の3**　保険者は、第45条第5項（第52条第6項、第52条の2第3項、第53条第3項及び第54条の2第12項において準用する場合を含む。）に規定する事務のほか、次に掲げる事務を第45条第5項に規定する連合会又は支払基金に委託することができる。 一　第4章の規定による保険給付の実施、第76条第1項の規定による保険料の徴収、第82条第1項の規定による保健事業の実施その他の厚生労働省令で定める事務に係る情報の収集又は整理に関する事務 二　第4章の規定による保険給付の実施、第76条第1項の規定による保険料の徴収その他の厚生労働省令で定める事務に係る情報の利用又は提供に関する事務 2　保険者は、前項の規定により同項各号に掲げる事務を委託する場合は、他の社会保険診療報酬支払基金法第1条に規定する保険者と共同して委託するものとする。	（新設）
附　則	附　則
（療養給付費等交付金） **第7条**　退職被保険者及びその被扶養者（以下「退職被保険者等」という。）の住所の存する市町村（第116条又は第116条の2の規定により他の市町村の行う国民健康保険の被保険者である場合については、当該他の市町村とする。以下「退職被保険者等所属市町村」という。）が負担する費用のうち、第一号及び第二号に掲げる額の合算額から第三号に掲げる額を控除した額（以下「被用者保険等拠出対象額」という。）については、政令で定めるところにより、支払基金が退職被保険者等所属市町村に対して交付する療養給付費等交付金をもつて充てる。 一～三　（略） 2・3　（略）	（療養給付費等交付金） **第7条**　退職被保険者及びその被扶養者（以下「退職被保険者等」という。）の住所の存する市町村（第116条又は第116条の2の規定により他の市町村の行う国民健康保険の被保険者である場合については、当該他の市町村とする。以下「退職被保険者等所属市町村」という。）が負担する費用のうち、第一号及び第二号に掲げる額の合算額から第三号に掲げる額を控除した額（以下「被用者保険等拠出対象額」という。）については、政令で定めるところにより、社会保険診療報酬支払基金（以下「支払基金」という。）が退職被保険者等所属市町村に対して交付する療養給付費等交付金をもつて充てる。 一～三　（略） 2・3　（略）
	（組合に対する補助の特例）

改　正　案	現　　　行
（削除）	第22条の2　平成22年度から平成27年度までの各年度における第73条第2項の規定の適用については、同項中「補助の割合」とあるのは、「補助の割合及び組合の財政力」とする。

○国民健康保険法（昭和33年法律第192号）（抄）

（第3条関係／平成29年4月1日施行）

（下線の部分が改正部分）

改　正　案	現　　行
附　則	附　則
（国の負担等の経過措置に関する読替え） 第9条　（略） 2　高齢者の医療の確保に関する法律第7条第3項の規定により厚生労働大臣が定める組合にあつては、第76条第1項中「保険者」とあるのは「高齢者の医療の確保に関する法律第7条第3項の規定により厚生労働大臣が定める組合」と、「並びに介護納付金の納付に要する費用を含み、健康保険法第179条に規定する組合にあつては、同法」とあるのは「、介護納付金、附則第10条第1項の規定による拠出金並びに健康保険法」とする。	（国の負担等の経過措置に関する読替え） 第9条　（略） 2　次条第3項の規定により厚生労働大臣が定める組合にあつては、第76条第1項中「保険者」とあるのは「附則第10条第3項の規定により厚生労働大臣が定める組合」と、「並びに介護納付金の納付に要する費用を含み、健康保険法第179条に規定する組合にあつては、同法」とあるのは「、介護納付金、同条第1項の規定による拠出金並びに健康保険法」とする。
（拠出金の徴収及び納付義務） 第10条　支払基金は、附則第17条に規定する業務及び当該業務に関する事務の処理に要する費用に充てるため、年度（毎年4月1日から翌年3月31日までをいう。以下同じ。）ごとに、被用者保険等保険者（高齢者の医療の確保に関する法律第7条第3項に規定する被用者保険等保険者をいう。以下同じ。）から、療養給付費等拠出金及び事務費拠出金（以下この条、附則第16条及び第17条において「拠出金」という。）を徴収する。 2　（略） （削除）	（拠出金の徴収及び納付義務） 第10条　支払基金は、附則第17条に規定する業務及び当該業務に関する事務の処理に要する費用に充てるため、年度（毎年4月1日から翌年3月31日までをいう。以下同じ。）ごとに、被用者保険等保険者から、療養給付費等拠出金及び事務費拠出金（以下この条、附則第16条及び第17条において「拠出金」という。）を徴収する。 2　（略） 3　第1項の被用者保険等保険者は、健康保険法の規定による保険者、船員保険法の規定による保険者、第6条第三号に規定する共済組合、日本私立学校振興・共済事業団及び健康保険法第3条第1項第八号の規定による承認を受けて同法の被保険者とならない者を組合員とする組合であつて厚生労働大臣が定めるものとする。
（概算療養給付費等拠出金） 第12条　前条第1項の概算療養給付費等拠出金の額は、各被用者保険等保険者の当該年度の標準報酬総額の見込額（高齢者の医療の確保に関する法律第120条第1項第一号イに規定する標準報酬総額の見込額をいう。以下同じ。）に概算拠出率を乗じて得た額とする。	（概算療養給付費等拠出金） 第12条　前条第1項の概算療養給付費等拠出金の額は、被用者保険等保険者ごとの当該年度の標準報酬総額（健康保険法の規定による保険者又は船員保険法の規定による保険者にあつては、被保険者ごとのこれらの法律に規定する標準報酬（標準報酬月額及び標準賞与額をいう。）の当該年度の合計額の総額とし、第6条第三号に規定する共済組合にあつては、組合員ごとの同号に規定する法律に規定する標準報酬の月額及び標準期末手当等の額の当該年度の合計額の総額を、日本私立学校振興・共済事業団にあつては、加入者ごとの私立学校教職員共済法に規定する標準報酬月額及び標準賞与額の当該年度の合計額の総額を、組合にあつては、

改　正　案	現　　行
	組合員ごとのこれらの報酬に相当するものとして厚生労働省令で定めるものの当該年度の合計額の総額を、それぞれ政令で定めるところにより補正して得た額とする。以下同じ。）の見込額として厚生労働省令で定めるところにより算定される額に概算拠出率を乗じて得た額とする。
2　（略）	2　（略）
（確定療養給付費等拠出金） **第13条**　附則第11条第1項の確定療養給付費等拠出金の額は、各被用者保険等保険者の前々年度の標準報酬総額（高齢者の医療の確保に関する法律第120条第2項に規定する標準報酬総額をいう。以下同じ。）に確定拠出率を乗じて得た額とする。	（確定療養給付費等拠出金） **第13条**　附則第11条第1項の確定療養給付費等拠出金の額は、各被用者保険等保険者の前々年度の標準報酬総額に確定拠出率を乗じて得た額とする。
2　（略）	2　（略）
（拠出金に関する高齢者の医療の確保に関する法律の準用） **第16条**　高齢者の医療の確保に関する法律第41条及び第43条から第46条まで、第134条第2項及び第3項、第159条並びに附則第13条の6の規定は、拠出金に関して準用する。この場合において、これらの規定中「保険者」とあるのは、「被用者保険等保険者」と読み替えるものとする。	（拠出金に関する高齢者の医療の確保に関する法律の準用） **第16条**　高齢者の医療の確保に関する法律第41条及び第43条から第46条まで、第134条第2項及び第3項、第159条並びに附則第13条の10の規定は、拠出金に関して準用する。この場合において、これらの規定中「保険者」とあるのは、「被用者保険等保険者」と読み替えるものとする。
（特例退職被保険者等の経過措置） **第21条**　健康保険法附則第3条第1項に規定する健康保険の被保険者（市町村が行う国民健康保険の被保険者であるとしたならば、附則第6条第1項の規定による退職被保険者となることとなる者に限る。以下「特例退職被保険者」という。）及びその被扶養者（65歳に達する日の属する月の翌月以後であるもの又は同一の世帯に属さない者を除く。以下同じ。）は、附則第12条の規定による当該年度の被用者保険等保険者の標準報酬総額の見込額及び被用者保険等拠出対象額（後期高齢者支援金の額を除く。以下この項において同じ。）の見込額、附則第13条の規定による前々年度の被用者保険等保険者の標準報酬総額及び被用者保険等拠出対象額並びに附則第14条の規定による前々年度の被用者保険等保険者の標準報酬総額の算定に当たつては、退職被保険者等とみなす。	（特例退職被保険者等の経過措置） **第21条**　健康保険法附則第3条第1項に規定する健康保険の被保険者（市町村が行う国民健康保険の被保険者であるとしたならば、附則第6条第1項の規定による退職被保険者となることとなる者に限る。以下「特例退職被保険者」という。）及びその被扶養者（65歳に達する日の属する月の翌月以後であるもの又は同一の世帯に属さない者を除く。以下同じ。）は、附則第12条の規定による当該年度の被用者保険等保険者の標準報酬総額の見込額及び被用者保険等拠出対象額の見込額、附則第13条の規定による前々年度の被用者保険等保険者の標準報酬総額及び被用者保険等拠出対象額並びに附則第14条の規定による前々年度の被用者保険等保険者の標準報酬総額の算定に当たつては、退職被保険者等とみなす。
2　（略）	2　（略）
3　特定健康保険組合が納付する概算療養給付費等拠出金の額は、附則第12条第1項の規定により算定した額から、第一号及び第二号に掲げる額の合算額から第三号に掲げる額を控除した額を控除した額とする。	3　特定健康保険組合が納付する概算療養給付費等拠出金の額は、附則第12条第1項の規定により算定した額から、第一号及び第二号に掲げる額の合算額から第三号に掲げる額を控除した額を控除した額とする。
一　（略）	一　（略）
二　当該特定健康保険組合に係る調整対象基準額に当該特定健康保険組合に係る被保険者及びそ	二　当該特定健康保険組合に係る調整対象基準額及び当該特定健康保険組合が負担する後期高齢

改　正　案	現　　行
の被扶養者の総数に対する特例退職被保険者及びその被扶養者の総数の割合として政令の定めるところにより算定した割合（以下「特例退職被保険者等所属割合」という。）を乗じて得た額	者支援金の合算額に当該特定健康保険組合に係る被保険者及びその被扶養者の総数に対する特例退職被保険者及びその被扶養者の総数の割合として政令の定めるところにより算定した割合（以下「特例退職被保険者等所属割合」という。）を乗じて得た額
三　（略）	三　（略）
4　特定健康保険組合が納付する確定療養給付費等拠出金の額は、附則第13条第1項の規定により算定した額から、第一号及び第二号に掲げる額の合算額から第三号に掲げる額を控除した額を控除した額とする。	4　特定健康保険組合が納付する確定療養給付費等拠出金の額は、附則第13条第1項の規定により算定した額から、第一号及び第二号に掲げる額の合算額から第三号に掲げる額を控除した額を控除した額とする。
一　（略）	一　（略）
二　当該特定健康保険組合に係る調整対象基準額に特例退職被保険者等所属割合を乗じて得た額	二　当該特定健康保険組合に係る調整対象基準額及び当該特定健康保険組合が負担した後期高齢者支援金の合算額に特例退職被保険者等所属割合を乗じて得た額
三　（略）	三　（略）
5・6　（略）	5・6　（略）
（削除）	**第21条の2**　平成22年度から平成24年度までの各年度の概算療養給付費等拠出金の額及び確定療養給付費等拠出金の額についての前条第3項及び第4項の規定の適用については、同条第3項第二号中「が負担する後期高齢者支援金」とあるのは「に係る後期高齢者支援金（当該特定健康保険組合に高齢者の医療の確保に関する法律附則第14条の3及び第14条の4の規定の適用がないものとして同法第119条の規定を適用するとしたならば同条第1項の規定により算定されることとなるものをいう。次項第二号において同じ。）」と、同条第4項第二号中「が負担した」とあるのは「に係る」とする。
	2　平成22年度及び平成23年度の各年度における前条第5項の規定の適用については、同項中「第34条第3項に規定する概算調整対象基準額をいう。以下この項において同じ」とあるのは「附則第13条の2第三号及び第四号に掲げる額の合計額をいう」と、「前々年度の概算調整対象基準額」とあるのは「前々年度の概算調整対象基準額（同法第34条第3項に規定する概算調整対象基準額をいう。）」と、「ときは、当該年度の概算調整対象基準額」とあるのは「ときは、当該年度の概算調整対象基準額（同法附則第13条の2第三号及び第四号に掲げる額の合計額をいう。）」と、「概算調整対象基準額と」とあるのは「概算調整対象基準額（同法第34条第3項に規定する概算調整対象基準額をいう。）と」とする。
	3　平成24年度における前条第5項の規定の適用については、同項中「第34条第3項に規定する概算調整対象基準額」とあるのは「附則第13条の2第三号及び第四号に掲げる額の合計額」と、「第35条第3項に規定する確定調整対象基準額」とあるのは「附

改正案	現　　行
	則第13条の3第三号及び第四号に掲げる額の合計額」とする。
第21条の2　平成27年度の概算療養給付費等拠出金の額及び確定療養給付費等拠出金の額についての前条第3項及び第4項の規定の適用については、同条第3項第二号中「調整対象基準額」とあるのは「調整対象基準額及び当該特定健康保険組合に係る後期高齢者支援金（持続可能な医療保険制度を構築するための国民健康保険法等の一部を改正する法律（平成27年法律第　　号）第10条の規定による改正前の高齢者の医療の確保に関する法律（以下この号において「改正前高齢者医療確保法」という。）附則第14条の7第1項第一号に規定する概算加入者割後期高齢者支援金額（以下この号において「概算加入者割後期高齢者支援金額」という。）をいう。ただし、平成25年度の概算後期高齢者支援金の額（当該特定健康保険組合に改正前高齢者医療確保法附則第14条の5の規定の適用がないものとして改正前高齢者医療確保法第120条の規定を適用するとしたならば同条第1項の規定により算定されることとなるものをいう。以下この号において同じ。）が同年度の確定後期高齢者支援金の額（当該特定健康保険組合に改正前高齢者医療確保法附則第14条の6の規定の適用がないものとして改正前高齢者医療確保法第121条の規定を適用するとしたならば同条第1項の規定により算定されることとなるものをいう。以下この号において同じ。）を超えるときは、平成27年度の概算加入者割後期高齢者支援金額からその超える額とその超える額に係る後期高齢者調整金額（高齢者の医療の確保に関する法律第119条第1項に規定する後期高齢者調整金額をいう。以下この号において同じ。）との合計額を控除して得た額とするものとし、平成25年度の概算後期高齢者支援金の額が同年度の確定後期高齢者支援金の額に満たないときは、平成27年度の概算加入者割後期高齢者支援金額にその満たない額とその満たない額に係る後期高齢者調整金額との合計額を加算して得た額とする。次項第二号において同じ。）の合算額」と、同条第4項第二号中「調整対象基準額」とあるのは「調整対象基準額及び当該特定健康保険組合に係る後期高齢者支援金の合算額」とする。	**第21条の3**　平成25年度から平成27年度までの各年度の概算療養給付費等拠出金の額及び確定療養給付費等拠出金の額についての附則第21条第3項及び第4項の規定の適用については、同条第3項第二号中「が負担する後期高齢者支援金」とあるのは「に係る後期高齢者支援金（当該特定健康保険組合に高齢者の医療の確保に関する法律附則第14条の3から第14条の8までの規定の適用がないものとして同法第119条の規定を適用するとしたならば同条第1項の規定により算定されることとなるものをいう。次項第二号において同じ。）」と、同条第4項第二号中「が負担した」とあるのは「に係る」とする。
（削除）	2　平成25年度及び平成26年度の各年度における附則第21条第5項の規定の適用については、同項中「第34条第3項に規定する概算調整対象基準額をいう。以下この項において同じ」とあるのは「附則第13条の5の2第三号及び第四号に掲げる額の合計額をいう」と、「前々年度の概算調整対象基準額」とあるのは「前々年度の概算調整対象基準額（同法附則第13条の2第三号及び第四号に掲げる額の合

改　正　案	現　　　行
	計額をいう。)」と、「第35条第3項に規定する確定調整対象基準額」とあるのは「附則第13条の3第三号及び第四号に掲げる額の合計額」と、「ときは、当該年度の概算調整対象基準額」とあるのは「ときは、当該年度の概算調整対象基準額（同法附則第13条の5の2第三号及び第四号に掲げる額の合計額をいう。)」と、「概算調整対象基準額と」とあるのは「概算調整対象基準額（同法附則第13条の2第三号及び第四号に掲げる額の合計額をいう。）と」とする。
2　平成27年度における前条第5項の規定の適用については、同項中「調整対象基準額は、当該年度」とあるのは「調整対象基準額は、平成27年度」と、「高齢者の医療の確保に関する法律第34条第3項に規定する概算調整対象基準額をいう。以下この項において同じ」とあるのは「持続可能な医療保険制度を構築するための国民健康保険法等の一部を改正する法律（平成27年法律第　　　号）第10条の規定による改正前の高齢者の医療の確保に関する法律（以下この項において「改正前高齢者医療確保法」という。）附則第13条の5の6第三号及び第四号に掲げる額の合計額をいう。以下この項において「平成27年度概算調整対象基準額」という」と、「ただし、当該年度の前々年度の概算調整対象基準額が当該年度の前々年度」とあるのは「ただし、平成25年度の概算調整対象基準額（当該特定健康保険組合に改正前高齢者医療確保法附則第13条の5の2の規定の適用がないものとして改正前高齢者医療確保法第34条の規定を適用した場合における同条第1項第三号に掲げる額をいう。以下この項において「平成25年度概算調整対象基準額」という。）が同年度」と、「同法第35条第3項に規定する確定調整対象基準額をいう。以下この項において同じ」とあるのは「当該特定健康保険組合に改正前高齢者医療確保法附則第13条の5の3の規定の適用がないものとして改正前高齢者医療確保法第35条の規定を適用した場合における同条第1項第三号に掲げる額をいう。以下この項において「平成25年度確定調整対象基準額」という」と、「ときは、当該年度の概算調整対象基準額」とあるのは「ときは、平成27年度概算調整対象基準額」と、「当該年度の前々年度におけるすべての」とあるのは「全ての」と、「概算調整対象基準額と確定調整対象基準額」とあるのは「平成25年度概算調整対象基準額と平成25年度確定調整対象基準額」と、「とし、当該年度の前々年度の概算調整対象基準額が当該年度の前々年度の確定調整対象基準額」とあるのは「とし、平成25年度概算調整対象基準額が平成25年度確定調整対象基準額」とする。	3　平成27年度における附則第21条第5項の規定の適用については、同項中「調整対象基準額は、当該年度」とあるのは「調整対象基準額は、平成27年度」と、「第34条第3項に規定する概算調整対象基準額をいう。以下この項において同じ」とあるのは「附則第13条の5の6第三号及び第四号に掲げる額の合計額をいう。以下この項において「平成27年度概算調整対象基準額」という」と、「ただし、当該年度の前々年度の概算調整対象基準額が当該年度の前々年度」とあるのは「ただし、平成25年度の概算調整対象基準額（同法附則第13条の5の2第三号及び第四号に掲げる額の合計額をいう。以下この項において「平成25年度概算調整対象基準額」という。）が同年度」と、「第35条第3項に規定する確定調整対象基準額をいう。以下この項において同じ」とあるのは「附則第13条の5の3第三号及び第四号に掲げる額の合計額をいう。以下この項において「平成25年度確定調整対象基準額」という」と、「ときは、当該年度の概算調整対象基準額」とあるのは「ときは、平成27年度概算調整対象基準額」と、「当該年度の前々年度におけるすべての」とあるのは「全ての」と、「概算調整対象基準額と確定調整対象基準額」とあるのは「平成25年度概算調整対象基準額と平成25年度確定調整対象基準額」と、「とし、当該年度の前々年度の概算調整対象基準額が当該年度の前々年度の確定調整対象基準額」とあるのは「とし、平成25年度概算調整対象基準額が平成25年度確定調整対象基準額」とする。
第21条の3　平成28年度の概算療養給付費等拠出金の	**第21条の4**　平成28年度の概算療養給付費等拠出金の

改正案	現行
額及び確定療養給付費等拠出金の額についての附則第21条第3項及び第4項の規定の適用については、同条第3項第二号中「調整対象基準額」とあるのは「調整対象基準額及び当該特定健康保険組合に係る後期高齢者支援金(持続可能な医療保険制度を構築するための国民健康保険法等の一部を改正する法律(平成27年法律第　　号)第10条の規定による改正前の高齢者の医療の確保に関する法律(以下この号において「改正前高齢者医療確保法」という。)附則第14条の9第1項第一号に規定する補正後概算加入者割後期高齢者支援金額(以下この号において「補正後概算加入者割後期高齢者支援金額」という。)をいう。ただし、平成26年度の概算後期高齢者支援金の額(当該特定健康保険組合に改正前高齢者医療確保法附則第14条の5の規定の適用がないものとして改正前高齢者医療確保法第120条の規定を適用するとしたならば同条第1項の規定により算定されることとなるものをいう。以下この号において同じ。)が同年度の確定後期高齢者支援金の額(当該特定健康保険組合に改正前高齢者医療確保法附則第14条の6の規定の適用がないものとして改正前高齢者医療確保法第121条の規定を適用するとしたならば同条第1項の規定により算定されることとなるものをいう。以下この号において同じ。)を超えるときは、平成28年度の補正後概算加入者割後期高齢者支援金額からその超える額とその超える額に係る後期高齢者調整金額(高齢者の医療の確保に関する法律第119条第1項に規定する後期高齢者調整金額をいう。以下この号において同じ。)との合計額を控除して得た額とするものとし、平成26年度の概算後期高齢者支援金の額が同年度の確定後期高齢者支援金の額に満たないときは、平成28年度の補正後概算加入者割後期高齢者支援金額にその満たない額とその満たない額に係る後期高齢者調整金額との合計額を加算して得た額とする。次項第二号において同じ。)の合算額」と、同条第4項第二号中「調整対象基準額」とあるのは「調整対象基準額及び当該特定健康保険組合に係る後期高齢者支援金の合算額」とする。	額及び確定療養給付費等拠出金の額についての附則第21条第3項及び第4項の規定の適用については、同条第3項第二号中「が負担する後期高齢者支援金」とあるのは「に係る後期高齢者支援金(高齢者の医療の確保に関する法律附則第14条の9第1項第一号に規定する補正後概算加入者割後期高齢者支援金額(以下この号において「補正後概算加入者割後期高齢者支援金額」という。)をいう。ただし、平成26年度の概算後期高齢者支援金の額(当該特定健康保険組合に同法附則第14条の5の規定の適用がないものとして同法第120条の規定を適用するとしたならば同条第1項の規定により算定されることとなるものをいう。以下この号において同じ。)が同年度の確定後期高齢者支援金の額(当該特定健康保険組合に同法附則第14条の6の規定の適用がないものとして同法第121条の規定を適用するとしたならば同条第1項の規定により算定されることとなるものをいう。以下この号において同じ。)を超えるときは、平成28年度の補正後概算加入者割後期高齢者支援金額からその超える額とその超える額に係る後期高齢者調整金額(同法第119条第1項に規定する後期高齢者調整金額をいう。以下この号において同じ。)との合計額を控除して得た額とするものとし、平成26年度の概算後期高齢者支援金の額が同年度の確定後期高齢者支援金の額に満たないときは、平成28年度の補正後概算加入者割後期高齢者支援金額にその満たない額とその満たない額に係る後期高齢者調整金額との合計額を加算して得た額とする。次項第二号において同じ。)」と、同条第4項第二号中「が負担した」とあるのは「に係る」とする。
2　平成28年度における附則第21条第5項の規定の適用については、同項中「調整対象基準額は、当該年度」とあるのは「調整対象基準額は、平成28年度」と、「高齢者の医療の確保に関する法律第34条第3項に規定する概算調整対象基準額をいう。以下この項において同じ」とあるのは「持続可能な医療保険制度を構築するための国民健康保険法等の一部を改正する法律(平成27年法律第　　号)第10条の規定による改正前の高齢者の医療の確保に関する法律(以下この項において「改正前高齢者医療確保法」という。)附則第13条の6第1項第三号及び第四号に掲げる額の合計額をいう。以下こ	2　平成28年度における附則第21条第5項の規定の適用については、同項中「調整対象基準額は、当該年度」とあるのは「調整対象基準額は、平成28年度」と、「第34条第3項に規定する概算調整対象基準額をいう。以下この項において同じ」とあるのは「附則第13条の6第1項第三号及び第四号に掲げる額の合計額をいう。以下この項において「平成28年度概算調整対象基準額」という」と、「ただし、当該年度の前々年度の概算調整対象基準額が当該年度の前々年度」とあるのは「ただし、平成26年度の概算調整対象基準額(同法附則第13条の5の2第三号及び第四号に掲げる額の合計額をいう。以

改正案	現行
の項において「平成28年度概算調整対象基準額」という」と、「ただし、当該年度の前々年度の概算調整対象基準額が当該年度の前々年度」とあるのは「ただし、平成26年度の概算調整対象基準額（当該特定健康保険組合に改正前高齢者医療確保法附則第13条の5の2の規定の適用がないものとして改正前高齢者医療確保法第34条の規定を適用した場合における同条第1項第三号に掲げる額をいう。以下この項において「平成26年度概算調整対象基準額」という。）が同年度」と、「同法第35条第3項に規定する確定調整対象基準額をいう。以下この項において同じ」とあるのは「当該特定健康保険組合に改正前高齢者医療確保法附則第13条の5の3の規定の適用がないものとして改正前高齢者医療確保法第35条の規定を適用した場合における同条第1項第三号に掲げる額をいう。以下この項において「平成26年度確定調整対象基準額」という」と、「ときは、当該年度の概算調整対象基準額」とあるのは「ときは、平成28年度概算調整対象基準額」と、「当該年度の前々年度におけるすべての」とあるのは「全ての」と、「概算調整対象基準額と確定調整対象基準額」とあるのは「平成26年度概算調整対象基準額と平成26年度確定調整対象基準額」と、「とし、当該年度の前々年度の概算調整対象基準額が当該年度の前々年度の確定調整対象基準額」とあるのは「とし、平成26年度概算調整対象基準額が平成26年度確定調整対象基準額」とする。	下この項において「平成26年度概算調整対象基準額」という。）が同年度」と、「第35条第3項に規定する確定調整対象基準額をいう。以下この項において同じ」とあるのは「附則第13条の5の3第三号及び第四号に掲げる額の合計額をいう。以下この項において「平成26年度確定調整対象基準額」という」と、「ときは、当該年度の概算調整対象基準額」とあるのは「ときは、平成28年度概算調整対象基準額」と、「当該年度の前々年度におけるすべての」とあるのは「全ての」と、「概算調整対象基準額と確定調整対象基準額」とあるのは「平成26年度概算調整対象基準額と平成26年度確定調整対象基準額」と、「とし、当該年度の前々年度の概算調整対象基準額が当該年度の前々年度の確定調整対象基準額」とあるのは「とし、平成26年度概算調整対象基準額が平成26年度確定調整対象基準額」とする。
第21条の4　平成29年度の概算療養給付費等拠出金の額及び確定療養給付費等拠出金の額についての附則第21条第3項の規定の適用については、同項第二号中「調整対象基準額」とあるのは、「調整対象基準額（平成27年度の概算後期高齢者支援金の額（当該特定健康保険組合に持続可能な医療保険制度を構築するための国民健康保険法等の一部を改正する法律（平成27年法律第　　号）第10条の規定による改正前の高齢者の医療の確保に関する法律（以下この号において「改正前高齢者医療確保法」という。）附則第14条の7の規定の適用がないものとして改正前高齢者医療確保法第120条の規定を適用するとしたならば同条第1項の規定により算定されることとなるものをいう。以下この号において同じ。）が同年度の確定後期高齢者支援金の額（当該特定健康保険組合に高齢者の医療の確保に関する法律附則第14条の2の規定の適用がないものとして改正前高齢者医療確保法第121条の規定を適用するとしたならば同条第1項の規定により算定されることとなるものをいう。以下この号において同じ。）を超えるときは、調整対象基準額からその超える額とその超える額に係る後期高齢者調整金額（高齢者の医療の確保に関する法律第119条第1項に	（新設）

改正案	現行
規定する後期高齢者調整金額をいう。以下この号において同じ。）との合計額を控除して得た額とするものとし、同年度の概算後期高齢者支援金の額が同年度の確定後期高齢者支援金の額に満たないときは、調整対象基準額にその満たない額とその満たない額に係る後期高齢者調整金額との合計額を加算して得た額とする。次項第二号において同じ。）」とする。 2　平成29年度における附則第21条第5項の規定の適用については、同項中「調整対象基準額は、当該年度」とあるのは「調整対象基準額は、平成29年度」と、「同じ。）とする。ただし、当該年度の前々年度の概算調整対象基準額が当該年度の前々年度」とあるのは「「平成29年度概算調整対象基準額」という。）とする。ただし、平成27年度の概算調整対象基準額（持続可能な医療保険制度を構築するための国民健康保険法等の一部を改正する法律（平成27年法律第　　号）第10条の規定による改正前の高齢者の医療の確保に関する法律（以下この項において「改正前高齢者医療確保法」という。）附則第13条の5の6第三号及び第四号に掲げる額の合計額をいう。以下この項において「平成27年度概算調整対象基準額」という。）が同年度」と、「同法第35条第3項に規定する確定調整対象基準額をいう。以下この項において同じ」とあるのは「高齢者の医療の確保に関する法律附則第13条の2第三号及び第四号に掲げる額の合計額をいう。以下この項において「平成27年度確定調整対象基準額」という」と、「ときは、当該年度の概算調整対象基準額」とあるのは「ときは、平成29年度概算調整対象基準額」と、「当該年度の前々年度におけるすべての」とあるのは「全ての」と、「概算調整対象基準額と確定調整対象基準額」とあるのは「平成27年度概算調整対象基準額と平成27年度確定調整対象基準額」と、「とし、当該年度の前々年度の概算調整対象基準額が当該年度の前々年度の確定調整対象基準額」とあるのは「とし、平成27年度概算調整対象基準額が平成27年度確定調整対象基準額」とする。	
第21条の5　平成30年度の概算療養給付費等拠出金の額及び確定療養給付費等拠出金の額についての附則第21条第3項の規定の適用については、同項第二号中「調整対象基準額」とあるのは、「調整対象基準額（平成28年度の概算後期高齢者支援金の額（持続可能な医療保険制度を構築するための国民健康保険法等の一部を改正する法律（平成27年法律第　　号）第10条の規定による改正前の高齢者の医療の確保に関する法律（以下この号において「改正前高齢者医療確保法」という。）附則第14条の9第1項に規定する補正後概算加入者割後期高齢者支	（新設）

改正案	現行
援金額の12分の6に相当する額と当該特定健康保険組合に同条の規定の適用がないものとして改正前高齢者医療確保法第120条の規定を適用するとしたならば同条第1項の規定により算定されることとなる額の12分の6に相当する額との合計額をいう。以下この号において同じ。）が同年度の確定後期高齢者支援金の額（高齢者の医療の確保に関する法律附則第14条の3第1項に規定する補正後確定加入者割後期高齢者支援金額の12分の6に相当する額と当該特定健康保険組合に同条の規定の適用がないものとして改正前高齢者医療確保法第121条の規定を適用するとしたならば同条第1項の規定により算定されることとなる額の12分の6に相当する額との合計額をいう。以下この号において同じ。）を超えるときは、調整対象基準額からその超える額とその超える額に係る後期高齢者調整金額（高齢者の医療の確保に関する法律第119条第1項に規定する後期高齢者調整金額をいう。以下この号において同じ。）との合計額を控除して得た額とするものとし、同年度の概算後期高齢者支援金の額が同年度の確定後期高齢者支援金の額に満たないときは、調整対象基準額にその満たない額とその満たない額に係る後期高齢者調整金額との合計額を加算して得た額とする。次項第二号において同じ。）」とする。 2　平成30年度における附則第21条第5項の規定の適用については、同項中「調整対象基準額は、当該年度」とあるのは「調整対象基準額は、平成30年度」と、「同じ。）とする。ただし、当該年度の前々年度の概算調整対象基準額が当該年度の前々年度」とあるのは「「平成30年度概算調整対象基準額」という。）とする。ただし、平成28年度の概算調整対象基準額（持続可能な医療保険制度を構築するための国民健康保険法等の一部を改正する法律（平成27年法律第　　号）第10条の規定による改正前の高齢者の医療の確保に関する法律（以下この項において「改正前高齢者医療確保法」という。）附則第13条の6第1項第三号及び第四号に掲げる額の合計額の12分の6に相当する額と当該特定健康保険組合に同条の規定の適用がないものとして改正前高齢者医療確保法第34条の規定を適用した場合における同条第1項第三号に掲げる額の12分の6に相当する額との合計額をいう。以下この項において「平成28年度概算調整対象基準額」という。）が同年度」と、「同法第35条第3項に規定する確定調整対象基準額をいう。以下この項において同じ」とあるのは「高齢者の医療の確保に関する法律附則第13条の4第1項第三号及び第四号に掲げる額の合計額の12分の6に相当する額と当該特定健康保険組合に同条の規定の適用がないものとして改正前高齢者医療確保法第35条の規定を適用した場合に	

改　正　案	現　　　行
おける同条第1項第三号に掲げる額の12分の6に相当する額との合計額をいう。以下この項において「平成28年度確定調整対象基準額」という」と、「ときは、当該年度の概算調整対象基準額」とあるのは「ときは、平成30年度概算調整対象基準額」と、「当該年度の前々年度におけるすべての」とあるのは「全ての」と、「概算調整対象基準額と確定調整対象基準額」とあるのは「平成28年度概算調整対象基準額と平成28年度確定調整対象基準額」と、「とし、当該年度の前々年度の概算調整対象基準額が当該年度の前々年度の確定調整対象基準額」とあるのは「とし、平成28年度概算調整対象基準額が平成28年度確定調整対象基準額」とする。	
(病床転換支援金の経過措置) **第22条**　高齢者の医療の確保に関する法律附則第2条に規定する政令で定める日までの間、第69条中「及び同法の規定による後期高齢者支援金等（以下「後期高齢者支援金等」という。）」とあるのは「、同法の規定による後期高齢者支援金等（以下「後期高齢者支援金等」という。）及び同法の規定による病床転換支援金等（以下「病床転換支援金等」という。）」と、第70条第1項（附則第9条第1項の規定により読み替えて適用する場合を含む。）中「及び同法の規定による後期高齢者支援金（以下「後期高齢者支援金」という。）」とあるのは「、同法の規定による後期高齢者支援金（以下「後期高齢者支援金」という。）及び同法の規定による病床転換支援金（以下「病床転換支援金」という。）」と、同項第二号（附則第9条第1項の規定により読み替えて適用する場合を含む。）中「及び後期高齢者支援金」とあるのは「、後期高齢者支援金及び病床転換支援金」と、第73条第1項及び第2項中「及び後期高齢者支援金」とあるのは「、後期高齢者支援金及び病床転換支援金」と、第75条及び第76条第1項（附則第9条第2項の規定により読み替えて適用する場合を含む。）中「及び後期高齢者支援金等」とあるのは「、後期高齢者支援金等及び病床転換支援金等」と、附則第7条第1項第二号中「及び後期高齢者支援金」とあるのは「、後期高齢者支援金及び病床転換支援金」と、附則第21条第3項第二号中「調整対象基準額」とあるのは「調整対象基準額及び当該特定健康保険組合が負担する病床転換支援金の合算額」と、同条第4項第二号中「調整対象基準額」とあるのは「調整対象基準額及び当該特定健康保険組合が負担した病床転換支援金の合計額」とする。	**(病床転換支援金の経過措置)** **第22条**　高齢者の医療の確保に関する法律附則第2条に規定する政令で定める日までの間、第69条中「及び同法の規定による後期高齢者支援金等（以下「後期高齢者支援金等」という。）」とあるのは「、同法の規定による後期高齢者支援金等（以下「後期高齢者支援金等」という。）及び同法の規定による病床転換支援金等（以下「病床転換支援金等」という。）」と、第70条第1項（附則第9条第1項の規定により読み替えて適用する場合を含む。）中「及び同法の規定による後期高齢者支援金（以下「後期高齢者支援金」という。）」とあるのは「、同法の規定による後期高齢者支援金（以下「後期高齢者支援金」という。）及び同法の規定による病床転換支援金（以下「病床転換支援金」という。）」と、同項第二号（附則第9条第1項の規定により読み替えて適用する場合を含む。）中「及び後期高齢者支援金」とあるのは「、後期高齢者支援金及び病床転換支援金」と、第73条第1項及び第2項中「及び後期高齢者支援金」とあるのは「、後期高齢者支援金及び病床転換支援金」と、第75条及び第76条第1項（附則第9条第2項の規定により読み替えて適用する場合を含む。）中「及び後期高齢者支援金等」とあるのは「、後期高齢者支援金等及び病床転換支援金等」と、附則第7条第1項第二号中「及び後期高齢者支援金」とあるのは「、後期高齢者支援金及び病床転換支援金」と、附則第21条第3項第二号及び第4項第二号中「調整対象基準額及び」とあるのは「調整対象基準額並びに」と、「後期高齢者支援金」とあるのは「後期高齢者支援金及び病床転換支援金」とする。

○国民健康保険法（昭和33年法律第192号）（抄）

（第4条関係／平成30年4月1日施行）

改　正　案	現　　行
目次 第１章　（略） 第２章　都道府県及び市町村（第5条―第12条） 第３章・第４章　（略） （削除） 第５章　費用の負担（第69条―第81条の3） （削除） 第６章　保健事業（第82条） 第６章の2　国民健康保険運営方針等（第82条の2・第82条の3） 第７章～第12章　（略） 附則	目次 第１章　（略） 第２章　市町村（第5条―第12条） 第３章・第４章　（略） 第４章の2　広域化等支援方針（第68条の2・第68条の3） 第５章　費用の負担（第69条―第81条） 第５章の2　交付金事業（第81条の2） 第６章　保健事業（第82条） 第７章～第12章　（略） 附則
（保険者） **第3条**　都道府県は、当該都道府県内の市町村（特別区を含む。以下同じ。）とともに、この法律の定めるところにより、国民健康保険を行うものとする。 ２　（略）	（保険者） **第3条**　市町村及び特別区は、この法律の定めるところにより、国民健康保険を行うものとする。 ２　（略）
（国、都道府県及び市町村の責務） **第4条**　国は、国民健康保険事業の運営が健全に行われるよう必要な各般の措置を講ずるとともに、第1条に規定する目的の達成に資するため、保健、医療及び福祉に関する施策その他の関連施策を積極的に推進するものとする。 ２　都道府県は、安定的な財政運営、市町村の国民健康保険事業の効率的な実施の確保その他の都道府県及び当該都道府県内の市町村の国民健康保険事業の健全な運営について中心的な役割を果たすものとする。 ３　市町村は、被保険者の資格の取得及び喪失に関する事項、国民健康保険の保険料（地方税法（昭和25年法律第226号）の規定による国民健康保険税を含む。第9条第3項、第7項及び第10項、第11条第2項、第63条の2、第81条の2第1項各号並びに第9項第二号及び第三号、第82条の2第2項第二号及び第三号並びに附則第7条第1項第三号並びに第21条第3項第三号及び第4項第三号において同じ。）の徴収、保健事業の実施その他の国民健康保険事業を適切に実施するものとする。 ４　都道府県及び市町村は、前2項の責務を果たすため、保健医療サービス及び福祉サービスに関する施策その他の関連施策との有機的な連携を図るものとする。 ５　都道府県は、第2項及び前項に規定するもののほか、国民健康保険事業の運営が適切かつ円滑に行	（国及び都道府県の義務） **第4条**　国は、国民健康保険事業の運営が健全に行われるようにつとめなければならない。 ２　都道府県は、国民健康保険事業の運営が健全に行われるように、必要な指導をしなければならない。

改　正　案	現　　行
われるよう、国民健康保険組合その他の関係者に対し、必要な指導及び助言を行うものとする。	
第２章　都道府県及び市町村	**第２章　市町村**
（被保険者） **第5条**　都道府県の区域内に住所を有する者は、当該都道府県が当該都道府県内の市町村とともに行う国民健康保険の被保険者とする。	**（被保険者）** **第5条**　市町村又は特別区（以下単に「市町村」という。）の区域内に住所を有する者は、当該市町村が行う国民健康保険の被保険者とする。
（適用除外） **第6条**　前条の規定にかかわらず、次の各号のいずれかに該当する者は、都道府県が当該都道府県内の市町村とともに行う国民健康保険（以下「都道府県等が行う国民健康保険」という。）の被保険者としない。 一～十一　（略）	**（適用除外）** **第6条**　前条の規定にかかわらず、次の各号のいずれかに該当する者は、市町村が行う国民健康保険の被保険者としない。 一～十一　（略）
（資格取得の時期） **第7条**　都道府県等が行う国民健康保険の被保険者は、都道府県の区域内に住所を有するに至つた日又は前条各号のいずれにも該当しなくなつた日から、その資格を取得する。	**（資格取得の時期）** **第7条**　市町村が行う国民健康保険の被保険者は、当該市町村の区域内に住所を有するに至つた日又は前条各号のいずれにも該当しなくなつた日から、その資格を取得する。
（資格喪失の時期） **第8条**　都道府県等が行う国民健康保険の被保険者は、都道府県の区域内に住所を有しなくなつた日の翌日又は第6条各号（第九号及び第十号を除く。）のいずれかに該当するに至つた日の翌日から、その資格を喪失する。ただし、都道府県の区域内に住所を有しなくなつた日に他の都道府県の区域内に住所を有するに至つたときは、その日から、その資格を喪失する。 2　都道府県等が行う国民健康保険の被保険者は、第6条第九号又は第十号に該当するに至つた日から、その資格を喪失する。	**（資格喪失の時期）** **第8条**　市町村が行う国民健康保険の被保険者は、当該市町村の区域内に住所を有しなくなつた日の翌日又は第6条各号（第九号及び第十号を除く。）のいずれかに該当するに至つた日の翌日から、その資格を喪失する。ただし、当該市町村の区域内に住所を有しなくなつた日に他の市町村の区域内に住所を有するに至つたときは、その日から、その資格を喪失する。 2　市町村が行う国民健康保険の被保険者は、第6条第九号又は第十号に該当するに至つた日から、その資格を喪失する。
（届出等） **第9条**　世帯主は、厚生労働省令で定めるところにより、その世帯に属する被保険者の資格の取得及び喪失に関する事項その他必要な事項を市町村に届け出なければならない。	**（届出等）** **第9条**　被保険者の属する世帯の世帯主（以下単に「世帯主」という。）は、厚生労働省令の定めるところにより、その世帯に属する被保険者の資格の取得及び喪失に関する事項その他必要な事項を市町村に届け出なければならない。
2　世帯主は、当該世帯主が住所を有する市町村に対し、その世帯に属する全ての被保険者に係る被保険者証の交付を求めることができる。 3　市町村は、保険料を滞納している世帯主（当該市町村の区域内に住所を有する世帯主に限り、その世帯に属する全ての被保険者が原子爆弾被爆者に対する援護に関する法律（平成6年法律第117号）による一般疾病医療費の支給その他厚生労働省令	2　世帯主は、市町村に対し、その世帯に属するすべての被保険者に係る被保険者証の交付を求めることができる。 3　市町村は、保険料（地方税法（昭和25年法律第226号）の規定による国民健康保険税を含む。以下この項、第7項、第63条の2、第68条の2第2項第四号、附則第7条第1項第三号並びに附則第21条第3項第三号及び第4項第三号において同じ。）を滞納

改正案	現行
で定める医療に関する給付（第6項及び第8項において「原爆一般疾病医療費の支給等」という。）を受けることができる世帯主を除く。）が、当該保険料の納期限から厚生労働省令で定める期間が経過するまでの間に当該保険料を納付しない場合においては、当該保険料の滞納につき災害その他の政令で定める特別の事情があると認められる場合を除き、厚生労働省令で定めるところにより、当該世帯主に対し被保険者証の返還を求めるものとする。	している世帯主（その世帯に属するすべての被保険者が原子爆弾被爆者に対する援護に関する法律（平成6年法律第117号）による一般疾病医療費の支給その他厚生労働省令で定める医療に関する給付（第6項及び第8項において「原爆一般疾病医療費の支給等」という。）を受けることができる世帯主を除く。）が、当該保険料の納期限から厚生労働省令で定める期間が経過するまでの間に当該保険料を納付しない場合においては、当該保険料の滞納につき災害その他の政令で定める特別の事情があると認められる場合を除き、厚生労働省令で定めるところにより、当該世帯主に対し被保険者証の返還を求めるものとする。
4～9　（略）	4～9　（略）
10　市町村は、被保険者証及び被保険者資格証明書の有効期間を定めることができる。この場合において、この法律の規定による保険料を滞納している世帯主（第3項の規定により市町村が被保険者証の返還を求めるものとされる者を除く。）及びその世帯に属する被保険者、国民年金法（昭和34年法律第141号）の規定による保険料を滞納している世帯主（同法第88条第2項の規定により保険料を納付する義務を負う者を含み、厚生労働大臣が厚生労働省令で定める要件に該当するものと認め、その旨を市町村に通知した者に限る。）及びその世帯に属する被保険者その他厚生労働省令で定める者の被保険者証については、特別の有効期間を定めることができる。ただし、18歳に達する日以後の最初の3月31日までの間にある者が属する世帯に属する被保険者の被保険者証について6月未満の特別の有効期間を定める場合においては、当該者に係る被保険者証の特別の有効期間は、6月以上としなければならない。	10　市町村は、被保険者証及び被保険者資格証明書の有効期間を定めることができる。この場合において、この法律の規定による保険料（地方税法の規定による国民健康保険税を含む。）を滞納している世帯主（第3項の規定により市町村が被保険者証の返還を求めるものとされる者を除く。）及びその世帯に属する被保険者、国民年金法（昭和34年法律第141号）の規定による保険料を滞納している世帯主（同法第88条第2項の規定により保険料を納付する義務を負う者を含み、厚生労働大臣が厚生労働省令で定める要件に該当するものと認め、その旨を市町村に通知した者に限る。）及びその世帯に属する被保険者その他厚生労働省令で定める者の被保険者証については、特別の有効期間を定めることができる。ただし、18歳に達する日以後の最初の3月31日までの間にある者が属する世帯の世帯主又はその世帯に属する被保険者の被保険者証について6月未満の特別の有効期間を定める場合においては、当該者に係る被保険者証の特別の有効期間は、6月以上としなければならない。
11～15　（略）	11～15　（略）
（特別会計） **第10条**　都道府県及び市町村は、国民健康保険に関する収入及び支出について、政令で定めるところにより、それぞれ特別会計を設けなければならない。	**（特別会計）** **第10条**　市町村は、国民健康保険に関する収入及び支出について、政令の定めるところにより、特別会計を設けなければならない。
（国民健康保険事業の運営に関する協議会） **第11条**　国民健康保険事業の運営に関する事項（この法律の定めるところにより都道府県が処理することとされている事務に係るものであつて、第75条の7第1項の規定による国民健康保険事業費納付金の徴収、第82条の2第1項の規定による都道府県国民健康保険運営方針の作成その他の重要事項に限る。）を審議させるため、都道府県に都道府県の国民健康保険事業の運営に関する協議会を置く。	**（国民健康保険運営協議会）** **第11条**　国民健康保険事業の運営に関する重要事項を審議するため、市町村に国民健康保険運営協議会を置く。

改正案	現行
2 国民健康保険事業の運営に関する事項（この法律の定めるところにより市町村が処理することとされている事務に係るものであつて、第4章の規定による保険給付、第76条第1項の規定による保険料の徴収その他の重要事項に限る。）を審議させるため、市町村に市町村の国民健康保険事業の運営に関する協議会を置く。 3 前2項に定める協議会は、前2項に定めるもののほか、国民健康保険事業の運営に関する事項（第1項に定める協議会にあつてはこの法律の定めるところにより都道府県が処理することとされている事務に係るものに限り、前項に定める協議会にあつてはこの法律の定めるところにより市町村が処理することとされている事務に係るものに限る。）を審議することができる。 4 前3項に規定するもののほか、第1項及び第2項に定める協議会に関して必要な事項は、政令で定める。	2 前項に規定するもののほか、国民健康保険運営協議会に関して必要な事項は、政令で定める。
（設立） **第17条** （略） 2 （略） 3 都道府県知事は、第1項の認可の申請があつた場合においては、あらかじめ、次の各号に定める組合の区分に応じ、当該各号に定める者の意見を聴き、当該認可の申請に係る組合の設立により、当該組合の地区をその区域に含む都道府県及び当該都道府県内の市町村の国民健康保険事業の運営に支障を及ぼさないと認めるときでなければ、同項の認可をしてはならない。 一 その地区が1の都道府県の区域を越えない組合 当該組合の地区をその区域に含む市町村の市町村長（特別区の区長を含む。以下同じ。） 二 その地区が2以上の都道府県の区域にまたがる組合 当該組合の地区をその区域に含む市町村（第1項の認可の申請を受けた都道府県知事が統括する都道府県内の市町村に限る。）の市町村長及び当該組合の地区をその区域に含む都道府県の都道府県知事（当該認可の申請を受けた都道府県知事を除く。次項において「他の都道府県知事」という。）	**（設立）** **第17条** （略） 2 （略） 3 都道府県知事は、第1項の認可の申請があつた場合においては、当該組合の地区をその区域に含む市町村の長の意見をきき、当該組合の設立によりこれらの市町村の国民健康保険事業の運営に支障を及ぼさないと認めるときでなければ、同項の認可をしてはならない。
4 前項の規定により、他の都道府県知事が意見を述べるに当たつては、あらかじめ、当該他の都道府県知事が統括する都道府県内の市町村（第1項の認可の申請に係る組合の地区をその区域に含む市町村に限る。）の市町村長の意見を聴かなければならない。	（新設）
5 （略）	4 （略）
（資格喪失の時期） **第21条** 組合が行う国民健康保険の被保険者は、組	**（資格喪失の時期）** **第21条** 組合が行う国民健康保険の被保険者は、組

改正案	現行
合員若しくは組合員の世帯に属する者でなくなつた日の翌日又は第6条各号（第九号及び第十号を除く。）のいずれかに該当するに至つた日の翌日から、その資格を喪失する。ただし、組合員又は組合員の世帯に属する者でなくなつたことにより、都道府県等が行う国民健康保険又は他の組合が行う国民健康保険の被保険者となつたときは、その日から、その資格を喪失する。 2　（略）	合員若しくは組合員の世帯に属する者でなくなつた日の翌日又は第6条各号（第九号及び第十号を除く。）のいずれかに該当するに至つた日の翌日から、その資格を喪失する。ただし、組合員又は組合員の世帯に属する者でなくなつたことにより、市町村又は他の組合が行う国民健康保険の被保険者となつたときは、その日から、その資格を喪失する。 2　（略）
（準用規定） **第22条**　第9条（第12項から第14項までを除く。）の規定は、組合が行う国民健康保険の被保険者に関する届出並びに被保険者証及び被保険者資格証明書について準用する。この場合において、同条第1項中「世帯主」とあるのは「組合員」と、「市町村」とあるのは「組合」と、同条第2項中「世帯主は」とあるのは「組合員は」と、「当該世帯主が住所を有する市町村」とあるのは「組合」と、同条第3項中「市町村は」とあるのは「組合は」と、「世帯主（当該市町村の区域内に住所を有する世帯主に限り、」とあるのは「組合員（」と、「世帯主を」とあるのは「組合員を」と、「世帯主に」とあるのは「組合員に」と、同条第4項から第9項までの規定中「市町村」とあるのは「組合」と、「世帯主」とあるのは「組合員」と、同条第10項中「市町村は」とあるのは「組合は」と、「世帯主（第3項の規定により市町村が被保険者証の返還を求めるものとされる者を除く。）及びその世帯に属する被保険者、国民年金法（昭和34年法律第141号）の規定による保険料を滞納している世帯主（同法第88条第2項の規定により保険料を納付する義務を負う者を含み、厚生労働大臣が厚生労働省令で定める要件に該当するものと認め、その旨を市町村に通知した者に限る。）」とあるのは「組合員（第3項の規定により組合が被保険者証の返還を求めるものとされる者を除く。）」と、同条第11項中「市町村」とあるのは「組合」と読み替えるものとする。	（準用規定） **第22条**　第9条（第12項から第14項までを除く。）の規定は、組合が行う国民健康保険の被保険者に関する届出並びに被保険者証及び被保険者資格証明書について準用する。この場合において、同条第1項から第9項までの規定中「被保険者の属する世帯の世帯主」又は「世帯主」とあるのは「組合員」と、「市町村」とあるのは「組合」と、同条第10項中「市町村は」とあるのは「組合は」と、「世帯主（第3項の規定により市町村が被保険者証の返還を求めるものとされる者を除く。）及びその世帯に属する被保険者、国民年金法（昭和34年法律第141号）の規定による保険料を滞納している世帯主（同法第88条第2項の規定により保険料を納付する義務を負う者を含み、厚生労働大臣が厚生労働省令で定める要件に該当するものと認め、その旨を市町村に通知した者に限る。）」とあるのは「組合員（第3項の規定により組合が被保険者証の返還を求めるものとされる者を除く。）」と、「世帯の世帯主」とあるのは「世帯の組合員」と、同条第11項中「市町村」とあるのは「組合」と読み替えるものとする。
（組合会の議決事項） **第27条**　（略） 2　（略） 3　第17条第3項及び第4項の規定は、組合の地区の拡張に係る規約の変更に関する前項の認可について準用する。 4　（略）	（組合会の議決事項） **第27条**　（略） 2　（略） 3　第17条第3項の規定は、組合の地区の拡張に係る規約の変更に関する前項の認可について準用する。 4　（略）
（解散） **第32条**　組合は、次の各号に掲げる理由により解散する。 一・二　（略）	（解散） **第32条**　組合は、次の各号に掲げる理由により解散する。 一・二　（略）

改　正　案	現　　行
三　第108条第4項又は第5項の規定による解散命令 四　（略） 2　（略）	三　第108条第4項の規定による解散命令 四　（略） 2　（略）
（清算人及び解散の届出） **第32条の7**　清算人は、破産手続開始の決定及び第108条第4項又は第5項の規定による解散命令の場合を除き、その氏名及び住所並びに解散の原因及び年月日を都道府県知事に届け出なければならない。 2　（略） 3　前項の規定は、第108条第4項又は第5項の規定による解散命令の際に就職した清算人について準用する。	**（清算人及び解散の届出）** **第32条の7**　清算人は、破産手続開始の決定及び第108条第4項の規定による解散命令の場合を除き、その氏名及び住所並びに解散の原因及び年月日を都道府県知事に届け出なければならない。 2　（略） 3　前項の規定は、第108条第4項の規定による解散命令の際に就職した清算人について準用する。
（削除）	**第32条の16**　削除
（検査役の選任） **第32条の16**　（略） 2　前2条の規定は、前項の規定により裁判所が検査役を選任した場合について準用する。この場合において、前条中「清算人及び監事」とあるのは、「組合及び検査役」と読み替えるものとする。	**（検査役の選任）** **第32条の17**　（略） 2　第32条の14及び第32条の15の規定は、前項の規定により裁判所が検査役を選任した場合について準用する。この場合において、同条中「清算人及び監事」とあるのは、「組合及び検査役」と読み替えるものとする。
（療養の給付） **第36条**　市町村及び組合は、被保険者の疾病及び負傷に関しては、次の各号に掲げる療養の給付を行う。ただし、当該被保険者の属する世帯の世帯主又は組合員が当該被保険者に係る被保険者資格証明書の交付を受けている間は、この限りでない。 一～五　（略） 2・3　（略）	**（療養の給付）** **第36条**　市町村及び組合（以下「保険者」という。）は、被保険者の疾病及び負傷に関しては、次の各号に掲げる療養の給付を行う。ただし、当該被保険者の属する世帯の世帯主又は組合員が当該被保険者に係る被保険者資格証明書の交付を受けている間は、この限りでない。 一～五　（略） 2・3　（略）
（療養の給付を受ける場合の一部負担金） **第42条**　（略） 2　保険医療機関等は、前項の一部負担金（第43条第1項の規定により一部負担金の割合が減ぜられたときは、同条第2項に規定する保険医療機関等にあつては、当該減ぜられた割合による一部負担金とし、第44条第1項第一号の措置が採られたときは、当該減額された一部負担金とする。）の支払を受けるべきものとし、保険医療機関等が善良な管理者と同一の注意をもつてその支払を受けることに努めたにもかかわらず、なお被保険者が当該一部負担金の全部又は一部を支払わないときは、市町村及び組合は、当該保険医療機関等の請求に基づき、この法律の規定による徴収金の例によりこれを処分することができる。	**（療養の給付を受ける場合の一部負担金）** **第42条**　（略） 2　保険医療機関等は、前項の一部負担金（第43条第1項の規定により一部負担金の割合が減ぜられたときは、同条第2項に規定する保険医療機関等にあつては、当該減ぜられた割合による一部負担金とし、第44条第1項第一号の措置が採られたときは、当該減額された一部負担金とする。）の支払を受けるべきものとし、保険医療機関等が善良な管理者と同一の注意をもつてその支払を受けることに努めたにもかかわらず、なお被保険者が当該一部負担金の全部又は一部を支払わないときは、保険者は、当該保険医療機関等の請求に基づき、この法律の規定による徴収金の例によりこれを処分することができる。
第43条　市町村及び組合は、政令で定めるところに	**第43条**　保険者は、政令の定めるところにより、条

改　正　案	現　　　行
より、条例又は規約で、第42条第1項に規定する一部負担金の割合を減ずることができる。 2　前項の規定により一部負担金の割合が減ぜられたときは、市町村又は組合が開設者の同意を得て定める保険医療機関等について療養の給付を受ける被保険者は、第42条第1項の規定にかかわらず、その減ぜられた割合による一部負担金を当該保険医療機関等に支払うをもつて足りる。 3　第1項の規定により一部負担金の割合が減ぜられた場合において、被保険者が前項に規定する保険医療機関等以外の保険医療機関等について療養の給付を受けたときは、市町村及び組合は、当該被保険者が第42条第1項の規定により当該保険医療機関等に支払つた一部負担金と第1項の規定により減ぜられた割合による一部負担金との差額を当該被保険者に支給しなければならない。 4　（略）	例又は規約で、第42条第1項に規定する一部負担金の割合を減ずることができる。 2　前項の規定により一部負担金の割合が減ぜられたときは、保険者が開設者の同意を得て定める保険医療機関等について療養の給付を受ける被保険者は、第42条第1項の規定にかかわらず、その減ぜられた割合による一部負担金を当該保険医療機関等に支払うをもつて足りる。 3　第1項の規定により一部負担金の割合が減ぜられた場合において、被保険者が前項に規定する保険医療機関等以外の保険医療機関等について療養の給付を受けたときは、保険者は、当該被保険者が第42条第1項の規定により当該保険医療機関等に支払つた一部負担金と第1項の規定により減ぜられた割合による一部負担金との差額を当該被保険者に支給しなければならない。 4　（略）
第44条　市町村及び組合は、特別の理由がある被保険者で、保険医療機関等に第42条又は前条の規定による一部負担金を支払うことが困難であると認められるものに対し、次の各号の措置を採ることができる。 一～三　（略） 2・3　（略）	**第44条**　保険者は、特別の理由がある被保険者で、保険医療機関等に第42条又は前条の規定による一部負担金を支払うことが困難であると認められるものに対し、次の各号の措置を採ることができる。 一～三　（略） 2・3　（略）
（保険医療機関等の診療報酬） **第45条**　市町村及び組合は、療養の給付に関する費用を保険医療機関等に支払うものとし、保険医療機関等が療養の給付に関し市町村又は組合に請求することができる費用の額は、療養の給付に要する費用の額から、当該療養の給付に関し被保険者（第57条に規定する場合にあつては、当該被保険者の属する世帯の世帯主又は組合員）が当該保険医療機関等に対して支払わなければならない一部負担金に相当する額を控除した額とする。 2　（略） 3　市町村及び組合は、都道府県知事の認可を受け、保険医療機関等との契約により、当該保険医療機関等において行われる療養の給付に関する第1項の療養の給付に要する費用の額につき、前項の規定により算定される額の範囲内において、別段の定めをすることができる。 4　市町村及び組合は、保険医療機関等から療養の給付に関する費用の請求があつたときは、第40条に規定する準則並びに第2項に規定する額の算定方法及び前項の定めに照らして審査した上、支払うものとする。 5　市町村及び組合は、前項の規定による審査及び支払に関する事務を都道府県の区域を区域とする国民健康保険団体連合会（加入している都道府県、	**（保険医療機関等の診療報酬）** **第45条**　保険者は、療養の給付に関する費用を保険医療機関等に支払うものとし、保険医療機関等が療養の給付に関し保険者に請求することができる費用の額は、療養の給付に要する費用の額から、当該療養の給付に関し被保険者（第57条に規定する場合にあつては、世帯主又は組合員）が当該保険医療機関等に対して支払わなければならない一部負担金に相当する額を控除した額とする。 2　（略） 3　保険者は、都道府県知事の認可を受け、保険医療機関等との契約により、当該保険医療機関等において行われる療養の給付に関する第1項の療養の給付に要する費用の額につき、前項の規定により算定される額の範囲内において、別段の定めをすることができる。 4　保険者は、保険医療機関等から療養の給付に関する費用の請求があつたときは、第40条に規定する準則並びに第2項に規定する額の算定方法及び前項の定めに照らして審査した上、支払うものとする。 5　保険者は、前項の規定による審査及び支払に関する事務を都道府県の区域を区域とする国民健康保険団体連合会（加入している保険者の数がその

改正案	現行
市町村及び組合の数がその区域内の都道府県、市町村及び組合の総数の3分の2に達しないものを除く。）又は社会保険診療報酬支払基金法（昭和23年法律第129号）による社会保険診療報酬支払基金（以下「支払基金」という。）に委託することができる。 6～8　（略） （入院時食事療養費） **第52条**　市町村及び組合は、被保険者（特定長期入院被保険者を除く。）が、自己の選定する保険医療機関について第36条第1項第五号に掲げる療養の給付と併せて受けた食事療養に要した費用について、当該被保険者の属する世帯の世帯主又は組合員に対し、入院時食事療養費を支給する。ただし、当該世帯主又は組合員が当該被保険者に係る被保険者資格証明書の交付を受けている間は、この限りでない。 2　（略） 3　被保険者が保険医療機関について食事療養を受けたときは、市町村及び組合は、当該被保険者の属する世帯の世帯主又は組合員が当該保険医療機関に支払うべき食事療養に要した費用について、入院時食事療養費として当該世帯主又は組合員に対し支給すべき額の限度において、当該世帯主又は組合員に代わり、当該保険医療機関に支払うことができる。 4～6　（略） （入院時生活療養費） **第52条の2**　市町村及び組合は、特定長期入院被保険者が、自己の選定する保険医療機関について第36条第1項第五号に掲げる療養の給付と併せて受けた生活療養に要した費用について、当該特定長期入院被保険者の属する世帯の世帯主又は組合員に対し、入院時生活療養費を支給する。ただし、当該世帯主又は組合員が当該特定長期入院被保険者に係る被保険者資格証明書の交付を受けている間は、この限りでない。 2・3　（略） （保険外併用療養費） **第53条**　市町村及び組合は、被保険者が自己の選定する保険医療機関等について評価療養、患者申出療養又は選定療養を受けたときは、当該被保険者の属する世帯の世帯主又は組合員に対し、その療養に要した費用について、保険外併用療養費を支給する。ただし、当該世帯主又は組合員が当該被保険者に係る被保険者資格証明書の交付を受けている間は、この限りでない。 2～4　（略）	区域内の保険者の総数の3分の2に達しないものを除く。）又は社会保険診療報酬支払基金法（昭和23年法律第129号）による社会保険診療報酬支払基金（以下「支払基金」という。）に委託することができる。 6～8　（略） （入院時食事療養費） **第52条**　保険者は、被保険者（特定長期入院被保険者を除く。）が、自己の選定する保険医療機関について第36条第1項第五号に掲げる療養の給付と併せて受けた食事療養に要した費用について、世帯主又は組合員に対し、入院時食事療養費を支給する。ただし、当該被保険者の属する世帯の世帯主又は組合員が当該被保険者に係る被保険者資格証明書の交付を受けている間は、この限りでない。 2　（略） 3　被保険者が保険医療機関について食事療養を受けたときは、保険者は、その世帯主又は組合員が当該保険医療機関に支払うべき食事療養に要した費用について、入院時食事療養費として世帯主又は組合員に対し支給すべき額の限度において、世帯主又は組合員に代わり、当該保険医療機関に支払うことができる。 4～6　（略） （入院時生活療養費） **第52条の2**　保険者は、特定長期入院被保険者が、自己の選定する保険医療機関について第36条第1項第五号に掲げる療養の給付と併せて受けた生活療養に要した費用について、世帯主又は組合員に対し、入院時生活療養費を支給する。ただし、当該特定長期入院被保険者の属する世帯の世帯主又は組合員が当該特定長期入院被保険者に係る被保険者資格証明書の交付を受けている間は、この限りでない。 2・3　（略） （保険外併用療養費） **第53条**　保険者は、被保険者が自己の選定する保険医療機関等について評価療養、患者申出療養又は選定療養を受けたときは、世帯主又は組合員に対し、その療養に要した費用について、保険外併用療養費を支給する。ただし、当該被保険者の属する世帯の世帯主又は組合員が当該被保険者に係る被保険者資格証明書の交付を受けている間は、この限りでない。 2～4　（略）

改　正　案	現　　行
（療養費） 第54条　市町村及び組合は、療養の給付若しくは入院時食事療養費、入院時生活療養費若しくは保険外併用療養費の支給（以下この項及び次項において「療養の給付等」という。）を行うことが困難であると認めるとき、又は被保険者が保険医療機関等以外の病院、診療所若しくは薬局その他の者について診療、薬剤の支給若しくは手当を受けた場合において、市町村又は組合がやむを得ないものと認めるときは、療養の給付等に代えて、療養費を支給することができる。ただし、当該被保険者の属する世帯の世帯主又は組合員が当該被保険者に係る被保険者資格証明書の交付を受けている間は、この限りでない。 2　市町村及び組合は、被保険者が被保険者証を提出しないで保険医療機関等について診療又は薬剤の支給を受けた場合において、被保険者証を提出しなかつたことが、緊急その他やむを得ない理由によるものと認めるときは、療養の給付等に代えて、療養費を支給するものとする。ただし、当該被保険者の属する世帯の世帯主又は組合員が当該被保険者に係る被保険者資格証明書の交付を受けている間は、この限りでない。 3　療養費の額は、当該療養（食事療養及び生活療養を除く。）について算定した費用の額から、その額に第42条第1項各号の区分に応じ、同項各号に掲げる割合を乗じて得た額を控除した額及び当該食事療養又は生活療養について算定した費用の額から食事療養標準負担額又は生活療養標準負担額を控除した額を基準として、市町村又は組合が定める。 4　（略）	（療養費） 第54条　保険者は、療養の給付若しくは入院時食事療養費、入院時生活療養費若しくは保険外併用療養費の支給（以下この項及び次項において「療養の給付等」という。）を行うことが困難であると認めるとき、又は被保険者が保険医療機関等以外の病院、診療所若しくは薬局その他の者について診療、薬剤の支給若しくは手当を受けた場合において、保険者がやむを得ないものと認めるときは、療養の給付等に代えて、療養費を支給することができる。ただし、当該被保険者の属する世帯の世帯主又は組合員が当該被保険者に係る被保険者資格証明書の交付を受けている間は、この限りでない。 2　保険者は、被保険者が被保険者証を提出しないで保険医療機関等について診療又は薬剤の支給を受けた場合において、被保険者証を提出しなかつたことが、緊急その他やむを得ない理由によるものと認めるときは、療養の給付等に代えて、療養費を支給するものとする。ただし、当該被保険者の属する世帯の世帯主又は組合員が当該被保険者に係る被保険者資格証明書の交付を受けている間は、この限りでない。 3　療養費の額は、当該療養（食事療養及び生活療養を除く。）について算定した費用の額から、その額に第42条第1項各号の区分に応じ、同項各号に掲げる割合を乗じて得た額を控除した額及び当該食事療養又は生活療養について算定した費用の額から食事療養標準負担額又は生活療養標準負担額を控除した額を基準として、保険者が定める。 4　（略）
（訪問看護療養費） 第54条の2　市町村及び組合は、被保険者が指定訪問看護事業者（健康保険法第88条第1項に規定する指定訪問看護事業者をいう。以下同じ。）について指定訪問看護（同項に規定する指定訪問看護をいう。以下同じ。）を受けたときは、当該被保険者の属する世帯の世帯主又は組合員に対し、その指定訪問看護に要した費用について、訪問看護療養費を支給する。ただし、当該世帯主又は組合員が当該被保険者に係る被保険者資格証明書の交付を受けている間は、この限りでない。 2　前項の訪問看護療養費は、厚生労働省令で定めるところにより市町村又は組合が必要と認める場合に限り、支給するものとする。 3・4　（略） 5　被保険者が指定訪問看護事業者について指定訪問看護を受けたときは、市町村及び組合は、当該被保険者の属する世帯の世帯主又は組合員が当該	（訪問看護療養費） 第54条の2　保険者は、被保険者が指定訪問看護事業者（健康保険法第88条第1項に規定する指定訪問看護事業者をいう。以下同じ。）について指定訪問看護（同項に規定する指定訪問看護をいう。以下同じ。）を受けたときは、世帯主又は組合員に対し、その指定訪問看護に要した費用について、訪問看護療養費を支給する。ただし、当該被保険者の属する世帯の世帯主又は組合員が当該被保険者に係る被保険者資格証明書の交付を受けている間は、この限りでない。 2　前項の訪問看護療養費は、厚生労働省令の定めるところにより保険者が必要と認める場合に限り、支給するものとする。 3・4　（略） 5　被保険者が指定訪問看護事業者について指定訪問看護を受けたときは、保険者は、その世帯主又は組合員が当該指定訪問看護事業者に支払うべき

改 正 案	現 行
指定訪問看護事業者に支払うべき当該指定訪問看護に要した費用について、訪問看護療養費として当該世帯主又は組合員に対し支給すべき額の限度において、当該世帯主又は組合員に代わり、当該指定訪問看護事業者に支払うことができる。	当該指定訪問看護に要した費用について、訪問看護療養費として世帯主又は組合員に対し支給すべき額の限度において、世帯主又は組合員に代わり、当該指定訪問看護事業者に支払うことができる。
6～8 (略)	6～8 (略)
9 市町村及び組合は、指定訪問看護事業者から訪問看護療養費の請求があつたときは、第4項に規定する額の算定方法及び次項に規定する準則に照らして審査した上、支払うものとする。	9 保険者は、指定訪問看護事業者から訪問看護療養費の請求があつたときは、第4項に規定する額の算定方法及び次項に規定する準則に照らして審査した上、支払うものとする。
10～12 (略)	10～12 (略)
(特別療養費)	**(特別療養費)**
第54条の3 市町村及び組合は、世帯主又は組合員がその世帯に属する被保険者に係る被保険者資格証明書の交付を受けている場合において、当該被保険者が保険医療機関等又は指定訪問看護事業者について療養を受けたときは、当該世帯主又は組合員に対し、その療養に要した費用について、特別療養費を支給する。	**第54条の3** 保険者は、世帯主又は組合員がその世帯に属する被保険者に係る被保険者資格証明書の交付を受けている場合において、当該被保険者が保険医療機関等又は指定訪問看護事業者について療養を受けたときは、世帯主又は組合員に対し、その療養に要した費用について、特別療養費を支給する。
2 (略)	2 (略)
3 第1項に規定する場合において、当該世帯主又は組合員に対し当該被保険者に係る被保険者証が交付されているとすれば第54条第1項の規定が適用されることとなるときは、市町村及び組合は、療養費を支給することができる。	3 第1項に規定する場合において、当該世帯主又は組合員に対し当該被保険者に係る被保険者証が交付されているとすれば第54条第1項の規定が適用されることとなるときは、保険者は、療養費を支給することができる。
4 第1項に規定する場合において、被保険者が被保険者資格証明書を提出しないで保険医療機関等について診療又は薬剤の支給を受け、被保険者資格証明書を提出しなかつたことが、緊急その他やむを得ない理由によるものと認めるときは、市町村及び組合は、療養費を支給するものとする。	4 第1項に規定する場合において、被保険者が被保険者資格証明書を提出しないで保険医療機関等について診療又は薬剤の支給を受け、被保険者資格証明書を提出しなかつたことが、緊急その他やむを得ない理由によるものと認めるときは、保険者は、療養費を支給するものとする。
5 (略)	5 (略)
(移送費)	**(移送費)**
第54条の4 市町村及び組合は、被保険者が療養の給付(保険外併用療養費に係る療養及び特別療養費に係る療養を含む。)を受けるため病院又は診療所に移送されたときは、当該被保険者の属する世帯の世帯主又は組合員に対し、移送費として、厚生労働省令で定めるところにより算定した額を支給する。	**第54条の4** 保険者は、被保険者が療養の給付(保険外併用療養費に係る療養及び特別療養費に係る療養を含む。)を受けるため病院又は診療所に移送されたときは、世帯主又は組合員に対し、移送費として、厚生労働省令の定めるところにより算定した額を支給する。
2 前項の移送費は、厚生労働省令で定めるところにより市町村又は組合が必要であると認める場合に限り、支給するものとする。	2 前項の移送費は、厚生労働省令の定めるところにより保険者が必要であると認める場合に限り、支給するものとする。
(被保険者が日雇労働者又はその被扶養者となつた場合)	**(被保険者が日雇労働者又はその被扶養者となつた場合)**
第55条 被保険者が第6条第七号に該当するに至つたためその資格を喪失した場合において、その資格を喪失した際現に療養の給付、入院時食事療養費	**第55条** 被保険者が第6条第七号に該当するに至つたためその資格を喪失した場合において、その資格を喪失した際現に療養の給付、入院時食事療養費

改正案	現行
に係る療養、入院時生活療養費に係る療養、保険外併用療養費に係る療養、訪問看護療養費に係る療養若しくは特別療養費に係る療養又は介護保険法（平成9年法律第123号）の規定による居宅介護サービス費に係る指定居宅サービス（同法第41条第1項に規定する指定居宅サービスをいう。）（療養に相当するものに限る。）、特例居宅介護サービス費に係る居宅サービス（同法第8条第1項に規定する居宅サービスをいう。）若しくはこれに相当するサービス（これらのサービスのうち療養に相当するものに限る。）、地域密着型介護サービス費に係る指定地域密着型サービス（同法第42条の2第1項に規定する指定地域密着型サービスをいう。）（療養に相当するものに限る。）、特例地域密着型介護サービス費に係る地域密着型サービス（同法第8条第14項に規定する地域密着型サービスをいう。）若しくはこれに相当するサービス（これらのサービスのうち療養に相当するものに限る。）、施設介護サービス費に係る指定施設サービス等（同法第48条第1項に規定する指定施設サービス等をいう。）（療養に相当するものに限る。）、特例施設介護サービス費に係る施設サービス（同法第8条第26項に規定する施設サービスをいう。）（療養に相当するものに限る。）、介護予防サービス費に係る指定介護予防サービス（同法第53条第1項に規定する指定介護予防サービスをいう。）（療養に相当するものに限る。）若しくは特例介護予防サービス費に係る介護予防サービス（同法第8条の2第1項に規定する介護予防サービスをいう。）若しくはこれに相当するサービス（これらのサービスのうち療養に相当するものに限る。）を受けていたときは、その者は、当該疾病又は負傷及びこれによつて発した疾病について当該市町村又は組合から療養の給付、入院時食事療養費の支給、入院時生活療養費の支給、保険外併用療養費の支給、訪問看護療養費の支給、特別療養費の支給又は移送費の支給を受けることができる。 2　前項の規定による療養の給付、入院時食事療養費の支給、入院時生活療養費の支給、保険外併用療養費の支給、訪問看護療養費の支給、特別療養費の支給又は移送費の支給は、次の各号のいずれかに該当するに至つたときは、行わない。 一・二　（略） 三　その者が、当該疾病又は負傷につき、他の市町村又は組合から療養の給付、入院時食事療養費の支給、入院時生活療養費の支給、保険外併用療養費の支給、訪問看護療養費の支給、特別療養費の支給又は移送費の支給を受けることができるに至つたとき。 四　（略） 3・4　（略）	に係る療養、入院時生活療養費に係る療養、保険外併用療養費に係る療養、訪問看護療養費に係る療養若しくは特別療養費に係る療養又は介護保険法（平成9年法律第123号）の規定による居宅介護サービス費に係る指定居宅サービス（同法第41条第1項に規定する指定居宅サービスをいう。）（療養に相当するものに限る。）、特例居宅介護サービス費に係る居宅サービス（同法第8条第1項に規定する居宅サービスをいう。）若しくはこれに相当するサービス（これらのサービスのうち療養に相当するものに限る。）、地域密着型介護サービス費に係る指定地域密着型サービス（同法第42条の2第1項に規定する指定地域密着型サービスをいう。）（療養に相当するものに限る。）、特例地域密着型介護サービス費に係る地域密着型サービス（同法第8条第14項に規定する地域密着型サービスをいう。）若しくはこれに相当するサービス（これらのサービスのうち療養に相当するものに限る。）、施設介護サービス費に係る指定施設サービス等（同法第48条第1項に規定する指定施設サービス等をいう。）（療養に相当するものに限る。）、特例施設介護サービス費に係る施設サービス（同法第8条第26項に規定する施設サービスをいう。）（療養に相当するものに限る。）、介護予防サービス費に係る指定介護予防サービス（同法第53条第1項に規定する指定介護予防サービスをいう。）（療養に相当するものに限る。）若しくは特例介護予防サービス費に係る介護予防サービス（同法第8条の2第1項に規定する介護予防サービスをいう。）若しくはこれに相当するサービス（これらのサービスのうち療養に相当するものに限る。）を受けていたときは、その者は、当該疾病又は負傷及びこれによつて発した疾病について当該保険者から療養の給付、入院時食事療養費の支給、入院時生活療養費の支給、保険外併用療養費の支給、訪問看護療養費の支給、特別療養費の支給又は移送費の支給を受けることができる。 2　前項の規定による療養の給付、入院時食事療養費の支給、入院時生活療養費の支給、保険外併用療養費の支給、訪問看護療養費の支給、特別療養費の支給又は移送費の支給は、次の各号のいずれかに該当するに至つたときは、行わない。 一・二　（略） 三　その者が、他の保険者の被保険者となつたとき。 四　（略） 3・4　（略）

改　正　案	現　　　行
（他の法令による医療に関する給付との調整） **第56条**　（略） 2　市町村及び組合は、前項に規定する法令による給付が医療に関する現物給付である場合において、その給付に関し一部負担金の支払若しくは実費徴収が行われ、かつ、その一部負担金若しくは実費徴収の額が、その給付がこの法律による療養の給付として行われたものとした場合におけるこの法律による一部負担金の額（第43条第1項の規定により第42条第1項の一部負担金の割合が減ぜられているときは、その減ぜられた割合による一部負担金の額）を超えるとき、又は前項に規定する法令（介護保険法を除く。）による給付が医療費の支給である場合において、その支給額が、当該療養につきこの法律による入院時食事療養費、入院時生活療養費、保険外併用療養費、療養費、訪問看護療養費、特別療養費又は移送費の支給をすべきものとした場合における入院時食事療養費、入院時生活療養費、保険外併用療養費、療養費、訪問看護療養費、特別療養費又は移送費の額に満たないときは、それぞれその差額を当該被保険者に支給しなければならない。 3　前項の場合において、被保険者が保険医療機関等について当該療養を受けたときは、市町村及び組合は、同項の規定により被保険者に支給すべき額の限度において、当該被保険者が保険医療機関等に支払うべき当該療養に要した費用を、当該被保険者に代わつて保険医療機関等に支払うことができる。ただし、当該市町村又は組合が第43条第1項の規定により一部負担金の割合を減じているときは、被保険者が同条第2項に規定する保険医療機関等について当該療養を受けた場合に限る。 4　（略）	（他の法令による医療に関する給付との調整） **第56条**　（略） 2　保険者は、前項に規定する法令による給付が医療に関する現物給付である場合において、その給付に関し一部負担金の支払若しくは実費徴収が行われ、かつ、その一部負担金若しくは実費徴収の額が、その給付がこの法律による療養の給付として行われたものとした場合におけるこの法律による一部負担金の額（第43条第1項の規定により第42条第1項の一部負担金の割合が減ぜられているときは、その減ぜられた割合による一部負担金の額）を超えるとき、又は前項に規定する法令（介護保険法を除く。）による給付が医療費の支給である場合において、その支給額が、当該療養につきこの法律による入院時食事療養費、入院時生活療養費、保険外併用療養費、療養費、訪問看護療養費、特別療養費又は移送費の支給をすべきものとした場合における入院時食事療養費、入院時生活療養費、保険外併用療養費、療養費、訪問看護療養費、特別療養費又は移送費の額に満たないときは、それぞれその差額を当該被保険者に支給しなければならない。 3　前項の場合において、被保険者が保険医療機関等について当該療養を受けたときは、保険者は、同項の規定により被保険者に支給すべき額の限度において、当該被保険者が保険医療機関等に支払うべき当該療養に要した費用を、当該被保険者に代わつて保険医療機関等に支払うことができる。ただし、当該保険者が第43条第1項の規定により一部負担金の割合を減じているときは、被保険者が同条第2項に規定する保険医療機関等について当該療養を受けた場合に限る。 4　（略）
（高額療養費） **第57条の2**　市町村及び組合は、療養の給付について支払われた一部負担金の額又は療養（食事療養及び生活療養を除く。次項において同じ。）に要した費用の額からその療養に要した費用につき保険外併用療養費、療養費、訪問看護療養費若しくは特別療養費として支給される額若しくは第56条第2項の規定により支給される差額に相当する額を控除した額（次条第1項において「一部負担金等の額」という。）が著しく高額であるときは、世帯主又は組合員に対し、高額療養費を支給する。ただし、当該療養について療養の給付、保険外併用療養費の支給、療養費の支給、訪問看護療養費の支給若しくは特別療養費の支給又は第56条第2項の規定による差額の支給を受けなかつたときは、この限りでない。 2　（略）	（高額療養費） **第57条の2**　保険者は、療養の給付について支払われた一部負担金の額又は療養（食事療養及び生活療養を除く。次項において同じ。）に要した費用の額からその療養に要した費用につき保険外併用療養費、療養費、訪問看護療養費若しくは特別療養費として支給される額若しくは第56条第2項の規定により支給される差額に相当する額を控除した額（次条第1項において「一部負担金等の額」という。）が著しく高額であるときは、世帯主又は組合員に対し、高額療養費を支給する。ただし、当該療養について療養の給付、保険外併用療養費の支給、療養費の支給、訪問看護療養費の支給若しくは特別療養費の支給又は第56条第2項の規定による差額の支給を受けなかつたときは、この限りでない。 2　（略）

改　正　案	現　　行
（高額介護合算療養費） **第57条の3**　市町村及び組合は、一部負担金等の額（前条第1項の高額療養費が支給される場合にあつては、当該支給額に相当する額を控除して得た額）並びに介護保険法第51条第1項に規定する介護サービス利用者負担額（同項の高額介護サービス費が支給される場合にあつては、当該支給額を控除して得た額）及び同法第61条第1項に規定する介護予防サービス利用者負担額（同項の高額介護予防サービス費が支給される場合にあつては、当該支給額を控除して得た額）の合計額が著しく高額であるときは、世帯主又は組合員に対し、高額介護合算療養費を支給する。ただし、当該一部負担金等の額に係る療養の給付、保険外併用療養費の支給、療養費の支給、訪問看護療養費の支給若しくは特別療養費の支給又は第56条第2項の規定による差額の支給を受けなかつたときは、この限りでない。 2　（略）	（高額介護合算療養費） **第57条の3**　保険者は、一部負担金等の額（前条第1項の高額療養費が支給される場合にあつては、当該支給額に相当する額を控除して得た額）並びに介護保険法第51条第1項に規定する介護サービス利用者負担額（同項の高額介護サービス費が支給される場合にあつては、当該支給額を控除して得た額）及び同法第61条第1項に規定する介護予防サービス利用者負担額（同項の高額介護予防サービス費が支給される場合にあつては、当該支給額を控除して得た額）の合計額が著しく高額であるときは、世帯主又は組合員に対し、高額介護合算療養費を支給する。ただし、当該一部負担金等の額に係る療養の給付、保険外併用療養費の支給、療養費の支給、訪問看護療養費の支給若しくは特別療養費の支給又は第56条第2項の規定による差額の支給を受けなかつたときは、この限りでない。 2　（略）
第58条　市町村及び組合は、被保険者の出産及び死亡に関しては、条例又は規約の定めるところにより、出産育児一時金の支給又は葬祭費の支給若しくは葬祭の給付を行うものとする。ただし、特別の理由があるときは、その全部又は一部を行わないことができる。 2　市町村及び組合は、前項の保険給付のほか、条例又は規約の定めるところにより、傷病手当金の支給その他の保険給付を行うことができる。 3　市町村及び組合は、第1項の保険給付及び前項の傷病手当金の支払に関する事務を国民健康保険団体連合会又は支払基金に委託することができる。	**第58条**　保険者は、被保険者の出産及び死亡に関しては、条例又は規約の定めるところにより、出産育児一時金の支給又は葬祭費の支給若しくは葬祭の給付を行うものとする。ただし、特別の理由があるときは、その全部又は一部を行わないことができる。 2　保険者は、前項の保険給付のほか、条例又は規約の定めるところにより、傷病手当金の支給その他の保険給付を行うことができる。 3　保険者は、第1項の保険給付及び前項の傷病手当金の支払に関する事務を国民健康保険団体連合会又は支払基金に委託することができる。
第62条　市町村及び組合は、被保険者又は被保険者であつた者が、正当な理由なしに療養に関する指示に従わないときは、療養の給付等の一部を行わないことができる。	**第62条**　保険者は、被保険者又は被保険者であつた者が、正当な理由なしに療養に関する指示に従わないときは、療養の給付等の一部を行わないことができる。
第63条　市町村及び組合は、被保険者若しくは被保険者であつた者又は保険給付を受ける者が、正当な理由なしに、第66条の規定による命令に従わず、又は答弁若しくは受診を拒んだときは、療養の給付等の全部又は一部を行わないことができる。	**第63条**　保険者は、被保険者若しくは被保険者であつた者又は保険給付を受ける者が、正当な理由なしに、第66条の規定による命令に従わず、又は答弁若しくは受診を拒んだときは、療養の給付等の全部又は一部を行わないことができる。
第63条の2　市町村及び組合は、保険給付（第43条第3項又は第56条第2項の規定による差額の支給を含む。以下同じ。）を受けることができる世帯主又は組合員が保険料を滞納しており、かつ、当該保険料の納期限から厚生労働省令で定める期間が経過するまでの間に当該保険料を納付しない場合においては、当該保険料の滞納につき災害その他の政	**第63条の2**　保険者は、保険給付（第43条第3項又は第56条第2項の規定による差額の支給を含む。以下同じ。）を受けることができる世帯主又は組合員が保険料を滞納しており、かつ、当該保険料の納期限から厚生労働省令で定める期間が経過するまでの間に当該保険料を納付しない場合においては、当該保険料の滞納につき災害その他の政令で定め

改正案	現行
令で定める特別の事情があると認められる場合を除き、厚生労働省令で定めるところにより、保険給付の全部又は一部の支払を一時差し止めるものとする。	る特別の事情があると認められる場合を除き、厚生労働省令で定めるところにより、保険給付の全部又は一部の支払を一時差し止めるものとする。
2　市町村及び組合は、前項に規定する厚生労働省令で定める期間が経過しない場合においても、保険給付を受けることができる世帯主又は組合員が保険料を滞納している場合においては、当該保険料の滞納につき災害その他の政令で定める特別の事情があると認められる場合を除き、厚生労働省令で定めるところにより、保険給付の全部又は一部の支払を一時差し止めることができる。	2　保険者は、前項に規定する厚生労働省令で定める期間が経過しない場合においても、保険給付を受けることができる世帯主又は組合員が保険料を滞納している場合においては、当該保険料の滞納につき災害その他の政令で定める特別の事情があると認められる場合を除き、厚生労働省令で定めるところにより、保険給付の全部又は一部の支払を一時差し止めることができる。
3　市町村及び組合は、第9条第6項（第22条において準用する場合を含む。）の規定により被保険者資格証明書の交付を受けている世帯主又は組合員であつて、前2項の規定による保険給付の全部又は一部の支払の一時差止がなされているものが、なお滞納している保険料を納付しない場合においては、厚生労働省令で定めるところにより、あらかじめ、当該世帯主又は組合員に通知して、当該一時差止に係る保険給付の額から当該世帯主又は組合員が滞納している保険料額を控除することができる。	3　保険者は、第9条第6項（第22条において準用する場合を含む。）の規定により被保険者資格証明書の交付を受けている世帯主又は組合員であつて、前2項の規定による保険給付の全部又は一部の支払の一時差止がなされているものが、なお滞納している保険料を納付しない場合においては、厚生労働省令で定めるところにより、あらかじめ、当該世帯主又は組合員に通知して、当該一時差止に係る保険給付の額から当該世帯主又は組合員が滞納している保険料額を控除することができる。
（損害賠償請求権）	**（損害賠償請求権）**
第64条　市町村及び組合は、給付事由が第三者の行為によつて生じた場合において、保険給付を行つたときは、その給付の価額（当該保険給付が療養の給付であるときは、当該療養の給付に要する費用の額から当該療養の給付に関し被保険者が負担しなければならない一部負担金に相当する額を控除した額とする。次条第1項において同じ。）の限度において、被保険者が第三者に対して有する損害賠償の請求権を取得する。	**第64条**　保険者は、給付事由が第三者の行為によつて生じた場合において、保険給付を行つたときは、その給付の価額（当該保険給付が療養の給付であるときは、当該療養の給付に要する費用の額から当該療養の給付に関し被保険者が負担しなければならない一部負担金に相当する額を控除した額とする。次条第1項において同じ。）の限度において、被保険者が第三者に対して有する損害賠償の請求権を取得する。
2　前項の場合において、保険給付を受けるべき者が第三者から同一の事由について損害賠償を受けたときは、市町村及び組合は、その価額の限度において、保険給付を行う責を免かれる。	2　前項の場合において、保険給付を受けるべき者が第三者から同一の事由について損害賠償を受けたときは、保険者は、その価額の限度において、保険給付を行う責を免かれる。
3　市町村及び組合は、第1項の規定により取得した請求権に係る損害賠償金の徴収又は収納の事務を第45条第5項に規定する国民健康保険団体連合会であつて厚生労働省令で定めるものに委託することができる。	3　保険者は、第1項の規定により取得した請求権に係る損害賠償金の徴収又は収納の事務を第45条第5項に規定する国民健康保険団体連合会であつて厚生労働省令の定めるものに委託することができる。
（不正利得の徴収等）	**（不正利得の徴収等）**
第65条　偽りその他不正の行為によつて保険給付を受けた者があるときは、市町村及び組合は、その者からその給付の価額の全部又は一部を徴収することができる。	**第65条**　偽りその他不正の行為によつて保険給付を受けた者があるときは、保険者は、その者からその給付の価額の全部又は一部を徴収することができる。
2　前項の場合において、保険医療機関において診療に従事する保険医又は健康保険法第88条第1項に規定する主治の医師が、市町村又は組合に提出さ	2　前項の場合において、保険医療機関において診療に従事する保険医又は健康保険法第88条第1項に規定する主治の医師が、保険者に提出されるべき

改正案	現行
れるべき診断書に虚偽の記載をしたため、その保険給付が行われたものであるときは、市町村又は組合は、当該保険医又は主治の医師に対し、保険給付を受けた者に連帯して前項の徴収金を納付すべきことを命ずることができる。	診断書に虚偽の記載をしたため、その保険給付が行われたものであるときは、保険者は、当該保険医又は主治の医師に対し、保険給付を受けた者に連帯して前項の徴収金を納付すべきことを命ずることができる。
3　市町村及び組合は、保険医療機関等又は指定訪問看護事業者が偽りその他不正の行為によつて療養の給付に関する費用の支払又は第52条第3項（第52条の2第3項及び第53条第3項において準用する場合を含む。）若しくは第54条の2第5項の規定による支払を受けたときは、当該保険医療機関等又は指定訪問看護事業者に対し、その支払つた額につき返還させるほか、その返還させる額に100分の40を乗じて得た額を支払わせることができる。	3　保険者は、保険医療機関等又は指定訪問看護事業者が偽りその他不正の行為によつて療養の給付に関する費用の支払又は第52条第3項（第52条の2第3項及び第53条第3項において準用する場合を含む。）若しくは第54条の2第5項の規定による支払を受けたときは、当該保険医療機関等又は指定訪問看護事業者に対し、その支払つた額につき返還させるほか、その返還させる額に100分の40を乗じて得た額を支払わせることができる。
4　都道府県は、市町村からの委託を受けて、市町村が前項の規定により保険医療機関等又は指定訪問看護事業者から返還させ、及び支払わせる額の徴収又は収納の事務のうち広域的な対応が必要なもの又は専門性の高いものを行うことができる。	（新設）
（強制診断等） **第66条**　市町村及び組合は、保険給付に関して必要があると認めるときは、当該被保険者若しくは被保険者であつた者又は保険給付を受ける者に対し、文書その他の物件の提出若しくは提示を命じ、又は当該職員に質問若しくは診断をさせることができる。	**（強制診断等）** **第66条**　保険者は、保険給付に関して必要があると認めるときは、当該被保険者若しくは被保険者であつた者又は保険給付を受ける者に対し、文書その他の物件の提出若しくは提示を命じ、又は当該職員に質問若しくは診断をさせることができる。
（市町村による保険給付に係る事務の範囲） **第66条の2**　市町村が第36条第1項、第43条第3項、第52条第1項、第52条の2第1項、第53条第1項、第54条第1項及び第2項、第54条の2第1項、第54条の3第1項、第3項及び第4項、第54条の4第1項、第55条第1項、第56条第2項、第57条の2第1項並びに第57条の3第1項の規定により行う保険給付については、当該市町村の区域内に住所を有する者に対し、行うものとする。 2　市町村は、当該市町村の区域内に住所を有する者について、第42条第2項、第43条第1項、第44条第1項、第45条第3項（第52条第6項、第52条の2第3項、第53条第3項及び第54条の3第2項において準用する場合を含む。）及び第58条第1項の規定による事務を行うものとする。	（新設）
（削除）	**第4章の2　広域化等支援方針** **（広域化等支援方針）** **第68条の2**　都道府県は、国民健康保険事業の運営の広域化又は国民健康保険の財政の安定化を推進するための当該都道府県内の市町村に対する支援の方針（以下「広域化等支援方針」という。）を定め

改　正　案	現　　　行
	ることができる。 2　広域化等支援方針においては、おおむね次に掲げる事項について定めるものとする。 一　国民健康保険事業の運営の広域化又は国民健康保険の財政の安定化の推進に関する基本的な事項 二　国民健康保険の現況及び将来の見通し 三　前号の現況及び将来の見通しを勘案して、国民健康保険事業の運営の広域化又は国民健康保険の財政の安定化の推進において都道府県が果たすべき役割 四　国民健康保険事業に係る事務の共同実施、医療に要する費用の適正化、保険料の納付状況の改善その他の国民健康保険事業の運営の広域化又は国民健康保険の財政の安定化を図るための具体的な施策 五　前号に掲げる施策の実施のために必要な関係市町村相互間の連絡調整 六　前各号に掲げるもののほか、国民健康保険事業の運営の広域化又は国民健康保険の財政の安定化を推進するため都道府県が必要と認める事項 3　都道府県は、当該都道府県内の市町村のうち、その医療に要する費用の額について厚生労働省令で定めるところにより被保険者の数及び年齢階層別の分布状況その他の事情を勘案してもなお著しく多額であると認められるものがある場合には、その定める広域化等支援方針において前項第四号に掲げる事項として医療に要する費用の適正化その他の必要な措置を定めるよう努めるものとする。 4　都道府県は、広域化等支援方針を定め、又はこれを変更しようとするときは、あらかじめ、市町村の意見を聴かなければならない。 5　都道府県は、広域化等支援方針を定め、又はこれを変更したときは、遅滞なく、これを公表するよう努めるものとする。 6　市町村は、国民健康保険事業の運営に当たつては、広域化等支援方針を尊重するよう努めるものとする。 7　都道府県は、広域化等支援方針の作成及び広域化等支援方針に定める施策の実施に関して必要があると認めるときは、国民健康保険団体連合会その他の関係者に対して必要な協力を求めることができる。 （広域化等支援基金） **第68条の3**　都道府県は、広域化等支援方針の作成、広域化等支援方針に定める施策の実施その他国民健康保険事業の運営の広域化又は国民健康保険の財政の安定化に資する事業に必要な費用に充てるため、地方自治法（昭和22年法律第67号）第241条

改　正　案	現　　　行
	の基金として、広域化等支援基金を設けることができる。
第70条　国は、都道府県等が行う国民健康保険の財政の安定化を図るため、政令で定めるところにより、都道府県に対し、当該都道府県内の市町村による療養の給付並びに入院時食事療養費、入院時生活療養費、保険外併用療養費、療養費、訪問看護療養費、特別療養費、移送費、高額療養費及び高額介護合算療養費の支給に要する費用（第73条第1項、第75条の2第1項、第76条第2項及び第104条において「療養の給付等に要する費用」という。）並びに当該都道府県による高齢者の医療の確保に関する法律の規定による前期高齢者納付金（以下「前期高齢者納付金」という。）及び同法の規定による後期高齢者支援金（以下「後期高齢者支援金」という。）並びに介護納付金の納付に要する費用について、次の各号に掲げる額の合算額の100分の32を負担する。	**第70条**　国は、政令の定めるところにより、市町村に対し、療養の給付並びに入院時食事療養費、入院時生活療養費、保険外併用療養費、療養費、訪問看護療養費、特別療養費、移送費、高額療養費及び高額介護合算療養費の支給に要する費用（第73条第1項及び第104条において「療養の給付等に要する費用」という。）並びに高齢者の医療の確保に関する法律の規定による前期高齢者納付金（以下「前期高齢者納付金」という。）及び同法の規定による後期高齢者支援金（以下「後期高齢者支援金」という。）並びに介護納付金の納付に要する費用について、次の各号に掲げる額の合算額の100分の32を負担する。
一・二　（略）	一・二　（略）
2　第43条第1項の規定により一部負担金の割合を減じている市町村又は都道府県若しくは市町村が被保険者の全部若しくは一部についてその一部負担金に相当する額の全部若しくは一部を負担することとしている市町村が属する都道府県に対する前項の規定の適用については、同項第一号に掲げる額は、当該一部負担金の割合の軽減又は一部負担金に相当する額の全部若しくは一部の負担の措置が講ぜられないものとして、政令で定めるところにより算定した同号に掲げる額に相当する額とする。	2　第43条第1項の規定により一部負担金の割合を減じている市町村及び都道府県又は市町村が被保険者の全部又は一部について、その一部負担金に相当する額の全部又は一部を負担することとしている市町村に対する前項の規定の適用については、同項第一号に掲げる額は、当該一部負担金の割合の軽減又は一部負担金に相当する額の全部若しくは一部の負担の措置が講ぜられないものとして、政令の定めるところにより算定した同号に掲げる額に相当する額とする。
3　国は、第1項に定めるもののほか、政令で定めるところにより、都道府県に対し、被保険者に係る全ての医療に関する給付に要する費用の額に対する高額な医療に関する給付に要する費用の割合等を勘案して、国民健康保険の財政に与える影響が著しい医療に関する給付として政令で定めるところにより算定する額以上の医療に関する給付に要する費用の合計額（第72条の2第2項において「高額医療費負担対象額」という。）の4分の1に相当する額を負担する。	（新設）
（国庫負担金の減額）	**（国庫負担金の減額）**
第71条　都道府県又は当該都道府県内の市町村が確保すべき収入を不当に確保しなかつた場合においては、国は、政令で定めるところにより、前条の規定により当該都道府県に対して負担すべき額を減額することができる。	**第71条**　市町村が確保すべき収入を不当に確保しなかつた場合においては、国は、政令の定めるところにより、前条の規定により当該市町村に対して負担すべき額を減額することができる。
2　（略）	2　（略）
（調整交付金等）	**（調整交付金等）**

改正案	現行
第72条　国は、都道府県等が行う国民健康保険について、都道府県及び当該都道府県内の市町村の財政の状況その他の事情に応じた財政の調整を行うため、政令で定めるところにより、都道府県に対して調整交付金を交付する。	第72条　国は、国民健康保険の財政を調整するため、政令の定めるところにより、市町村に対して調整交付金を交付する。
2　前項の規定による調整交付金の総額は、次の各号に掲げる額の合算額とする。 一　第70条第1項第一号に掲げる額（同条第2項の規定の適用がある場合にあつては、同項の規定を適用して算定した額）及び同条第1項第二号に掲げる額の合算額の見込額の総額（次条第1項において「算定対象額」という。）の100分の9に相当する額 二　（略）	2　前項の規定による調整交付金の総額は、次の各号に掲げる額の合算額とする。 一　第70条第1項第一号に掲げる額（同条第2項の規定の適用がある場合にあつては、同項の規定を適用して算定した額）及び同条第1項第二号に掲げる額の合算額の見込額の総額（次条において「算定対象額」という。）の100分の9に相当する額 二　（略）
3　国は、第1項に定めるもののほか、被保険者の健康の保持増進、医療の効率的な提供の推進その他医療に要する費用の適正化等に係る都道府県及び当該都道府県内の市町村の取組を支援するため、政令で定めるところにより、都道府県に対し、予算の範囲内において、交付金を交付する。	（新設）
（都道府県の特別会計への繰入れ） 第72条の2　都道府県は、都道府県等が行う国民健康保険の財政の安定化を図り、及び当該都道府県内の市町村の財政の状況その他の事情に応じた財政の調整を行うため、政令で定めるところにより、一般会計から、算定対象額の100分の9に相当する額を当該都道府県の国民健康保険に関する特別会計に繰り入れなければならない。	第72条の2　都道府県は、当該都道府県内の市町村が行う国民健康保険の財政を調整するため、政令の定めるところにより、条例で、市町村に対して都道府県調整交付金を交付する。
2　都道府県は、前項に定めるもののほか、政令で定めるところにより、一般会計から、高額医療費負担対象額の4分の1に相当する額を当該都道府県の国民健康保険に関する特別会計に繰り入れなければならない。	2　前項の規定による都道府県調整交付金の総額は、算定対象額の100分の9に相当する額とする。
	3　都道府県調整交付金の交付は、広域化等支援方針（都道府県が広域化等支援方針に定める施策を実施するため地方自治法第245条の4第1項の規定による勧告をした場合にあつては、広域化等支援方針及び当該勧告の内容）との整合性を確保するように努めるものとする。
（市町村の特別会計への繰入れ等） 第72条の3　市町村は、政令で定めるところにより、一般会計から、所得の少ない者について条例で定めるところにより行う保険料の減額賦課又は地方税法第703条の5に規定する国民健康保険税の減額に基づき被保険者に係る保険料又は同法の規定による国民健康保険税につき減額した額の総額を基礎とし、国民健康保険の財政の状況その他の事情を勘案して政令で定めるところにより算定した額を当該市町村の国民健康保険に関する特別会計に	（国民健康保険に関する特別会計への繰入れ等） 第72条の3　市町村は、政令の定めるところにより、一般会計から、所得の少ない者について条例の定めるところにより行う保険料の減額賦課又は地方税法第703条の5に規定する国民健康保険税の減額に基づき被保険者に係る保険料又は同法の規定による国民健康保険税につき減額した額の総額を基礎とし、国民健康保険の財政の状況その他の事情を勘案して政令の定めるところにより算定した額を国民健康保険に関する特別会計に繰り入れなけ

改　正　案	現　　　行
繰り入れなければならない。 2　（略）	ればならない。 2　（略）
第72条の4　市町村は、前条第1項の規定に基づき繰り入れる額のほか、政令で定めるところにより、一般会計から、所得の少ない者の数に応じて国民健康保険の財政の状況その他の事情を勘案して政令で定めるところにより算定した額を当該市町村の国民健康保険に関する特別会計に繰り入れなければならない。 2・3　（略）	**第72条の4**　市町村は、前条第1項の規定に基づき繰り入れる額のほか、政令の定めるところにより、一般会計から、所得の少ない者の数に応じて国民健康保険の財政の状況その他の事情を勘案して政令の定めるところにより算定した額を国民健康保険に関する特別会計に繰り入れなければならない。 2・3　（略）
（特定健康診査等に要する費用の負担） **第72条の5**　国は、政令で定めるところにより、都道府県に対し、当該都道府県内の市町村による高齢者の医療の確保に関する法律第20条の規定による特定健康診査及び同法第24条の規定による特定保健指導（第82条第1項及び第86条において「特定健康診査等」という。）に要する費用のうち政令で定めるもの（次項において「特定健康診査等費用額」という。）の3分の1に相当する額を負担する。 2　都道府県は、政令で定めるところにより、一般会計から、特定健康診査等費用額の3分の1に相当する額を当該都道府県の国民健康保険に関する特別会計に繰り入れなければならない。	**（特定健康診査等に要する費用の負担）** **第72条の5**　国及び都道府県は、政令の定めるところにより、市町村に対し、高齢者の医療の確保に関する法律第20条の規定による特定健康診査及び同法第24条の規定による特定保健指導（第82条第1項及び第86条において「特定健康診査等」という。）に要する費用のうち政令で定めるものの3分の1に相当する額をそれぞれ負担する。 （新設）
（国の補助） **第74条**　国は、第69条、第70条、第72条、第72条の4第2項、第72条の5第1項及び前条に規定するもののほか、予算の範囲内において、保健師に要する費用についてはその3分の1を、国民健康保険事業に要するその他の費用についてはその一部を補助することができる。	**（国の補助）** **第74条**　国は、第69条、第70条、第72条、第72条の4第2項、第72条の5及び前条に規定するもののほか、予算の範囲内において、保健師に要する費用についてはその3分の1を、国民健康保険事業に要するその他の費用についてはその一部を補助することができる。
（都道府県及び市町村の補助及び貸付） **第75条**　都道府県及び市町村は、第72条の3第2項及び第72条の4第3項に規定するもののほか、国民健康保険事業に要する費用（前期高齢者納付金等及び後期高齢者支援金等並びに介護納付金の納付に要する費用を含む。）に対し、補助金を交付し、又は貸付金を貸し付けることができる。	**（都道府県及び市町村の補助及び貸付）** **第75条**　都道府県及び市町村は、第72条の2、第72条の3第2項、第72条の4第3項及び第72条の5に規定するもののほか、国民健康保険事業に要する費用（前期高齢者納付金等及び後期高齢者支援金等並びに介護納付金の納付に要する費用を含む。）に対し、補助金を交付し、又は貸付金を貸し付けることができる。
（国民健康保険保険給付費等交付金） **第75条の2**　都道府県は、保険給付の実施その他の国民健康保険事業の円滑かつ確実な実施を図り、及び当該都道府県内の市町村の財政状況その他の事情に応じた財政の調整を行うため、政令で定めるところにより、条例で、当該都道府県内の市町村に対し、当該市町村の国民健康保険に関する特別会計において負担する療養の給付等に要する費用	（新設）

改正案	現行
その他の国民健康保険事業に要する費用について、国民健康保険保険給付費等交付金を交付する。 2　前項の規定による国民健康保険保険給付費等交付金の交付は、都道府県国民健康保険運営方針との整合性を確保して行うよう努めるものとする。	
第75条の3　都道府県は、広域的又は医療に関する専門的な見地から、当該都道府県内の市町村による保険給付の適正な実施を確保し、国民健康保険保険給付費等交付金を適正に交付するため、厚生労働省令で定めるところにより、当該都道府県内の市町村に対し、保険医療機関等が第45条第4項（第52条第6項、第52条の2第3項及び第53条第3項において準用する場合を含む。）の規定により行つた請求及び指定訪問看護事業者が第54条の2第9項の規定により行つた請求その他の当該市町村による保険給付の審査及び支払に係る情報（当該市町村が、その保険給付に関する事務を国民健康保険団体連合会又は支払基金に委託した場合（次条において「事務委託の場合」という。）にあつては、当該委託された事務に関し、国民健康保険団体連合会又は支払基金が保有する情報を含む。）の提供を求めることができる。	（新設）
第75条の4　都道府県は、当該都道府県内の市町村による保険給付がこの法律その他関係法令の規定に違反し、又は不当に行われたおそれがあると認めるときは、理由を付して、当該市町村（事務委託の場合にあつては、当該委託を受けた国民健康保険団体連合会又は支払基金を含む。）に対し、当該市町村による保険給付について再度の審査を求めることができる。 2　市町村又は国民健康保険団体連合会若しくは支払基金は、前項の規定による再度の審査の求め（以下「再審査の求め」という。）を受けたときは、当該再審査の求めに係る保険給付について再度の審査を行い、その結果を都道府県知事に報告しなければならない。	（新設）
第75条の5　都道府県は、再審査の求めをしたにもかかわらず、当該市町村が当該再審査の求めに係る保険給付の全部又は一部を取り消さない場合であつて、当該保険給付がこの法律その他関係法令の規定に違反し、又は不当に行われたものと認めるとき（当該再審査の求めに基づく審査が第87条第1項に規定する国民健康保険診療報酬審査委員会（第45条第6項の規定により国民健康保険団体連合会が診療報酬請求書の審査に係る事務を同項に規定する厚生労働大臣が指定する法人（以下「指定法人」という。）に委託した場合において、当該診療報酬請求書の審査を行う者を含む。）又は社会保	（新設）

改正案	現行
険診療報酬支払基金法第16条第1項に規定する審査委員会若しくは同法第21条第1項に規定する特別審査委員会において行われたときを除く。）は、当該市町村に対し、当該保険給付の全部又は一部を取り消すべきことを勧告することができる。 2　都道府県は、前項の規定による勧告を行うに当たつては、あらかじめ、当該市町村の意見を聴かなければならない。	
第75条の6　都道府県は、前条第1項の規定により保険給付の全部又は一部を取り消すべきことを勧告したにもかかわらず、当該市町村が当該勧告に従わなかつたときは、国民健康保険保険給付費等交付金の交付に当たり、政令で定めるところにより、国民健康保険保険給付費等交付金の額から当該保険給付（当該勧告に係る部分に限る。）に相当する額を減額することができる。	（新設）
（国民健康保険事業費納付金の徴収及び納付義務） 第75条の7　都道府県は、当該都道府県の国民健康保険に関する特別会計において負担する国民健康保険保険給付費等交付金の交付に要する費用その他の国民健康保険事業に要する費用（前期高齢者納付金等及び後期高齢者支援金等並びに介護納付金の納付に要する費用を含む。）に充てるため、政令で定めるところにより、条例で、年度（毎年4月1日から翌年3月31日までをいう。以下同じ。）ごとに、当該都道府県内の市町村から、国民健康保険事業費納付金を徴収するものとする。 2　市町村は、前項の国民健康保険事業費納付金を納付しなければならない。	（新設）
（保険料） 第76条　市町村は、当該市町村の国民健康保険に関する特別会計において負担する国民健康保険事業費納付金の納付に要する費用（当該市町村が属する都道府県の国民健康保険に関する特別会計において負担する前期高齢者納付金等及び後期高齢者支援金等並びに介護納付金の納付に要する費用を含む。以下同じ。）、財政安定化基金拠出金の納付に要する費用その他の国民健康保険事業に要する費用に充てるため、被保険者の属する世帯の世帯主（当該市町村の区域内に住所を有する世帯主に限る。）から保険料を徴収しなければならない。ただし、地方税法の規定により国民健康保険税を課するときは、この限りでない。	（保険料） 第76条　保険者は、国民健康保険事業に要する費用（前期高齢者納付金等及び後期高齢者支援金等並びに介護納付金の納付に要する費用を含み、健康保険法第179条に規定する組合にあつては、同法の規定による日雇拠出金の納付に要する費用を含む。）に充てるため、世帯主又は組合員から保険料を徴収しなければならない。ただし、地方税法の規定により国民健康保険税を課するときは、この限りでない。
2　組合は、療養の給付等に要する費用その他の国民健康保険事業に要する費用（前期高齢者納付金等及び後期高齢者支援金等並びに介護納付金の納付に要する費用を含み、健康保険法第179条に規定する組合にあつては、同法の規定による日雇拠出	（新設）

改　正　案	現　　行
金の納付に要する費用を含む。）に充てるため、組合員から保険料を徴収しなければならない。 3　前2項の規定による保険料のうち、介護納付金の納付に要する費用に充てるための保険料は、介護保険法第9条第二号に規定する被保険者である被保険者について賦課するものとする。	2　前項の規定による保険料のうち、介護納付金の納付に要する費用に充てるための保険料は、介護保険法第9条第二号に規定する被保険者である被保険者について賦課するものとする。
（賦課期日） **第76条の2**　市町村による前条第1項の保険料の賦課期日は、当該年度の初日とする。	（賦課期日） **第76条の2**　市町村による前条の保険料の賦課期日は、当該年度の初日とする。
（保険料の徴収の方法） **第76条の3**　市町村による第76条第1項の保険料の徴収については、特別徴収（市町村が老齢等年金給付を受ける被保険者である世帯主（政令で定めるものを除く。）から老齢等年金給付の支払をする者に保険料を徴収させ、かつ、その徴収すべき保険料を納入させることをいう。以下同じ。）の方法による場合を除くほか、普通徴収（市町村が世帯主に対し、地方自治法（昭和22年法律第67号）第231条の規定により納入の通知をすることによつて保険料を徴収することをいう。以下同じ。）の方法によらなければならない。 2　（略）	（保険料の徴収の方法） **第76条の3**　市町村による第76条の保険料の徴収については、特別徴収（市町村が老齢等年金給付を受ける被保険者である世帯主（政令で定めるものを除く。）から老齢等年金給付の支払をする者に保険料を徴収させ、かつ、その徴収すべき保険料を納入させることをいう。以下同じ。）の方法による場合を除くほか、普通徴収（市町村が世帯主に対し、地方自治法第231条の規定により納入の通知をすることによつて保険料を徴収することをいう。以下同じ。）の方法によらなければならない。 2　（略）
（保険料の減免等） **第77条**　市町村及び組合は、条例又は規約の定めるところにより、特別の理由がある者に対し、保険料を減免し、又はその徴収を猶予することができる。	（保険料の減免等） **第77条**　保険者は、条例又は規約の定めるところにより、特別の理由がある者に対し、保険料を減免し、又はその徴収を猶予することができる。
（条例又は規約への委任） **第81条**　第76条から前条までに規定するもののほか、賦課額、保険料率、納期、減額賦課その他保険料の賦課及び徴収等に関する事項は、政令で定める基準に従つて条例又は規約で定める。	（条例又は規約への委任） **第81条**　この章に規定するもののほか、賦課額、料率、納期、減額賦課その他保険料の賦課及び徴収等に関する事項は、政令で定める基準に従つて条例又は規約で定める。
（財政安定化基金） **第81条の2**　都道府県は、国民健康保険の財政の安定化を図るため財政安定化基金を設け、次に掲げる事業に必要な費用に充てるものとする。 一　当該都道府県内の収納不足市町村に対し、政令で定めるところにより、基金事業対象保険料収納額が基金事業対象保険料必要額に不足する額を基礎として、当該都道府県内の市町村における保険料の収納状況等を勘案して政令で定めるところにより算定した額の範囲内の額の資金を貸し付ける事業 二　基金事業対象保険料収納額が基金事業対象保険料必要額に不足することにつき特別の事情があると認められる当該都道府県内の収納不足市	（新設）

改正案	現行
町村に対し、政令で定めるところにより、基金事業対象保険料収納額が基金事業対象保険料必要額に不足する額を基礎として、当該都道府県内の市町村における保険料の収納状況等を勘案して政令で定めるところにより算定した額の2分の1以内の額の資金を交付する事業 2　都道府県は、基金事業対象収入額が基金事業対象費用額に不足する場合に、政令で定めるところにより、当該不足額を基礎として、当該都道府県内の市町村による保険給付の状況等を勘案して政令で定めるところにより算定した額の範囲内で財政安定化基金を取り崩し、当該不足額に相当する額を当該都道府県の国民健康保険に関する特別会計に繰り入れるものとする。 3　都道府県は、前項の規定により財政安定化基金を取り崩したときは、政令で定めるところにより、その取り崩した額に相当する額を財政安定化基金に繰り入れなければならない。 4　都道府県は、財政安定化基金に充てるため、政令で定めるところにより、当該都道府県内の市町村から財政安定化基金拠出金を徴収するものとする。 5　市町村は、前項の規定による財政安定化基金拠出金を納付しなければならない。 6　都道府県は、政令で定めるところにより、第4項の規定により当該都道府県内の市町村から徴収した財政安定化基金拠出金の総額の3倍に相当する額を財政安定化基金に繰り入れなければならない。 7　国は、政令で定めるところにより、前項の規定により都道府県が繰り入れた額の3分の1に相当する額を負担する。 8　財政安定化基金から生ずる収入は、全て財政安定化基金に充てなければならない。 9　この条における用語のうち次の各号に掲げるものの意義は、当該各号に定めるところによる。 一　収納不足市町村　基金事業対象保険料収納額が基金事業対象保険料必要額に不足する市町村 二　基金事業対象保険料収納額　市町村が当該年度中に収納した保険料の額のうち、国民健康保険事業費納付金の納付に要した費用の額、財政安定化基金拠出金の納付に要した費用の額、第1項第一号に掲げる事業による都道府県からの借入金（次号において「財政安定化基金事業借入金」という。）の償還に要した費用の額その他政令で定める費用の額に充てたものとして政令で定めるところにより算定した額 三　基金事業対象保険料必要額　市町村が当該年度中に収納することが必要な保険料の額のうち、国民健康保険事業費納付金の納付に要する費用の額、財政安定化基金拠出金の納付に要する費用の額、財政安定化基金事業借入金の償還に要	

改　正　案	現　　　行
する費用の額その他政令で定める費用の額に充てるものとして政令で定めるところにより算定した額 四　基金事業対象収入額　都道府県の国民健康保険に関する特別会計において当該年度中に収入した金額（第2項の規定により繰り入れた額を除く。）の合計額のうち、当該都道府県内の市町村による療養の給付に要した費用の額から当該給付に係る一部負担金に相当する額を控除した額並びに当該都道府県内の市町村による入院時食事療養費、入院時生活療養費、保険外併用療養費、療養費、訪問看護療養費、特別療養費、移送費、高額療養費及び高額介護合算療養費の支給に要した費用の額の合計額（次号において「療養の給付等に要した費用の額」という。）、特別高額医療費共同事業拠出金、前期高齢者納付金等及び後期高齢者支援金等並びに介護納付金の納付に要した費用の額、第3項の規定による繰入金及び第6項の規定による繰入金（次号において「財政安定化基金繰入金」という。）の繰入れに要した費用の額その他政令で定める費用の額に充てるものとして政令で定めるところにより算定した額 五　基金事業対象費用額　都道府県の国民健康保険に関する特別会計において当該年度中に負担した国民健康保険保険給付費等交付金の交付に要した費用の額（療養の給付等に要した費用の額に係るものに限る。）、特別高額医療費共同事業拠出金、前期高齢者納付金等及び後期高齢者支援金等並びに介護納付金の納付に要した費用の額、第3項の規定による繰入金及び財政安定化基金繰入金の繰入れに要した費用の額その他政令で定める費用の額の合計額として政令で定めるところにより算定した額	
（特別高額医療費共同事業） 第81条の3　指定法人は、政令で定めるところにより、著しく高額な医療に関する給付に要する費用が国民健康保険の財政に与える影響を緩和するため、都道府県に対して著しく高額な医療に関する給付に要する費用に係る交付金を交付する事業（以下この条において「特別高額医療費共同事業」という。）を行うものとする。 2　指定法人は、特別高額医療費共同事業に要する費用に充てるため、政令で定めるところにより、都道府県から特別高額医療費共同事業拠出金を徴収するものとする。 3　都道府県は、前項の規定による特別高額医療費共同事業拠出金を納付しなければならない。 4　国は、政令で定めるところにより、都道府県に対し、第2項の規定による特別高額医療費共同事業	（新設）

改正案	現行
拠出金（特別高額医療費共同事業に関する事務の処理に要する費用に係るものを除く。）の納付に要する費用について、予算の範囲内で、その一部を負担する。	
（削除）	**第5章の2　交付金事業** **第81条の2**　国民健康保険団体連合会は、政令の定めるところにより、国民健康保険の財政の安定化を図るため、その会員である市町村に対して次に掲げる交付金を交付する事業を行うものとする。 一　政令で定める額以下の医療に要する費用を市町村（国民健康保険団体連合会の会員である市町村をいう。以下この条において同じ。）が共同で負担することに伴う交付金 二　前号の政令で定める額を超える高額な医療に要する費用を国、都道府県及び市町村が共同で負担することに伴う交付金 2　国民健康保険団体連合会は、前項の事業に要する費用に充てるため、同項各号に掲げる交付金を交付する事業ごとに、政令で定める方法（同項第一号に掲げる交付金を交付する事業について、次項の規定により都道府県が特別の方法を定めた場合には、その方法）により、市町村から拠出金を徴収する。 3　都道府県は、必要があると認めるときは、第1項第一号に掲げる交付金を交付する事業について、政令で定める基準に従い、広域化等支援方針において、第68条の2第2項第四号に掲げる国民健康保険の財政の安定化を図るための具体的な施策として、前項の政令で定める方法に代えて、特別の方法を定めることができる。 4　市町村は、第2項の規定による拠出金を納付する義務を負う。 5　国及び都道府県は、政令の定めるところにより、第1項第二号に掲げる交付金を交付する事業に係る第2項の規定による拠出金（当該事業に関する事務の処理に要する費用に係るものを除く。）の4分の1に相当する額をそれぞれ負担する。 6　第45条第6項に規定する厚生労働大臣が指定する法人（以下「指定法人」という。）は、国民健康保険団体連合会からの拠出金その他の当該事業に必要な経費に充てるために支出された金銭を財源として、国民健康保険団体連合会に対して第1項第二号に掲げる交付金を交付する事業のうち著しく高額な医療に関する給付に係るものについて交付金を交付する事業を行うことができる。
第82条　市町村及び組合は、特定健康診査等を行うものとするほか、これらの事業以外の事業であつて、健康教育、健康相談及び健康診査並びに健康	**第82条**　保険者は、特定健康診査等を行うものとするほか、これらの事業以外の事業であつて、健康教育、健康相談及び健康診査並びに健康管理及び

改　正　案	現　　行
管理及び疾病の予防に係る被保険者の自助努力についての支援その他の被保険者の健康の保持増進のために必要な事業を行うように努めなければならない。	疾病の予防に係る被保険者の自助努力についての支援その他の被保険者の健康の保持増進のために必要な事業を行うように努めなければならない。
2　市町村及び組合は、前項の事業を行うに当たつては、高齢者の医療の確保に関する法律第16条第2項の情報を活用し、適切かつ有効に行うものとする。	2　保険者は、前項の事業を行うに当たつては、高齢者の医療の確保に関する法律第16条第2項の情報を活用し、適切かつ有効に行うものとする。
3　市町村及び組合は、被保険者の療養のために必要な用具の貸付けその他の被保険者の療養環境の向上のために必要な事業、保険給付のために必要な事業、被保険者の療養又は出産のための費用に係る資金の貸付けその他の必要な事業を行うことができる。	3　保険者は、被保険者の療養のために必要な用具の貸付けその他の被保険者の療養環境の向上のために必要な事業、保険給付のために必要な事業、被保険者の療養又は出産のための費用に係る資金の貸付けその他の必要な事業を行うことができる。
4　（略）	4　（略）
5　厚生労働大臣は、第1項の規定により市町村及び組合が行う被保険者の健康の保持増進のために必要な事業に関して、その適切かつ有効な実施を図るため、指針の公表、情報の提供その他の必要な支援を行うものとする。	5　厚生労働大臣は、第1項の規定により保険者が行う被保険者の健康の保持増進のために必要な事業に関して、その適切かつ有効な実施を図るため、指針の公表、情報の提供その他の必要な支援を行うものとする。
6　（略）	6　（略）
第6章の2　国民健康保険運営方針等 **（都道府県国民健康保険運営方針）** **第82条の2**　都道府県は、都道府県等が行う国民健康保険の安定的な財政運営並びに当該都道府県内の市町村の国民健康保険事業の広域的及び効率的な運営の推進を図るため、都道府県及び当該都道府県内の市町村の国民健康保険事業の運営に関する方針（以下「都道府県国民健康保険運営方針」という。）を定めるものとする。 2　都道府県国民健康保険運営方針においては、次に掲げる事項を定めるものとする。 一　国民健康保険の医療に要する費用及び財政の見通し 二　当該都道府県内の市町村における保険料の標準的な算定方法に関する事項 三　当該都道府県内の市町村における保険料の徴収の適正な実施に関する事項 四　当該都道府県内の市町村における保険給付の適正な実施に関する事項 3　都道府県国民健康保険運営方針においては、前項に規定する事項のほか、おおむね次に掲げる事項を定めるものとする。 一　医療に要する費用の適正化の取組に関する事項 二　当該都道府県内の市町村の国民健康保険事業の広域的及び効率的な運営の推進に関する事項 三　保健医療サービス及び福祉サービスに関する施策その他の関連施策との連携に関する事項	（新設）

改正案	現行
四　前項各号（第一号を除く。）及び前三号に掲げる事項の実施のために必要な関係市町村相互間の連絡調整その他都道府県が必要と認める事項 4　都道府県は、当該都道府県内の市町村のうち、当該市町村における医療に要する費用の額が厚生労働省令で定めるところにより被保険者の数及び年齢階層別の分布状況その他の事情を勘案してもなお著しく多額であると認められるものがある場合には、その定める都道府県国民健康保険運営方針において、前項第一号に掲げる事項として医療に要する費用の適正化その他の必要な措置を定めるよう努めるものとする。 5　都道府県国民健康保険運営方針は、高齢者の医療の確保に関する法律第9条第1項に規定する都道府県医療費適正化計画との整合性の確保が図られたものでなければならない。 6　都道府県は、都道府県国民健康保険運営方針を定め、又はこれを変更しようとするときは、あらかじめ、当該都道府県内の市町村の意見を聴かなければならない。 7　都道府県は、都道府県国民健康保険運営方針を定め、又はこれを変更したときは、遅滞なく、これを公表するよう努めるものとする。 8　市町村は、都道府県国民健康保険運営方針を踏まえた国民健康保険の事務の実施に努めるものとする。 9　都道府県は、都道府県国民健康保険運営方針の作成及び都道府県国民健康保険運営方針に定める施策の実施に関して必要があると認めるときは、国民健康保険団体連合会その他の関係者に対して必要な協力を求めることができる。 **（標準保険料率）** **第82条の3**　都道府県は、毎年度、厚生労働省令で定めるところにより、当該都道府県内の市町村ごとの保険料率の標準的な水準を表す数値（第3項において「市町村標準保険料率」という。）を算定するものとする。 2　都道府県は、毎年度、厚生労働省令で定めるところにより、当該都道府県内の全ての市町村の保険料率の標準的な水準を表す数値（次項において「都道府県標準保険料率」という。）を算定するものとする。 3　都道府県は、市町村標準保険料率及び都道府県標準保険料率（以下この条において「標準保険料率」という。）を算定したときは、厚生労働省令で定めるところにより、標準保険料率を当該都道府県内の市町村に通知するものとする。 4　前項に規定する場合において、都道府県は、厚生労働省令で定めるところにより、遅滞なく、標準保険料率を公表するよう努めるものとする。	

改正案	現行
（設立、人格及び名称） **第83条**　都道府県若しくは市町村又は組合は、共同してその目的を達成するため、国民健康保険団体連合会（以下「連合会」という。）を設立することができる。 2～4　（略）	（設立、人格及び名称） **第83条**　保険者は、共同してその目的を達成するため、国民健康保険団体連合会（以下「連合会」という。）を設立することができる。 2～4　（略）
（設立の認可等） **第84条**　（略） 2　（略） 3　都道府県の区域を区域とする連合会に、その区域内の都道府県及び市町村並びに組合の3分の2以上が加入したときは、当該区域内のその他の都道府県及び市町村並びに組合は、全て当該連合会の会員となる。	（設立の認可等） **第84条**　（略） 2　（略） 3　都道府県の区域を区域とする連合会に、その区域内の3分の2以上の保険者が加入したときは、当該区域内のその他の保険者は、すべて当該連合会の会員となる。
（準用規定） **第86条**　第16条、第23条から第25条まで、第26条第1項、第27条から第35条まで及び第82条（特定健康診査等に係るものを除く。）の規定は、連合会について準用する。この場合において、これらの規定中「組合員」とあるのは「会員たる都道府県若しくは市町村又は組合を代表する者」と、「組合会」とあるのは「総会又は代議員会」と、「組合会議員」とあるのは「総会又は代議員会の議員」と読み替えるものとする。	（準用規定） **第86条**　第16条、第23条から第25条まで、第26条第1項、第27条から第35条まで及び第82条（特定健康診査等に係るものを除く。）の規定は、連合会について準用する。この場合において、これらの規定中「組合員」とあるのは「会員たる保険者を代表する者」と、「組合会」とあるのは「総会又は代議員会」と、「組合会議員」とあるのは「総会又は代議員会の議員」と読み替えるものとする。
（審査委員会） **第87条**　第45条第5項の規定による委託を受けて診療報酬請求書の審査を行うため、都道府県の区域を区域とする連合会（その区域内の都道府県若しくは市町村又は組合の3分の2以上が加入しないものを除く。）に、国民健康保険診療報酬審査委員会（以下「審査委員会」という。）を置く。 2　（略）	（審査委員会） **第87条**　第45条第5項の規定による委託を受けて診療報酬請求書の審査を行うため、都道府県の区域を区域とする連合会（加入している保険者の数がその区域内の保険者の総数の3分の2に達しないものを除く。）に、国民健康保険診療報酬審査委員会（以下「審査委員会」という。）を置く。 2　（略）
（審査委員会の組織） **第88条**　審査委員会は、都道府県知事が定めるそれぞれ同数の保険医及び保険薬剤師を代表する委員、都道府県及び当該都道府県内の市町村並びに組合（以下「保険者」という。）を代表する委員並びに公益を代表する委員をもつて組織する。 2・3　（略）	（審査委員会の組織） **第88条**　審査委員会は、都道府県知事が定めるそれぞれ同数の保険医及び保険薬剤師を代表する委員、保険者を代表する委員並びに公益を代表する委員をもつて組織する。 2・3　（略）
（管轄審査会） **第98条**　審査請求は、当該処分をした市町村又は組合（第80条第3項の規定による処分については、当該処分をした市町村とする。）の所在地の都道府県の審査会に対してしなければならない。 2・3　（略）	（管轄審査会） **第98条**　審査請求は、当該処分をした保険者（第80条第3項の規定による処分については、当該処分をした市町村とする。）の所在地の都道府県の審査会に対してしなければならない。 2・3　（略）

改　正　案	現　　　行
（市町村又は組合に対する通知） 第100条　審査会は、審査請求がされたときは、行政不服審査法（平成26年法律第68号）第24条の規定により当該審査請求を却下する場合を除き、原処分をした市町村、組合その他の利害関係人に通知しなければならない。	（保険者に対する通知） 第100条　審査会は、審査請求がされたときは、行政不服審査法（平成26年法律第68号）第24条の規定により当該審査請求を却下する場合を除き、原処分をした保険者及びその他の利害関係人に通知しなければならない。
（報告の徴収等） 第106条　次の各号に掲げる者は、当該各号に定める者について、必要があると認めるときは、その事業及び財産の状況に関する報告を徴し、又は当該職員に実地にその状況を検査させることができる。	（報告の徴収等） 第106条　厚生労働大臣又は都道府県知事は、保険者又は連合会について、必要があると認めるときは、その事業及び財産の状況に関する報告を徴し、又は当該職員に実地にその状況を検査させることができる。
一　厚生労働大臣　都道府県若しくは市町村若しくは組合又は連合会	（新設）
二　都道府県知事　当該都道府県知事が統括する都道府県の区域内の市町村若しくは組合又は連合会	（新設）
2・3　（略）	2・3　（略）
（事業状況の報告） 第107条　次の各号に掲げる者は、厚生労働省令で定めるところにより、事業状況を、それぞれ当該各号に定める者に報告しなければならない。	（事業状況の報告） 第107条　保険者及び連合会は、厚生労働省令の定めるところにより、事業状況を都道府県知事に報告しなければならない。
一　都道府県　厚生労働大臣	（新設）
二　市町村若しくは組合又は連合会　当該市町村若しくは組合又は連合会をその区域内に含む都道府県を統括する都道府県知事	（新設）
（組合等に対する監督） 第108条　厚生労働大臣又は都道府県知事は、第106条第1項の規定により報告を徴し、又は検査した場合において、組合若しくは連合会の事業若しくは財産の管理若しくは執行が法令、規約若しくは厚生労働大臣若しくは都道府県知事の処分に違反していると認めるとき、確保すべき収入を不当に確保せず、不当に経費を支出し、若しくは不当に財産を処分する等著しく事業の適正な執行を欠くと認めるとき、又は組合若しくは連合会の役員がその事業若しくは財産の管理若しくは執行を明らかに怠つていると認めるときは、期間を定めて、当該組合若しくは連合会又はその役員に対し、その事業若しくは財産の管理若しくは執行について違反の是正又は改善のため必要な措置をとるべき旨を命ずることができる。	（組合等に対する監督） 第108条　厚生労働大臣又は都道府県知事は、第106条の規定により報告を徴し、又は検査した場合において、組合若しくは連合会の事業若しくは財産の管理若しくは執行が法令、規約若しくは厚生労働大臣若しくは都道府県知事の処分に違反していると認めるとき、確保すべき収入を不当に確保せず、不当に経費を支出し、若しくは不当に財産を処分する等著しく事業の適正な執行を欠くと認めるとき、又は組合若しくは連合会の役員がその事業若しくは財産の管理若しくは執行を明らかに怠つていると認めるときは、期間を定めて、組合若しくは連合会又はその役員に対し、その事業若しくは財産の管理若しくは執行について違反の是正又は改善のため必要な措置をとるべき旨を命ずることができる。
2・3　（略）	2・3　（略）
4　組合又は連合会が第1項の規定による命令に違反したときは、厚生労働大臣又は都道府県知事は、当該組合又は連合会の解散を命ずることができる。	4　組合又は連合会が第1項の規定による命令に違反したとき、又はその事業若しくは財産の状況によりその事業の継続が困難であると認めるときは、厚生労働大臣又は都道府県知事は、当該組合又は

改正案	現行
	連合会の解散を命ずることができる。
5　組合又は連合会の事業若しくは財産の状況によりその事業の継続が困難であると認めるときは、厚生労働大臣又は都道府県知事は、当該組合又は連合会（都道府県知事にあつては、当該都道府県知事が統括する都道府県の区域内の当該組合又は連合会に限る。）の解散を命ずることができる。	（新設）
（戸籍に関する無料証明） **第112条**　市町村長（地方自治法第252条の19第1項の指定都市にあつては、区長又は総合区長とする。）は、当該市町村の条例で定めるところにより、市町村若しくは組合又は保険給付を受ける者に対し、被保険者又は被保険者であつた者の戸籍に関し、無料で証明を行うことができる。	（戸籍に関する無料証明） **第112条**　市町村長（特別区の区長を含むものとし、地方自治法第252条の19第1項の指定都市にあつては、区長又は総合区長とする。）は、保険者又は保険給付を受ける者に対し、当該市町村の条例の定めるところにより、被保険者又は被保険者であつた者の戸籍に関し、無料で証明を行うことができる。
（文書の提出等） **第113条**　市町村及び組合は、被保険者の資格、保険給付及び保険料に関して必要があると認めるときは、被保険者の属する世帯の世帯主若しくは組合員又はこれらであつた者に対し、文書その他の物件の提出若しくは提示を命じ、又は当該職員に質問させることができる。	（文書の提出等） **第113条**　保険者は、被保険者の資格、保険給付及び保険料に関して必要があると認めるときは、世帯主若しくは組合員又はこれらであつた者に対し、文書その他の物件の提出若しくは提示を命じ、又は当該職員に質問させることができる。
（連合会又は支払基金への事務の委託） **第113条の3**　保険者は、第45条第5項（第52条第6項、第52条の2第3項、第53条第3項及び第54条の2第12項において準用する場合を含む。）に規定する事務のほか、次に掲げる事務を第45条第5項に規定する連合会又は支払基金に委託することができる。 一　第4章の規定による保険給付の実施、第76条第1項又は第2項の規定による保険料の徴収、第82条第1項の規定による保健事業の実施その他の厚生労働省令で定める事務に係る情報の収集又は整理に関する事務 二　第4章の規定による保険給付の実施、第76条第1項又は第2項の規定による保険料の徴収その他の厚生労働省令で定める事務に係る情報の利用又は提供に関する事務 2　（略）	（連合会又は支払基金への事務の委託） **第113条の3**　保険者は、第45条第5項（第52条第6項、第52条の2第3項、第53条第3項及び第54条の2第12項において準用する場合を含む。）に規定する事務のほか、次に掲げる事務を第45条第5項に規定する連合会又は支払基金に委託することができる。 一　第4章の規定による保険給付の実施、第76条第1項の規定による保険料の徴収、第82条第1項の規定による保健事業の実施その他の厚生労働省令で定める事務に係る情報の収集又は整理に関する事務 二　第4章の規定による保険給付の実施、第76条第1項の規定による保険料の徴収その他の厚生労働省令で定める事務に係る情報の利用又は提供に関する事務 2　（略）
（修学中の被保険者の特例） **第116条**　修学のため1の市町村の区域内に住所を有する被保険者であつて、修学していないとすれば他の市町村の区域内に住所を有する他人と同一の世帯に属するものと認められるものは、この法律の適用については、当該他の市町村の区域内に住所を有するものとみなし、かつ、当該世帯に属するものとみなす。	（修学中の被保険者の特例） **第116条**　修学のため1の市町村の区域内に住所を有する被保険者であつて、修学していないとすれば他の市町村の区域内に住所を有する他人と同一の世帯に属するものと認められるものは、第5条の規定にかかわらず、当該他の市町村の行なう国民健康保険の被保険者とし、かつ、この法律の適用については、当該世帯に属するものとみなす。

改正案	現行
（病院等に入院、入所又は入居中の被保険者の特例） 第116条の2　次の各号に掲げる入院、入所又は入居（以下この条において「入院等」という。）をしたことにより、当該各号に規定する病院、診療所又は施設（以下この条において「病院等」という。）の所在する場所に住所を変更したと認められる被保険者であつて、当該病院等に入院等をした際他の市町村（当該病院等が所在する市町村以外の市町村をいう。）の区域内に住所を有していたと認められるものは、この法律の適用については、当該他の市町村の区域内に住所を有するものとみなす。ただし、2以上の病院等に継続して入院等をしている被保険者であつて、現に入院等をしている病院等（以下この条において「現入院病院等」という。）に入院等をする直前に入院等をしていた病院等（以下この項において「直前入院病院等」という。）及び現入院病院等のそれぞれに入院等をしたことにより直前入院病院等及び現入院病院等のそれぞれの所在する場所に順次住所を変更したと認められるもの（次項において「特定継続入院等被保険者」という。）については、この限りでない。 一～六　（略） 2　特定継続入院等被保険者のうち、次の各号に掲げるものは、この法律の適用については、当該各号に定める市町村の区域内に住所を有するものとみなす。 一・二　（略） 3　前2項の規定の適用を受ける被保険者が入院等をしている病院等は、当該病院等の所在する市町村及び前2項の規定によりその区域内に当該被保険者が住所を有するものとみなされた市町村に、必要な協力をしなければならない。	（病院等に入院、入所又は入居中の被保険者の特例） 第116条の2　次の各号に掲げる入院、入所又は入居（以下この条において「入院等」という。）をしたことにより、当該各号に規定する病院、診療所又は施設（以下この条において「病院等」という。）の所在する場所に住所を変更したと認められる被保険者であつて、当該病院等に入院等をした際他の市町村（当該病院等が所在する市町村以外の市町村をいう。）の区域内に住所を有していたと認められるものは、第5条の規定にかかわらず、当該他の市町村が行う国民健康保険の被保険者とする。ただし、2以上の病院等に継続して入院等をしている被保険者であつて、現に入院等をしている病院等（以下この条において「現入院病院等」という。）に入院等をする直前に入院等をしていた病院等（以下この項において「直前入院病院等」という。）及び現入院病院等のそれぞれに入院等をしたことにより直前入院病院等及び現入院病院等のそれぞれの所在する場所に順次住所を変更したと認められるもの（次項において「特定継続入院等被保険者」という。）については、この限りでない。 一～六　（略） 2　特定継続入院等被保険者のうち、次の各号に掲げるものは、第5条の規定にかかわらず、当該各号に定める市町村が行う国民健康保険の被保険者とする。 一・二　（略） 3　前2項の規定の適用を受ける被保険者が入院等をしている病院等は、当該病院等の所在する市町村及び当該被保険者に対し国民健康保険を行う市町村に、必要な協力をしなければならない。
（事務の区分） 第119条の2　第17条第1項及び第3項（第27条第3項において準用する場合を含む。）、第24条の4、第24条の5、第25条第1項、第27条第2項及び第4項、第32条第2項、第32条の2第2項、第32条の7第1項及び第2項（同条第3項において準用する場合を含む。）、第32条の12、第41条第1項（第52条第6項、第52条の2第3項、第53条第3項及び第54条の3第2項において準用する場合を含む。）及び第2項（第45条の2第4項、第52条第6項、第52条の2第3項、第53条第3項及び第54条の3第2項において準用する場合を含む。）、第45条第3項並びに第45条の2第1項及び第5項（これらの規定を第52条第6項、第52条の2第3項、第53条第3項及び第54条の3第2項において準用する場合を含む。）、第54条の2の2並びに第54条の2の3第1項及び第3項（これらの規定を第54条の3第2項において準用する場合を含む。）、第80条第1項、第	（事務の区分） 第119条の2　第17条第1項及び第3項（第27条第3項において準用する場合を含む。）、第24条の4、第24条の5、第25条第1項、第27条第2項及び第4項、第32条第2項、第32条の2第2項、第32条の7第1項及び第2項（同条第3項において準用する場合を含む。）、第32条の12、第41条第1項（第52条第6項、第52条の2第3項、第53条第3項及び第54条の3第2項において準用する場合を含む。）及び第2項（第45条の2第4項、第52条第6項、第52条の2第3項、第53条第3項及び第54条の3第2項において準用する場合を含む。）、第45条第3項並びに第45条の2第1項及び第5項（これらの規定を第52条第6項、第52条の2第3項、第53条第3項及び第54条の3第2項において準用する場合を含む。）、第54条の2の2並びに第54条の2の3第1項及び第3項（これらの規定を第54条の3第2項において準用する場合を含む。）、第80条第1項、第

改正案	現行
88条並びに第89条第1項の規定により都道府県が処理することとされている事務、第106条第1項（第二号に係る部分に限る。）、第107条（第二号に係る部分に限る。）及び第108条の規定により都道府県が処理することとされている事務のうち組合に係るもの並びに第114条、附則第16条において準用する高齢者の医療の確保に関する法律第44条第4項及び第134条第2項並びに附則第19条において準用する同法第152条第1項及び第3項の規定により都道府県が処理することとされている事務は、地方自治法第2条第9項第一号に規定する第一号法定受託事務とする。	88条並びに第89条第1項の規定により都道府県が処理することとされている事務、第106条第1項、第107条及び第108条の規定により都道府県が処理することとされている事務のうち組合に係るもの並びに第114条、附則第16条において準用する高齢者の医療の確保に関する法律第44条第4項及び第134条第2項並びに附則第19条において準用する同法第152条第1項及び第3項の規定により都道府県が処理することとされている事務は、地方自治法第2条第9項第一号に規定する第一号法定受託事務とする。
第122条　正当な理由なしに、第101条第1項の規定による処分に違反して、出頭せず、陳述をせず、報告をせず、若しくは虚偽の陳述若しくは報告をし、又は診断若しくは検案をしなかつた者は、30万円以下の罰金に処する。ただし、審査会の行う審査の手続における請求人又は第100条の規定により通知を受けた市町村、組合その他の利害関係人は、この限りでない。	**第122条**　正当な理由なしに、第101条第1項の規定による処分に違反して、出頭せず、陳述をせず、報告をせず、若しくは虚偽の陳述若しくは報告をし、又は診断若しくは検案をしなかつた者は、30万円以下の罰金に処する。ただし、審査会の行う審査の手続における請求人又は第100条第1項の規定により通知を受けた保険者その他の利害関係人は、この限りでない。
附　則	**附　則**
（指定介護老人福祉施設に入所中の被保険者の特例）	**（指定介護老人福祉施設に入所中の被保険者の特例）**
第5条の2　指定介護老人福祉施設（介護保険法第48条第1項第一号に規定する指定介護老人福祉施設をいう。以下この項において同じ。）に入所をすることにより当該指定介護老人福祉施設の所在する場所に住所を変更したと認められる被保険者であつて、当該指定介護老人福祉施設に入所をした際他の市町村（当該指定介護老人福祉施設が所在する市町村以外の市町村をいう。）の区域内に住所を有していたと認められるものは、当該指定介護老人福祉施設が入所定員の減少により同法第8条第22項に規定する地域密着型介護老人福祉施設（同項に規定する地域密着型介護老人福祉施設入所者生活介護の事業を行う事業所に係る同法第42条の2第1項本文の指定を受けているものに限る。以下この条において「変更後地域密着型介護老人福祉施設」という。）となつた場合においても、当該変更後地域密着型介護老人福祉施設に継続して入所をしている間は、この法律の適用については、当該他の市町村の区域内に住所を有するものとみなす。ただし、変更後地域密着型介護老人福祉施設となつた指定介護老人福祉施設（以下この条において「変更前介護老人福祉施設」という。）を含む2以上の病院等（第116条の2第1項に規定する病院等をいう。以下この条において同じ。）に継続して入院、入所又は入居（以下この条において「入院等」と	**第5条の2**　指定介護老人福祉施設（介護保険法第48条第1項第一号に規定する指定介護老人福祉施設をいう。以下この項において同じ。）に入所をすることにより当該指定介護老人福祉施設の所在する場所に住所を変更したと認められる被保険者であつて、当該指定介護老人福祉施設に入所をした際他の市町村（当該指定介護老人福祉施設が所在する市町村以外の市町村をいう。）の区域内に住所を有していたと認められるものは、当該指定介護老人福祉施設が入所定員の減少により同法第8条第22項に規定する地域密着型介護老人福祉施設（同項に規定する地域密着型介護老人福祉施設入所者生活介護の事業を行う事業所に係る同法第42条の2第1項本文の指定を受けているものに限る。以下この条において「変更後地域密着型介護老人福祉施設」という。）となつた場合においても、当該変更後地域密着型介護老人福祉施設に継続して入所をしている間は、第5条の規定にかかわらず、当該他の市町村が行う国民健康保険の被保険者とする。ただし、変更後地域密着型介護老人福祉施設となつた指定介護老人福祉施設（以下この条において「変更前介護老人福祉施設」という。）を含む2以上の病院等（第116条の2第1項に規定する病院等をいう。以下この条において同じ。）に継続して入院、入所又は入居（以下この条において「入院等」と

改　正　案	現　　行
いう。）をしていた被保険者（当該変更後地域密着型介護老人福祉施設に継続して入所をしている者に限る。）であつて、当該変更前介護老人福祉施設に入所をする直前に入院等をしていた病院等（以下この項において「直前入院病院等」という。）及び変更前介護老人福祉施設のそれぞれに入院等をすることにより直前入院病院等及び変更前介護老人福祉施設のそれぞれの所在する場所に順次住所を変更したと認められるもの（次項において「特定継続入院等被保険者」という。）については、この限りでない。 2　特定継続入院等被保険者のうち、次の各号に掲げるものは、この法律の適用については、当該各号に定める市町村の区域内に住所を有するものとみなす。 一・二　（略） 3　（略）	いう。）をしていた被保険者（当該変更後地域密着型介護老人福祉施設に継続して入所をしている者に限る。）であつて、当該変更前介護老人福祉施設に入所をする直前に入院等をしていた病院等（以下この項において「直前入院病院等」という。）及び変更前介護老人福祉施設のそれぞれに入院等をすることにより直前入院病院等及び変更前介護老人福祉施設のそれぞれの所在する場所に順次住所を変更したと認められるもの（次項において「特定継続入院等被保険者」という。）については、この限りでない。 2　特定継続入院等被保険者のうち、次の各号に掲げるものは、第5条の規定にかかわらず、当該各号に定める市町村が行う国民健康保険の被保険者とする。 一・二　（略） 3　（略）
（退職被保険者等の経過措置） **第6条**　都道府県等が行う国民健康保険の被保険者（65歳に達する日の属する月の翌月以後であるものを除く。）のうち、次に掲げる法令に基づく老齢又は退職を支給事由とする年金たる給付を受けることができる者であつて、これらの法令の規定による被保険者、組合員若しくは加入者であつた期間（当該期間に相当するものとして政令で定める期間を含む。）又はこれらの期間を合算した期間（以下この項及び附則第20条において「年金保険の被保険者等であつた期間」という。）が20年（その受給資格期間たる年金保険の被保険者等であつた期間が20年未満である当該年金たる給付を受けることができる者にあつては、当該年金たる給付の区分に応じ政令で定める期間）以上であるか、又は40歳に達した月以後の年金保険の被保険者等であつた期間が10年以上であるものに該当する者（当該者となつた時以後平成26年度までの間に、持続可能な医療保険制度を構築するための国民健康保険法等の一部を改正する法律（平成27年法律第　　号。附則第25条において「改正法」という。）第4条の規定による改正前のこの法律の定めるところにより市町村が行う国民健康保険の被保険者である期間を有する者に限る。）は、退職被保険者とする。ただし、当該年金たる給付の支給がその者の年齢を事由としてその全額につき停止されている者については、この限りでない。 一～九　（略） 2　都道府県等が行う国民健康保険の被保険者（65歳に達する日の属する月の翌月以後であるものを除く。）であつて、次の各号のいずれかに該当するものは、退職被保険者の被扶養者とする。 一～三　（略）	**（退職被保険者等の経過措置）** **第6条**　市町村が行う国民健康保険の被保険者（65歳に達する日の属する月の翌月以後であるものを除く。）のうち、次に掲げる法令に基づく老齢又は退職を支給事由とする年金たる給付を受けることができる者であつて、これらの法令の規定による被保険者、組合員若しくは加入者であつた期間（当該期間に相当するものとして政令で定める期間を含む。）又はこれらの期間を合算した期間（以下この項及び附則第20条において「年金保険の被保険者等であつた期間」という。）が20年（その受給資格期間たる年金保険の被保険者等であつた期間が20年未満である当該年金たる給付を受けることができる者にあつては、当該年金たる給付の区分に応じ政令で定める期間）以上であるか、又は40歳に達した月以後の年金保険の被保険者等であつた期間が10年以上であるものに該当する者（当該者となつた時以後平成26年度までの間に、市町村が行う国民健康保険の被保険者である期間を有する者に限る。）は、退職被保険者とする。ただし、当該年金たる給付の支給がその者の年齢を事由としてその全額につき停止されている者については、この限りでない。 一～九　（略） 2　市町村が行う国民健康保険の被保険者（65歳に達する日の属する月の翌月以後であるものを除く。）であつて、次の各号のいずれかに該当するものは、退職被保険者の被扶養者とする。 一～三　（略）

改正案	現行
（療養給付費等交付金） **第7条** 支払基金は、政令で定めるところにより、退職被保険者及びその被扶養者（以下「退職被保険者等」という。）が住所を有する都道府県（以下「退職被保険者等所属都道府県」という。）に対し、当該退職被保険者等所属都道府県及び当該退職被保険者等所属都道府県内の退職被保険者等が住所を有する市町村（以下「退職被保険者等所属市町村」という。）が負担する費用のうち、第一号及び第二号に掲げる額の合算額から第三号に掲げる額を控除した額（以下「被用者保険等拠出対象額」という。）について、療養給付費等交付金を交付する。 一 （略） 二 調整対象基準額及び後期高齢者支援金の額の合算額に当該退職被保険者等所属都道府県に係る被保険者の総数に対する退職被保険者等の総数の割合として厚生労働省令で定めるところにより算定した割合（以下「退職被保険者等所属割合」という。）を乗じて得た額 三 （略） 2 （略） 3 第1項第二号に規定する調整対象基準額は、療養給付費等交付金の交付を受ける年度の概算調整対象基準額（高齢者の医療の確保に関する法律第34条第3項に規定する概算調整対象基準額をいう。以下この項において同じ。）とする。ただし、当該年度の前々年度の概算調整対象基準額が当該年度の前々年度の確定調整対象基準額（同法第35条第3項に規定する確定調整対象基準額をいう。以下この項において同じ。）を超えるときは、当該年度の概算調整対象基準額からその超える額とその超える額に係る調整対象基準調整金額（当該年度の前々年度における全ての退職被保険者等所属都道府県に係る概算調整対象基準額と確定調整対象基準額との過不足額につき生ずる利子その他の事情を勘案して厚生労働省令で定めるところにより退職被保険者等所属都道府県ごとに算定される額をいう。以下この項において同じ。）との合計額を控除して得た額とするものとし、当該年度の前々年度の概算調整対象基準額が当該年度の前々年度の確定調整対象基準額に満たないときは、当該年度の概算調整対象基準額にその満たない額とその満たない額に係る調整対象基準調整金額との合計額を加算して得た額とする。 （療養給付費等交付金の減額） **第8条** 厚生労働大臣は、退職被保険者等所属都道府県の退職被保険者等に係る国民健康保険事業の運営に関し、退職被保険者等所属都道府県若しくは	（療養給付費等交付金） **第7条** 退職被保険者及びその被扶養者（以下「退職被保険者等」という。）の住所の存する市町村（第116条又は第116条の2の規定により他の市町村の行う国民健康保険の被保険者である場合については、当該他の市町村とする。以下「退職被保険者等所属市町村」という。）が負担する費用のうち、第一号及び第二号に掲げる額の合算額から第三号に掲げる額を控除した額（以下「被用者保険等拠出対象額」という。）については、政令で定めるところにより、支払基金が退職被保険者等所属市町村に対して交付する療養給付費等交付金をもつて充てる。 一 （略） 二 調整対象基準額及び後期高齢者支援金の額の合算額に当該退職被保険者等所属市町村に係る被保険者の総数に対する退職被保険者等の総数の割合として厚生労働省令の定めるところにより算定した割合（以下「退職被保険者等所属割合」という。）を乗じて得た額 三 （略） 2 （略） 3 第1項第二号に規定する調整対象基準額は、療養給付費等交付金の交付を受ける年度の概算調整対象基準額（高齢者の医療の確保に関する法律第34条第3項に規定する概算調整対象基準額をいう。以下この項において同じ。）とする。ただし、当該年度の前々年度の概算調整対象基準額が当該年度の前々年度の確定調整対象基準額（同法第35条第3項に規定する確定調整対象基準額をいう。以下この項において同じ。）を超えるときは、当該年度の概算調整対象基準額からその超える額とその超える額に係る調整対象基準調整金額（当該年度の前々年度におけるすべての退職被保険者等所属市町村に係る概算調整対象基準額と確定調整対象基準額との過不足額につき生ずる利子その他の事情を勘案して厚生労働省令で定めるところにより各退職被保険者等所属市町村ごとに算定される額をいう。以下この項において同じ。）との合計額を控除して得た額とするものとし、当該年度の前々年度の概算調整対象基準額が当該年度の前々年度の確定調整対象基準額に満たないときは、当該年度の概算調整対象基準額にその満たない額とその満たない額に係る調整対象基準調整金額との合計額を加算して得た額とする。 （療養給付費等交付金の減額） **第8条** 厚生労働大臣は、退職被保険者等所属市町村の退職被保険者等に係る国民健康保険事業の運営に関し、退職被保険者等所属市町村が確保すべき

改　正　案	現　　　行
当該都道府県内の退職被保険者等所属市町村が確保すべき収入を不当に確保しなかつた場合又は退職被保険者等所属都道府県若しくは当該都道府県内の退職被保険者等所属市町村が支出すべきでない経費を不当に支出した場合においては、政令で定めるところにより、支払基金に対し、前条第1項の規定により当該退職被保険者等所属都道府県に対して交付する療養給付費等交付金の額を減額することを命ずることができる。 2　（略）	収入を不当に確保しなかつた場合又は退職被保険者等所属市町村が支出すべきでない経費を不当に支出した場合においては、政令の定めるところにより、支払基金に対し、前条第1項の規定により当該退職被保険者等所属市町村に対して交付する同項の療養給付費等交付金の額を減額することを命ずることができる。 2　（略）
（国の負担等に関する読替え） **第9条**　退職被保険者等所属都道府県については、第70条第1項第一号中「被保険者」とあるのは「一般被保険者（附則第6条の規定による退職被保険者又は退職被保険者の被扶養者以外の被保険者をいう。第72条の3第1項において同じ。）」と、同項第二号中「後期高齢者支援金」とあるのは「後期高齢者支援金の納付に要する費用の額から、附則第7条第1項第二号に規定する調整対象基準額及び後期高齢者支援金の額の合算額に同号に規定する退職被保険者等所属割合を乗じて得た額を控除した額」と、第72条の3第1項中「被保険者」とあるのは「一般被保険者」とする。 2　高齢者の医療の確保に関する法律第7条第3項の規定により厚生労働大臣が定める組合にあつては、第76条第2項中「組合は」とあるのは「高齢者の医療の確保に関する法律第7条第3項の規定により厚生労働大臣が定める組合は」と、「並びに介護納付金の納付に要する費用を含み、健康保険法第179条に規定する組合にあつては、同法」とあるのは「、介護納付金、附則第10条第1項の規定による拠出金並びに健康保険法」とする。	**（国の負担等の経過措置に関する読替え）** **第9条**　退職被保険者等所属市町村については、第70条第1項第一号中「被保険者」とあるのは「一般被保険者（附則第6条の規定による退職被保険者又は退職被保険者の被扶養者以外の被保険者をいう。第72条の3第1項において同じ。）」と、同項第二号中「後期高齢者支援金」とあるのは「後期高齢者支援金の納付に要する費用の額から、附則第7条第1項第二号に規定する調整対象基準額及び後期高齢者支援金の額の合算額に同号に規定する退職被保険者等所属割合を乗じて得た額を控除した額」と、第72条の3第1項中「被保険者」とあるのは「一般被保険者」とする。 2　高齢者の医療の確保に関する法律第7条第3項の規定により厚生労働大臣が定める組合にあつては、第76条第1項中「保険者」とあるのは「高齢者の医療の確保に関する法律第7条第3項の規定により厚生労働大臣が定める組合」と、「並びに介護納付金の納付に要する費用を含み、健康保険法第179条に規定する組合にあつては、同法」とあるのは「、介護納付金、附則第10条第1項の規定による拠出金並びに健康保険法」とする。
（拠出金の徴収及び納付義務） **第10条**　支払基金は、附則第17条に規定する業務及び当該業務に関する事務の処理に要する費用に充てるため、年度ごとに、被用者保険等保険者（高齢者の医療の確保に関する法律第7条第3項に規定する被用者保険等保険者をいう。以下同じ。）から、療養給付費等拠出金及び事務費拠出金（以下この条、附則第16条及び第17条において「拠出金」という。）を徴収する。 2　（略）	**（拠出金の徴収及び納付義務）** **第10条**　支払基金は、附則第17条に規定する業務及び当該業務に関する事務の処理に要する費用に充てるため、年度（毎年4月1日から翌年3月31日までをいう。以下同じ。）ごとに、被用者保険等保険者（高齢者の医療の確保に関する法律第7条第3項に規定する被用者保険等保険者をいう。以下同じ。）から、療養給付費等拠出金及び事務費拠出金（以下この条、附則第16条及び第17条において「拠出金」という。）を徴収する。 2　（略）
（概算療養給付費等拠出金） **第12条**　（略） 2　前項の概算拠出率は、厚生労働省令で定めるところにより、当該年度の各退職被保険者等所属都道府県における被用者保険等拠出対象額の見込額	**（概算療養給付費等拠出金）** **第12条**　（略） 2　前項の概算拠出率は、厚生労働省令で定めるところにより、当該年度の各退職被保険者等所属市町村における被用者保険等拠出対象額の見込額の

改正案	現行
の合計額を当該年度の被用者保険等保険者の標準報酬総額の見込額の合計額で除して得た率とする。	合計額を当該年度の被用者保険等保険者の標準報酬総額の見込額の合計額で除して得た率とする。
（確定療養給付費等拠出金） **第13条**　（略） 2　前項の確定拠出率は、厚生労働省令で定めるところにより、前々年度の各退職被保険者等所属都道府県における被用者保険等拠出対象額の合計額を前々年度の被用者保険等保険者の標準報酬総額の合計額で除して得た率とする。	**（確定療養給付費等拠出金）** **第13条**　（略） 2　前項の確定拠出率は、厚生労働省令で定めるところにより、前々年度の各退職被保険者等所属市町村における被用者保険等拠出対象額の合計額を前々年度の被用者保険等保険者の標準報酬総額の合計額で除して得た率とする。
（通知等） **第15条**　退職被保険者等所属都道府県は、厚生労働省令で定めるところにより、支払基金に対し、各年度における被用者保険等拠出対象額その他厚生労働省令で定める事項を通知しなければならない。 2　退職被保険者等所属都道府県は、前項の規定による通知の事務を第45条第5項に規定する者に委託することができる。	**（通知等）** **第15条**　退職被保険者等所属市町村は、厚生労働省令で定めるところにより、支払基金に対し、各年度における被用者保険等拠出対象額その他厚生労働省令で定める事項を通知しなければならない。 2　退職被保険者等所属市町村は、前項の規定による通知の事務を第45条第5項に規定する者に委託することができる。
（拠出金に関する高齢者の医療の確保に関する法律の準用） **第16条**　高齢者の医療の確保に関する法律第41条及び第43条から第46条まで、第134条第2項及び第3項、第159条並びに附則第13条の6の規定は、拠出金に関して準用する。この場合において、同法第41条、第43条、第44条及び第46条中「保険者」とあるのは「被用者保険等保険者」と、同法第134条第2項中「保険者（国民健康保険にあつては、都道府県）」とあるのは「被用者保険等保険者」と読み替えるものとする。	**（拠出金に関する高齢者の医療の確保に関する法律の準用）** **第16条**　高齢者の医療の確保に関する法律第41条及び第43条から第46条まで、第134条第2項及び第3項、第159条並びに附則第13条の6の規定は、拠出金に関して準用する。この場合において、これらの規定中「保険者」とあるのは、「被用者保険等保険者」と読み替えるものとする。
（支払基金の業務） **第17条**　支払基金は、社会保険診療報酬支払基金法第15条に規定する業務のほか、この法律の目的を達成するため、次の業務（以下「退職者医療関係業務」という。）を行う。 一　（略） 二　退職被保険者等所属都道府県に対し療養給付費等交付金を交付すること。 三　（略）	**（支払基金の業務）** **第17条**　支払基金は、社会保険診療報酬支払基金法第15条に規定する業務のほか、この法律の目的を達成するため、次の業務（以下「退職者医療関係業務」という。）を行う。 一　（略） 二　退職被保険者等所属市町村に対し附則第7条第1項の療養給付費等交付金を交付すること。 三　（略）
（特例退職被保険者等の経過措置） **第21条**　健康保険法附則第3条第1項に規定する健康保険の被保険者（都道府県等が行う国民健康保険の被保険者であるとしたならば、附則第6条第1項の規定による退職被保険者となることとなる者に限る。以下「特例退職被保険者」という。）及びその被扶養者（65歳に達する日の属する月の翌月以後であるもの又は同一の世帯に属さない者を除く。以下同じ。）は、附則第12条の規定による当該年度	**（特例退職被保険者等の経過措置）** **第21条**　健康保険法附則第3条第1項に規定する健康保険の被保険者（市町村が行う国民健康保険の被保険者であるとしたならば、附則第6条第1項の規定による退職被保険者となることとなる者に限る。以下「特例退職被保険者」という。）及びその被扶養者（65歳に達する日の属する月の翌月以後であるもの又は同一の世帯に属さない者を除く。以下同じ。）は、附則第12条の規定による当該年度の被

改　正　案	現　　　行
の被用者保険等保険者の標準報酬総額の見込額及び被用者保険等拠出対象額（後期高齢者支援金の額を除く。以下この項において同じ。）の見込額、附則第13条の規定による前々年度の被用者保険等保険者の標準報酬総額及び被用者保険等拠出対象額並びに附則第14条の規定による前々年度の被用者保険等保険者の標準報酬総額の算定に当たつては、退職被保険者等とみなす。 2～6　（略） （病床転換支援金の経過措置） **第22条**　高齢者の医療の確保に関する法律附則第2条に規定する政令で定める日までの間、第69条中「及び同法の規定による後期高齢者支援金等（以下「後期高齢者支援金等」という。）」とあるのは「、同法の規定による後期高齢者支援金等（以下「後期高齢者支援金等」という。）及び同法の規定による病床転換支援金等（以下「病床転換支援金等」という。）」と、第70条第1項（附則第9条第1項の規定により読み替えて適用する場合を含む。）中「及び同法の規定による後期高齢者支援金（以下「後期高齢者支援金」という。）」とあるのは「、同法の規定による後期高齢者支援金（以下「後期高齢者支援金」という。）及び同法の規定による病床転換支援金（以下「病床転換支援金」という。）」と、同項第二号（附則第9条第1項の規定により読み替えて適用する場合を含む。）中「及び後期高齢者支援金」とあるのは「、後期高齢者支援金及び病床転換支援金」と、第73条第1項及び第2項中「及び後期高齢者支援金」とあるのは「、後期高齢者支援金及び病床転換支援金」と、第75条並びに第76条第1項及び同条第2項（附則第9条第2項の規定により読み替えて適用する場合を含む。）中「及び後期高齢者支援金等」とあるのは「、後期高齢者支援金等及び病床転換支援金等」と、附則第7条第1項第二号中「及び後期高齢者支援金」とあるのは「、後期高齢者支援金及び病床転換支援金」と、附則第21条第3項第二号中「調整対象基準額」とあるのは「調整対象基準額及び当該特定健康保険組合が負担する病床転換支援金の合算額」と、同条第4項第二号中「調整対象基準額」とあるのは「調整対象基準額及び当該特定健康保険組合が負担した病床転換支援金の合計額」とする。 （調整交付金の特例） **第24条**　当分の間、第72条第2項に規定する調整交付金の総額は、同項の規定にかかわらず、同項の規定により算定された額から、第70条第3項の規定により国が負担する費用の額から当該費用の額以内の額を控除した額を控除した額として予算で定める額とする。	用者保険等保険者の標準報酬総額の見込額及び被用者保険等拠出対象額（後期高齢者支援金の額を除く。以下この項において同じ。）の見込額、附則第13条の規定による前々年度の被用者保険等保険者の標準報酬総額及び被用者保険等拠出対象額並びに附則第14条の規定による前々年度の被用者保険等保険者の標準報酬総額の算定に当たつては、退職被保険者等とみなす。 2～6　（略） （病床転換支援金の経過措置） **第22条**　高齢者の医療の確保に関する法律附則第2条に規定する政令で定める日までの間、第69条中「及び同法の規定による後期高齢者支援金等（以下「後期高齢者支援金等」という。）」とあるのは「、同法の規定による後期高齢者支援金等（以下「後期高齢者支援金等」という。）及び同法の規定による病床転換支援金等（以下「病床転換支援金等」という。）」と、第70条第1項（附則第9条第1項の規定により読み替えて適用する場合を含む。）中「及び同法の規定による後期高齢者支援金（以下「後期高齢者支援金」という。）」とあるのは「、同法の規定による後期高齢者支援金（以下「後期高齢者支援金」という。）及び同法の規定による病床転換支援金（以下「病床転換支援金」という。）」と、同項第二号（附則第9条第1項の規定により読み替えて適用する場合を含む。）中「及び後期高齢者支援金」とあるのは「、後期高齢者支援金及び病床転換支援金」と、第73条第1項及び第2項中「及び後期高齢者支援金」とあるのは「、後期高齢者支援金及び病床転換支援金」と、第75条及び第76条第1項（附則第9条第2項の規定により読み替えて適用する場合を含む。）中「及び後期高齢者支援金等」とあるのは「、後期高齢者支援金等及び病床転換支援金等」と、附則第7条第1項第二号中「及び後期高齢者支援金」とあるのは「、後期高齢者支援金及び病床転換支援金」と、附則第21条第3項第二号中「調整対象基準額」とあるのは「調整対象基準額及び当該特定健康保険組合が負担する病床転換支援金の合算額」と、同条第4項第二号中「調整対象基準額」とあるのは「調整対象基準額及び当該特定健康保険組合が負担した病床転換支援金の合計額」とする。 （調整交付金の特例） **第24条**　当分の間、第72条第2項に規定する調整交付金の総額は、同項の規定にかかわらず、同項の規定により算定された額から、第81条の2第5項の規定により国が負担する費用の額から当該費用の額の3分の1以内の額を控除した額を控除した額として予算で定める額とする。

改　正　案	現　　行
（財政安定化基金の特例） **第25条**　都道府県は、平成30年4月1日から平成36年3月31日までの間、第81条の2第1項各号に掲げる事業のほか、政令で定めるところにより、財政安定化基金を当該都道府県内の市町村に対する改正法の円滑な施行のために必要な資金の交付に必要な費用に充てることができる。	（新設）

資 料 2

<もくじ>

資料-01 市町村国保が抱える構造的な課題と社会保障制度改革プログラム法における対応の方向性

1. 年齢構成

① 年齢構成が高く、医療費水準が高い
- 65～74歳の割合：国保（35. 6%）、健保組合（2. 8%）
- 一人あたり医療費：国保（32. 5万円）、健保組合（14. 6万円）

2. 財政基盤

② 所得水準が低い
- 加入者一人当たり平均所得：国保（83万円）、健保組合（202万円（推計））
- 無所得世帯割合：23. 1%

③ 保険料負担が重い
- 加入者一人当たり保険料／加入者一人当たり所得
  市町村国保（10.3％）、健保組合（5.6％）
  ※健保は本人負担分のみの推計値

④ 保険料（税）の収納率低下
- 収納率：平成11年度　91.38%　→　平成26年度　90.95%
- 最高収納率：95.25%（島根県）・最低収納率：86.74%（東京都）

⑤ 一般会計繰入・繰上充用
- 市町村による法定外繰入額：約3,800億円　うち決算補てん等の目的：約3,500億円、
  繰上充用額：約900億円（平成26年度）

3. 財政の安定性・市町村格差

⑥ 財政運営が不安定になるリスクの高い小規模保険者の存在
- １７１６保険者中３０００人未満の小規模保険者　４７１
  （全体の１／４）

⑦ 市町村間の格差
- 一人あたり医療費の都道府県内格差
  最大：2.7倍（北海道）　最小：1.1倍（富山県）
- 一人あたり所得の都道府県内格差
  最大：22.4倍（北海道）　最小：1.2倍（福井県）
- 一人当たり保険料の都道府県内格差
  最大：3.7倍（長野県）＊　最小：1.3倍（長崎県）
  ※東日本大震災による保険料（税）減免の影響が大きい福島県を除く。

⇒

① 国保に対する財政支援の拡充

② 国保の運営について、財政支援の拡充等により、国保の財政上の構造的な問題を解決することとした上で、
- 財政運営を始めとして都道府県が担うことを基本としつつ、
- 保険料の賦課徴収、保健事業の実施等に関する市町村の役割が積極的に果たされるよう、

都道府県と市町村との適切な役割分担について検討

③ 低所得者に対する保険料軽減措置の拡充

資料-02 市町村国保の被保険者（75歳未満）の年齢構成の推移

被保険者数全体に占める65歳から74歳までの割合が次第に増加し、平成26年度には37.1％となっている。

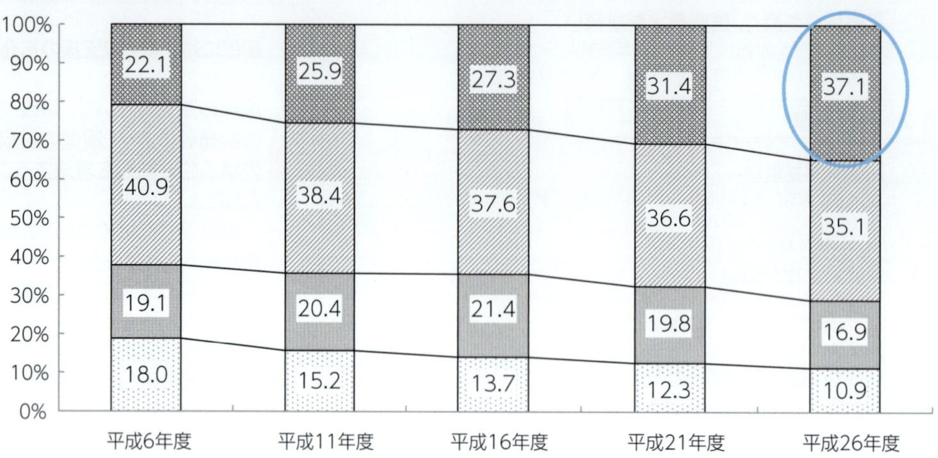

（資料）厚生労働省保険局「国民健康保険実態調査」

資料-03 市町村国保の一人当たり医療費の推移等

○ 一人当たり医療費は増加傾向にあり、平成25年度は32.3万円である。
○ 一人当たり医療費を年齢階層別にみると、70歳から74歳までが最も高く、56.9万円である。

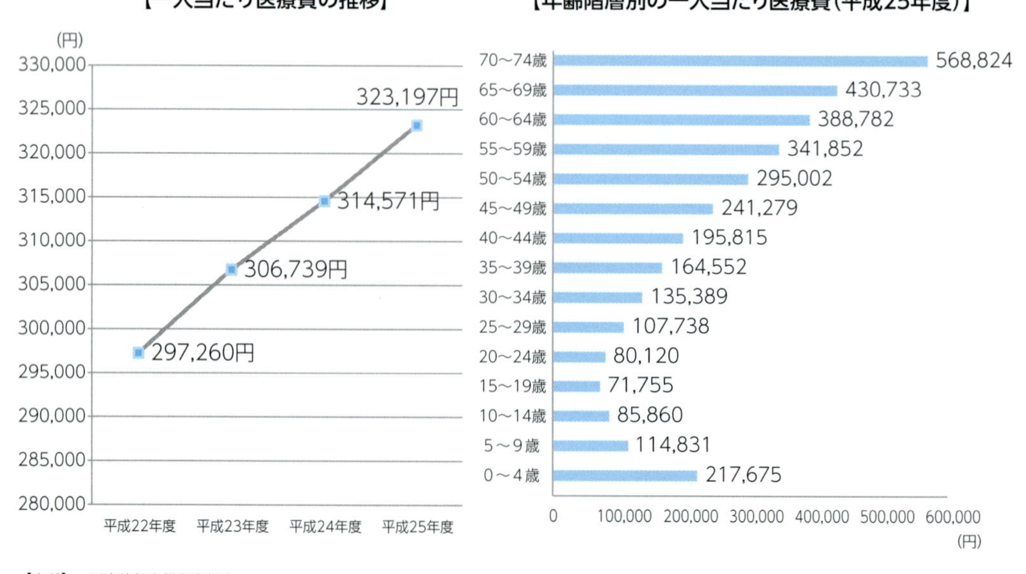

【出所】 医療給付実態調査報告

資料-04 市町村国保における高額な医療費の状況

○ 国保中央会が審査する高額レセプト（医科：400万円以上、歯科：200万円以上等）の件数は増加傾向にある。
○ 医科・疾患別にみると、 心臓及び脳の件数がそれぞれ全体の約21%を占めている。

特別審査受付件数の推移

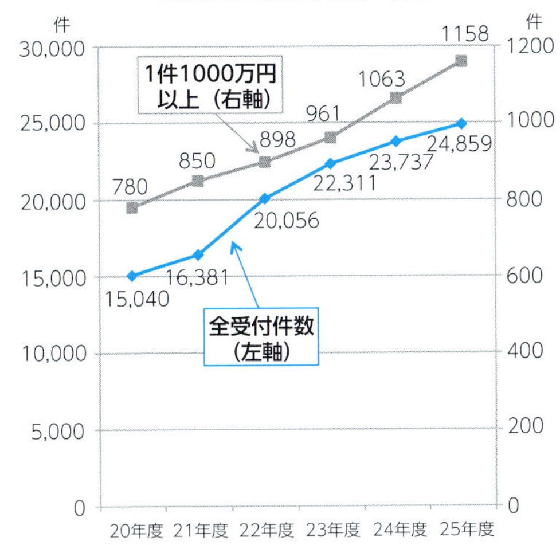

（出所）国民健康保険中央会調べ

医科・疾患別の受付状況（25年度）

	特別審査件数		増減%（対前年度）	
	※（ ）内は全件数に占める割合	内100万点以上		内100万点以上
心臓	5,018件（21.0%）	649件	1.7%	5.7%
消化器	3,057件（12.8%）	86件	-0.3%	1.2%
腎臓	1,129件（ 4.7%）	6件	1.5%	-25.0%
血液	3,446件（14.4%）	276件	0.3%	22.7%
脳	4,986件（20.8%）	63件	4.8%	8.6%
救命	988件（ 4.1%）	44件	1.3%	22.2%
膠原病	57件（ 0.2%）	1件	46.2%	
感染症	20件（ 0.1%）	0件	-86.2%	-100.0%
呼吸器	169件（ 0.7%）	5件	-17.6%	-16.7%
泌尿器	117件（ 0.5%）	6件	18.2%	-25.0%
整形	3,273件（13.7%）	7件	21.2%	133.3%
その他	1,673件（ 7.0%）	15件	13.5%	-16.7%
合計	23,933件	1,158件	4.3%	8.9%

資料-05 市町村国保の世帯主の職業別構成割合の推移

○ 自営業・農林水産業は、昭和40年代には約6割であったが、近年15%程度で推移。
○ 年金生活者等無職者の割合が大幅に増加するとともに、被用者は約2割から約3割に増加。

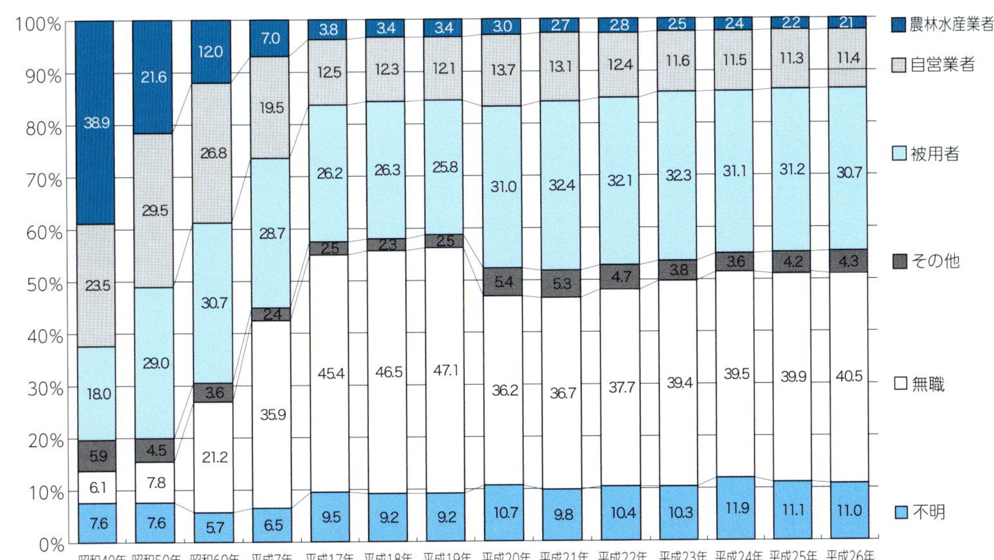

（資料）厚生労働省保険局「国民健康保険実態調査」
（注１）擬制世帯を含む。
（注２）平成20年度以降は後期高齢者医療制度創設に伴い、無職の世帯割合が減少していることに留意が必要。

資料-06 世帯の所得階層別割合の推移

平成26年度において、加入世帯の23.1%が所得なし、27.9%が0円以上100万円未満世帯であり、低所得世帯の割合は増加傾向にある。
※「所得なし」世帯の収入は、給与収入世帯で65万円以下、年金収入世帯で120万円以下。

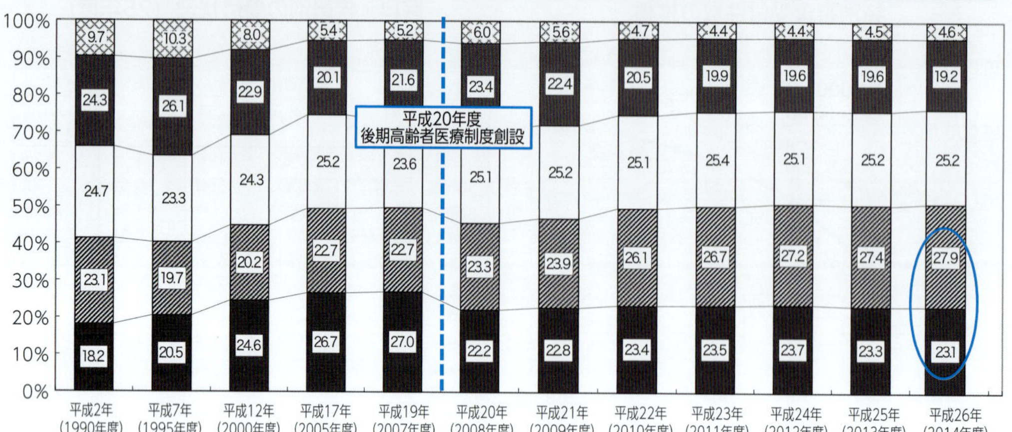

■所得なし ▨0円以上100万円未満 □100万円以上200万円未満 ■200万円以上500万円未満 ⊠500万円以上

（注1）国民健康保険実態調査報告による。
（注2）擬制世帯、所得不詳は除いて集計している。
（注3）平成20年度以降は後期高齢者医療制度創設され、対象世帯が異なっていることに留意が必要。
（注4）ここでいう所得とは「旧ただし書き方式」により算定された所得総額（基礎控除前）である。

資料-07 市町村国保の保険料負担率の推移

○ 所得に占める保険料の割合（保険料負担率）は年々上昇しており、平成26年度の保険料負担率は13.8%である。

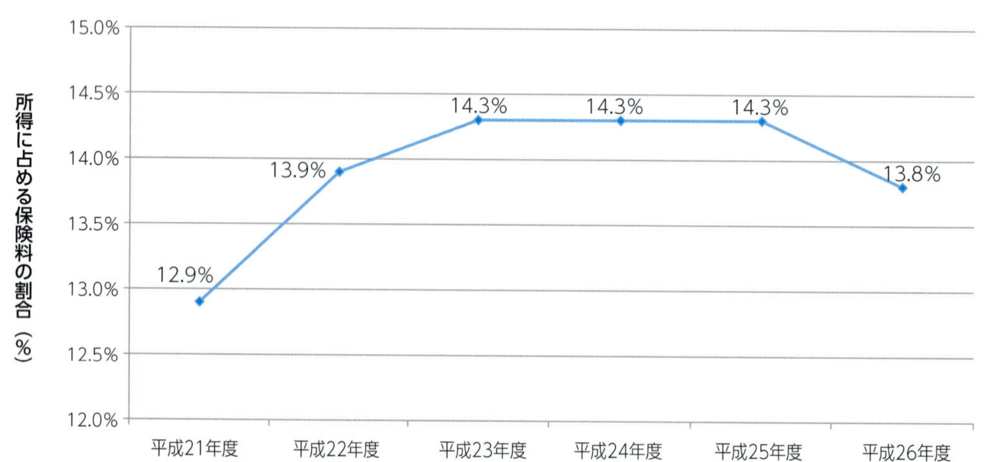

〔出典〕国民健康保険事業年報、国民健康保険実態調査
※1 ここでいう所得とは「旧ただし書所得」を指し、総所得金額及び山林所得金額並びに他の所得と区分して計算される所得の金額から基礎控除を除いた金額である。
※2 「保険料負担率」は、保険料（税）調定額を旧ただし書所得で除したものであり、保険料（税）調定額には、介護納付金分を含む。

資料-08 市町村国保の保険料（税）の収納率（現年度分）の推移

平成26年度の保険料（税）の収納率は90.95%であり、5年連続で上昇している。

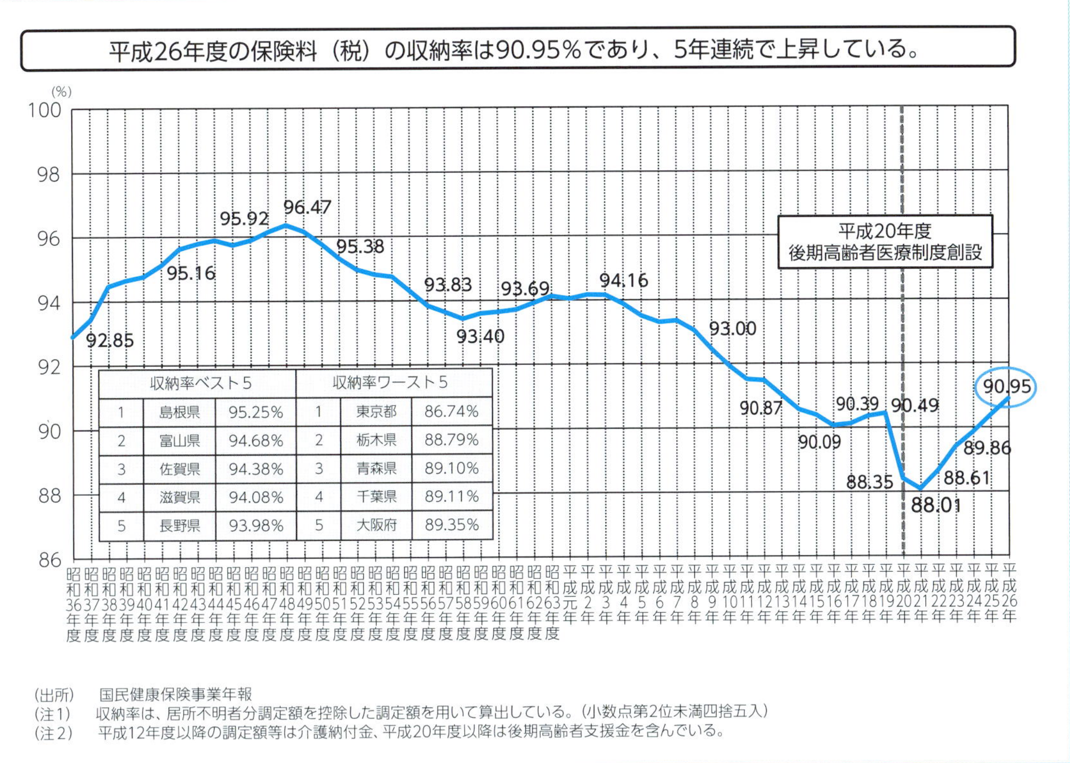

	収納率ベスト5			収納率ワースト5	
1	島根県	95.25%	1	東京都	86.74%
2	富山県	94.68%	2	栃木県	88.79%
3	佐賀県	94.38%	3	青森県	89.10%
4	滋賀県	94.08%	4	千葉県	89.11%
5	長野県	93.98%	5	大阪府	89.35%

(出所)　国民健康保険事業年報
(注1)　収納率は、居所不明者分調定額を控除した調定額を用いて算出している。(小数点第2位未満四捨五入)
(注2)　平成12年度以降の調定額等は介護納付金、平成20年度以降は後期高齢者支援金を含んでいる。

資料-09 市町村国保の都道府県別収納率（現年度分）

○　平成26年度の収納率を都道府県別に見ると、島根県（95.25%）が最も高く、東京都（86.74%）が最も低い。
○　平成26年度においては、46都道府県の収納率が上昇した。

	平成25年度	順位	平成26年度	順位	対前年度増減	順位
	%	位	%	位	%	位
1 北海道	91.94	22	92.56	19	0.62	9
2 青森県	88.84	42	89.10	45	0.26	40
3 岩手県	92.34	17	92.76	16	0.42	21
4 宮城県	90.19	40	91.01	37	0.82	4
5 秋田県	91.72	25	92.13	26	0.41	24
6 山形県	92.71	12	93.05	13	0.34	33
7 福島県	90.38	38	90.18	40	▲0.20	47
8 茨城県	89.44	41	90.02	41	0.57	13
9 栃木県	88.38	46	88.79	46	0.42	22
10 群馬県	90.78	35	91.44	32	0.67	6
11 埼玉県	88.84	43	89.44	42	0.61	11
12 千葉県	88.45	44	89.11	44	0.64	8
13 東京都	86.20	47	86.74	47	0.54	15
14 神奈川県	90.65	36	91.44	31	0.80	5
15 新潟県	93.32	8	93.58	8	0.26	39
16 富山県	94.49	2	94.68	2	0.19	45
17 石川県	92.04	19	92.64	18	0.60	12
18 福井県	91.93	23	92.30	23	0.38	29
19 山梨県	91.00	32	92.13	27	1.12	1
20 長野県	93.69	5	93.98	5	0.29	37
21 岐阜県	92.39	16	92.68	17	0.28	38
22 静岡県	90.65	37	90.98	38	0.33	34
23 愛知県	92.96	9	93.43	9	0.47	20
24 三重県	91.01	31	91.40	33	0.39	27
25 滋賀県	93.73	4	94.08	4	0.35	31
26 京都府	93.52	6	93.75	6	0.23	41
27 大阪府	88.41	45	89.35	43	0.94	2
28 兵庫県	91.55	26	92.46	20	0.91	3
29 奈良県	92.55	14	93.12	10	0.57	14
30 和歌山県	91.97	20	92.37	21	0.41	25
31 鳥取県	91.81	24	92.31	22	0.50	19
32 島根県	94.95	1	95.25	1	0.30	36
33 岡山県	91.01	30	91.40	34	0.38	28
34 広島県	90.21	39	90.82	39	0.61	10
35 山口県	91.95	21	92.15	25	0.20	43
36 徳島県	91.21	29	91.57	30	0.36	30
37 香川県	92.11	18	92.30	24	0.20	44
38 愛媛県	92.91	10	92.93	14	0.02	46
39 高知県	92.51	15	92.92	15	0.41	26
40 福岡県	91.23	28	91.76	29	0.52	17
41 佐賀県	93.74	3	94.38	3	0.64	7
42 長崎県	92.72	11	93.07	12	0.34	32
43 熊本県	90.83	34	91.25	35	0.41	23
44 大分県	92.58	13	93.09	11	0.51	18
45 宮崎県	91.45	27	91.98	28	0.54	16
46 鹿児島県	90.85	33	91.17	36	0.32	35
47 沖縄県	93.49	7	93.72	7	0.23	42
全国	90.42	−	90.95	−	0.53	−

(出所)　国民健康保険事業年報
(注1)　収納率は、居所不明者分調定額を控除した調定額を用いて算出している。(小数点第2位未満四捨五入)

資料-10 保険者規模別構成割合の推移

平成26年9月末時点で、1,716保険者中458保険者(約1/4) が被保険者数3,000人未満の小規模保険者。
※ただし、平成26年度の数値は速報値。

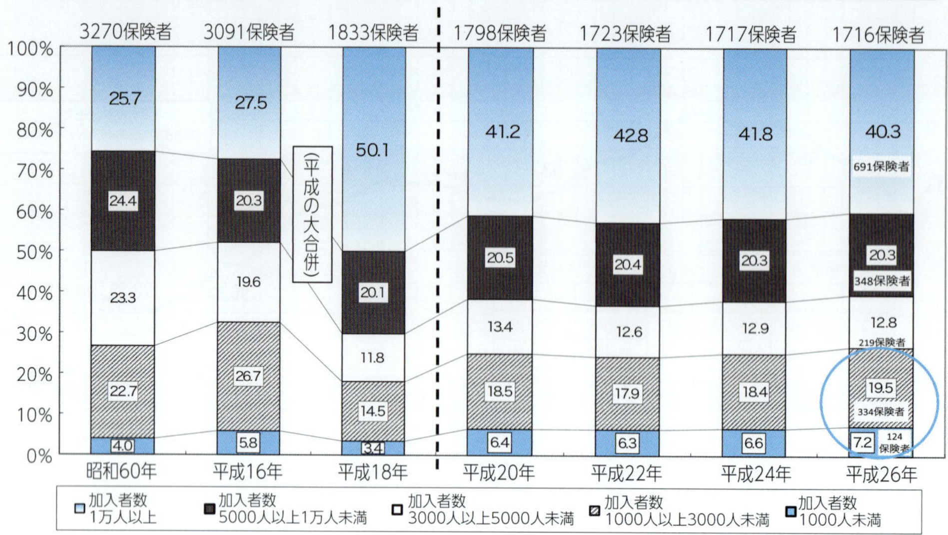

(出所)：「国民健康保険実態調査」
(注) 平成20年度に後期高齢者医療制度が創設され、被保険者数が減少していることに留意が必要。

資料-11 市町村国保の財政収支の状況（推移）

○ 単年度の収支は恒常的に赤字であり、決算補填等のための一般会計繰入も行われている。

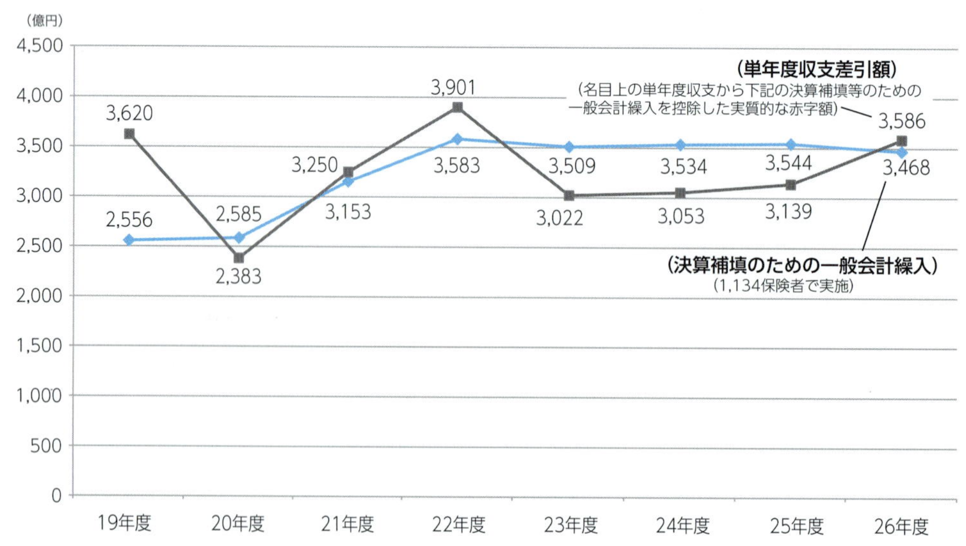

(出所) 国民健康保険事業年報、国民健康保険事業実施状況報告書
(注1) 「決算補てん等のための一般会計繰入金」とは、「一般会計繰入金（法定外）」のうち決算補てん等を目的とした額。
平成21年度から東京都の特別区財政調整交付金のうち決算補てん目的のものを含む。
(注2) 単年度収支差引額は実質的な単年度収支差引額であり各年度いずれも赤字額。

資料-12 一般会計からの決算補填等目的の法定外繰入（都道府県別状況：平成26年度）

○ 法定外繰入を都道府県別に見ると、全体（3,468億円）の約3割（1,046億円）を東京都が占めている。
○ 繰入金額が多く大都市を抱えている1位～6位までの都府県における繰入金額は約2,300億円であり、全体の約7割を占めている。

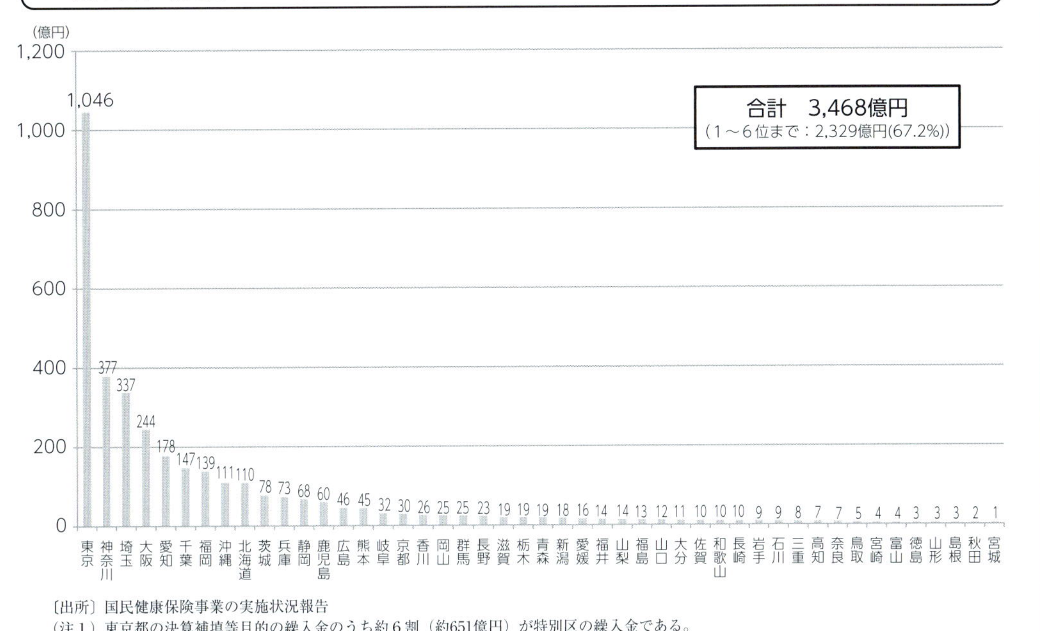

〔出所〕国民健康保険事業の実施状況報告
（注1）東京都の決算補填等目的の繰入金のうち約6割（約651億円）が特別区の繰入金である。

資料-13 1人当たりの一般会計からの決算補填等目的の法定外繰入（都道府県別状況）

○ 平成26年度の1人当たり繰入金が1万円を超えるのは、埼玉、東京、神奈川、愛知、大阪、香川、福岡、鹿児島、沖縄。
　そのうち、埼玉、東京、神奈川、愛知の保険料負担率は平均（13.8%）よりも低く、大阪、香川、福岡、鹿児島、沖縄の保険料負担率は平均よりも高い。

（出所）国民健康保険事業年報、国民健康保険事業の実施状況報告、国民健康保険実態調査報告
（注1）一般会計繰入額（法定外）は、定率負担等の法定繰入分を除いたものである。
（注2）一人当たり負担率は、一人当たり保険料（税）調定額を一人当たり旧ただし書き所得で除したものである。

資料-14 都道府県別1人当たり医療費の格差の状況（平成26年度）

	保険者別1人当たり医療費					都道府県別1人当たり医療費	順位
	最大		最小		格差		
北海道	初山別村	645,052	羅臼町	235,623	2.7倍	369,929	13
青森県	今別町	363,406	鶴田町	264,435	1.4倍	314,222	39
岩手県	住田町	440,922	軽米町	281,424	1.6倍	342,441	25
宮城県	七ヶ宿町	417,823	大衡村	291,811	1.4倍	333,558	32
秋田県	上小阿仁村	423,116	大潟村	245,624	1.7倍	365,181	15
山形県	南陽市	390,086	新庄市	299,213	1.3倍	341,954	27
福島県	広野町	443,437	古殿町	266,571	1.7倍	328,148	34
茨城県	北茨城市	351,082	八千代町	248,673	1.4倍	289,415	46
栃木県	塩谷町	338,404	益子町	268,943	1.3倍	301,810	44
群馬県	神流町	403,884	嬬恋村	236,408	1.7倍	307,275	40
埼玉県	毛呂山町	353,054	戸田市	268,585	1.3倍	305,090	42
千葉県	長柄町	359,439	旭市	252,848	1.4倍	303,572	43
東京都	奥多摩町	383,653	御蔵島村	191,862	2.0倍	298,177	45
神奈川県	山北町	364,411	海老名市	291,802	1.2倍	316,152	38
新潟県	阿賀町	449,967	津南町	269,869	1.7倍	339,895	28
富山県	魚津市	382,067	砺波市	336,136	1.1倍	359,684	18
石川県	穴水町	423,524	野々市市	338,292	1.3倍	375,995	12
福井県	美浜町	399,594	高浜町	306,003	1.3倍	359,261	19
山梨県	丹波山村	458,026	西桂町	256,363	1.8倍	320,098	36
長野県	平谷村	455,590	川上村	175,132	2.6倍	326,029	35
岐阜県	東白川村	414,602	坂祝町	290,361	1.4倍	335,209	31
静岡県	河津町	378,558	伊東市	290,512	1.3倍	319,431	37
愛知県	豊根村	375,003	田原市	234,479	1.6倍	305,173	41
三重県	紀北町	413,946	度会町	296,662	1.4倍	342,077	26
滋賀県	野洲市	361,720	栗東市	313,170	1.2倍	337,334	29
京都府	井手町	392,278	京丹後市	319,859	1.2倍	346,444	24
大阪府	岬町	427,777	泉南市	293,395	1.5倍	347,447	23
兵庫県	佐用町	412,079	豊岡市	314,423	1.3倍	350,534	22
奈良県	上北山村	451,942	天理市	277,078	1.6倍	330,949	33
和歌山県	北山村	430,966	みなべ町	259,763	1.7倍	335,827	30
鳥取県	日南町	445,928	北栄町	322,892	1.4倍	360,801	17
島根県	川本町	497,668	隠岐の島町	351,047	1.4倍	409,779	2
岡山県	新見市	453,933	西粟倉村	324,725	1.4倍	385,772	10
広島県	大崎上島町	500,622	世羅町	334,323	1.5倍	389,958	8
山口県	上関町	503,905	下松市	356,488	1.4倍	410,013	1
徳島県	神山町	463,976	藍住町	342,099	1.4倍	380,147	11
香川県	直島町	481,195	宇多津町	353,940	1.4倍	405,387	3
愛媛県	上島町	446,903	宇和島市	310,107	1.4倍	363,638	16
高知県	大豊町	562,166	四万十市	318,008	1.8倍	386,318	9
福岡県	豊前市	441,109	春日市	316,793	1.4倍	357,316	20
佐賀県	みやき町	485,956	玄海町	336,213	1.4倍	398,833	5
長崎県	長崎市	440,763	対馬市	332,069	1.3倍	393,631	6
熊本県	水俣市	524,653	産山村	267,344	2.0倍	369,590	14
大分県	津久見市	487,622	姫島村	344,043	1.4倍	400,777	4
宮崎県	美郷町	436,711	綾町	310,823	1.4倍	351,534	21
鹿児島県	いちき串木野市	485,624	与論町	253,940	1.9倍	393,564	7
沖縄県	渡名喜村	422,476	竹富町	187,924	2.2倍	287,062	47

1人当たり医療費 全国平均：333,461円

（※） 3～2月診療ベースである。
（出所）国民健康保険事業年報

資料-15 都道府県内における1人当たり所得の格差（平成26年）

	平均所得（万円）	最高	（万円）	最低	（万円）	格差
北海道	57.8	猿払村	588.8	赤平市	26.3	22.4
青森県	46.6	六戸町	70.4	今別町	35.9	2.0
岩手県	50.2	野田村	68.4	金ヶ崎町	38.2	1.8
宮城県	58.5	南三陸町	83.3	涌谷町	44.8	1.9
秋田県	42.4	大潟村	168.6	小坂町	33.9	5.0
山形県	51.9	大蔵村	59.1	小国町	36.2	1.6
福島県	60.0	葛尾村	234.3	柳津町	40.9	5.7
茨城県	65.1	つくば市	83.0	高萩市	50.5	1.6
栃木県	64.3	野木町	74.7	茂木町	50.2	1.5
群馬県	60.6	嬬恋村	144.1	上野村	38.3	3.8
埼玉県	74.5	和光市	103.3	長瀞町	50.5	2.0
千葉県	75.0	浦安市	106.1	長南町	53.6	2.0
東京都	100.8	港区	250.1	檜原村	56.3	4.4
神奈川県	88.5	鎌倉市	105.8	横須賀市	65.7	1.6
新潟県	52.6	湯沢町	61.3	阿賀町	36.2	1.7
富山県	59.2	黒部市	67.2	上市町	47.3	1.4
石川県	59.3	野々市市	76.5	穴水町	42.9	1.8
福井県	58.6	福井市	61.2	勝山市	51.8	1.2
山梨県	61.1	山中湖村	93.9	丹波山村	40.4	2.3
長野県	59.1	川上村	141.1	長和町	28.6	4.9
岐阜県	66.4	白川村	101.4	関ヶ原町	53.1	1.9
静岡県	73.0	長泉町	95.8	西伊豆町	48.4	2.0
愛知県	84.5	長久手市	132.2	東栄町	60.0	2.2
三重県	62.3	木曽岬町	80.8	御浜町	43.1	1.9
滋賀県	61.0	栗東市	86.3	豊郷町	44.4	1.9
京都府	54.2	宇治田原町	66.6	綾部市	41.8	1.6
大阪府	55.1	箕面市	81.0	泉南市	37.5	2.2
兵庫県	58.9	芦屋市	119.1	新温泉町	44.5	2.7
奈良県	54.7	生駒市	76.2	野迫川村	37.4	2.0
和歌山県	46.9	印南町	56.5	北山村	35.3	1.6
鳥取県	46.4	北栄町	62.0	若桜町	34.8	1.8
島根県	51.6	知夫村	63.6	川本町	38.1	1.7
岡山県	54.1	玉野市	64.1	美咲町	35.2	1.8
広島県	60.0	府中町	72.1	竹原市	45.6	1.6
山口県	50.8	和木町	58.3	上関町	37.8	1.5
徳島県	42.4	松茂町	53.6	つるぎ町	28.5	1.9
香川県	52.8	直島町	74.7	小豆島町	41.5	1.8
愛媛県	43.4	八幡浜市	48.8	松野町	25.3	1.9
高知県	46.7	越知町	56.9	大豊町	26.4	2.2
福岡県	52.0	新宮町	78.3	川崎町	25.6	3.1
佐賀県	52.9	白石町	70.7	大町町	35.3	2.0
長崎県	45.2	長与町	57.6	壱岐市	38.4	1.5
熊本県	50.1	嘉島町	62.2	津奈木町	27.7	2.2
大分県	42.3	日田市	45.7	別府市	34.3	1.3
宮崎県	44.3	新富町	52.8	諸塚村	33.0	1.6
鹿児島県	41.0	長島町	56.1	伊仙町	14.8	3.8
沖縄県	40.8	北大東村	84.4	多良間村	17.8	4.7

1人当たり所得 全国平均：66.5万円

（注1）厚生労働省保険局「平成27年度国民健康保険実態調査」速報（保険者票）における平成26年所得である。
（注2）ここでいう「所得」とは、旧ただし書所得（総所得金額及び山林所得金額並びに他の所得と区分して計算される所得の金額から基礎控除を除いた金額）である。

資料-16 国保保険料の都道府県内格差（平成26年度）

	保険者別1人当たり保険料（税）調定額					都道府県別1人当たり保険料(税)調定額	
	最大		最小		格差		順位
北海道	猿払村	150,160	三笠市	56,389	2.7倍	84,320	23
青森県	平内町	109,820	佐井村	65,287	1.7倍	81,573	32
岩手県	奥州市	88,038	岩泉町	57,900	1.5倍	76,385	41
宮城県	大郷町	100,822	七ヶ宿町	60,912	1.7倍	89,060	12
秋田県	大潟村	138,006	小坂町	51,405	2.7倍	76,134	43
山形県	川西町	105,984	西川町	62,249	1.7倍	90,160	7
福島県	平田村	96,368	葛尾村・浪江町 双葉町・大熊町 川内村・富岡町 楢葉町	0	－	75,706	44
茨城県	境町	106,026	常陸大宮市	69,387	1.5倍	84,615	22
栃木県	鹿沼市	111,369	茂木町	75,383	1.5倍	91,942	3
群馬県	嬬恋村	111,402	上野村	56,855	2.0倍	87,120	19
埼玉県	八潮市	98,925	小鹿野町	54,606	1.8倍	84,131	24
千葉県	富津市	102,662	成田市	70,365	1.5倍	87,627	17
東京都	千代田区	132,900	三宅村	38,930	3.4倍	90,127	8
神奈川県	湯河原町	117,394	座間市	75,768	1.5倍	93,971	1
新潟県	粟島浦村	95,929	糸魚川市	55,739	1.7倍	82,398	28
富山県	南砺市	100,520	氷見市	72,171	1.4倍	88,532	14
石川県	野々市市	105,759	珠洲市	73,230	1.4倍	92,639	2
福井県	福井市	95,471	池田町	56,494	1.7倍	87,842	15
山梨県	富士河口湖町	110,758	丹波山村	58,596	1.9倍	90,540	6
長野県	南牧村	114,987	大鹿村	31,359	3.7倍	77,487	38
岐阜県	岐南町	108,632	飛騨市	67,435	1.6倍	91,717	5
静岡県	吉田町	106,364	川根本町	66,690	1.6倍	91,859	4
愛知県	田原市	108,859	東栄町	63,572	1.7倍	89,632	10
三重県	木曽岬町	102,305	大紀町	56,593	1.8倍	85,190	21
滋賀県	栗東市	104,683	豊郷町	70,905	1.5倍	87,665	16
京都府	精華町	96,006	伊根町	50,638	1.9倍	80,409	34
大阪府	池田市	99,367	田尻町	63,416	1.6倍	81,574	31
兵庫県	芦屋市	98,852	養父市	67,505	1.5倍	82,533	26
奈良県	生駒市	100,539	下北山村	45,743	2.2倍	82,391	29
和歌山県	上富田町	99,278	古座川町	49,792	2.0倍	80,111	35
鳥取県	若桜町	89,511	智頭町	60,115	1.5倍	79,728	36
島根県	松江市	98,540	知夫村	65,172	1.5倍	88,850	13
岡山県	早島町	99,284	新庄村	66,761	1.5倍	82,519	27
広島県	府中町	92,376	神石高原町	54,392	1.7倍	87,462	18
山口県	平生町	101,009	上関町	63,062	1.6倍	90,087	9
徳島県	石井町	99,937	つるぎ町	58,060	1.7倍	82,944	25
香川県	観音寺市	99,700	小豆島町	63,854	1.6倍	86,640	20
愛媛県	東温市	86,318	松野町	58,655	1.5倍	76,659	40
高知県	安芸市	88,189	三原村	45,975	1.9倍	77,063	39
福岡県	大木町	91,986	添田町	51,138	1.8倍	76,292	42
佐賀県	白石町	99,061	有田町	66,364	1.5倍	89,547	11
長崎県	大村市	81,715	小値賀町	63,998	1.3倍	74,864	45
熊本県	あさぎり町	98,524	津奈木町	57,608	1.7倍	80,426	33
大分県	竹田市	94,620	姫島村	51,371	1.8倍	79,469	37
宮崎県	新富町	93,239	日之影町	60,057	1.6倍	81,704	30
鹿児島県	中種子町	85,160	伊仙町	33,082	2.6倍	70,452	46
沖縄県	北谷町	70,145	粟国村	28,449	2.5倍	56,166	47

1人当たり保険料（税）全国平均：84,952円

（注1）保険料（税）調定額には介護納付金分を含んでいない。
（注2）被保険者数は3～2月の年度平均を用いて計算している。
（注3）東日本大震災により保険料（税）が減免されたため、1人当たり保険料調定額が小さくなっている保険者がある福島県を除くと長野県の格差が最大となる。
（※）平成26年度　国民健康保険事業年報を基に作成

資料-17 主な流れ

（法改正年度）

昭和63年
○低所得者の保険料軽減分への公費補填制度の創設（※都道府県負担の導入）　国1/2、都道府県1/4、市町村1/4

平成14年
○広域化等支援基金の創設、都道府県に基金を設置（※市町村国保の広域化等を支援）
○保険者支援制度の創設　国1/2、都道府県1/4、市町村1/4
○高額医療費共同事業の拡充・制度化　国1/2、都道府県1/4、市町村1/4

平成17年
【三位一体改革】
○都道府県財政調整交付金の創設（給付費等の7％）
○低所得者の保険料軽減分への公費補填制度の都道府県割合を1/4から3/4に変更

平成18年
○新たな高齢者医療制度の創設、都道府県に財政安定化基金を設置
○都道府県単位を軸とした保険者の再編・統合（保険財政共同安定化事業の創設、政管健保の公法人化等）
○医療費適正化計画の創設（※都道府県に策定を義務づけ）

平成22年
○広域化等支援方針の創設（※市町村国保の広域化等を推進）

平成24年
○財政運営の都道府県単位化の推進（保険財政共同安定化事業の事業対象を全ての医療費に拡大）
○都道府県調整交付金を給付費等の7％から9％に引き上げ

平成27年
○平成30年度以降、**都道府県が財政運営の責任主体**となり、安定的な財政運営や効率的な事業運営の確保等の**国保運営に中心的な役割**を担う。

【監修】
山崎　泰彦
神奈川県立保健福祉大学名誉教授

昭和43年横浜市立大学卒。特殊法人社会保障研究所（現国立社会保障・人口問題研究所）研究員、上智大学講師・助教授・教授、神奈川県立保健福祉大学教授を歴任、平成23年3月定年退官し現在に至る。
専門：社会保障の制度と政策

〔主な著書〕
『年金改革論』（共著）東京大学出版会
『年金・医療・福祉政策論』（共著）社会保険新報社
『社会保障の財源政策』（共著）東京大学出版会
『介護保険システムのマネジメント』（共著）医学書院
『介護保険制度・ゴールドプラン21』（編著）東京法令出版
『社会福祉』（編著）メヂカルフレンド社
『医療制度改革と保険者機能』（編著）東洋経済新報社
『患者・国民のための医療改革』（編著）社会保険研究所
『社会保障』（編著）ミネルヴァ書房
『改正介護保険の新しい総合事業の手びき』（監修）第一法規

国民健康保険制度改革の解説
～平成30年度からの都道府県主体による財政運営に向けて～

平成28年12月5日　初版第1刷発行　（定価は表紙に表示）

監　修　山崎泰彦
発行者　髙本哲史
発行所　株式会社　社会保険出版社

〒101-0064　東京都千代田区猿楽町1-5-18
Tel. 03-3291-9841（代）

・本書は、原則として平成28年3月時点の厚生労働省の資料等にもとづき作成しています。
・本書についての追補等の情報は、当社ホームページに掲載します。
（社会保険出版社ホームページ http://www.shaho-net.co.jp）

書籍のご案内

2016
国保担当者ハンドブック

【平成28年6月発行】
■改訂20版
■A5判／880頁1色
11244

本体　4,200円＋税

国保制度の概要や国庫補助金等を詳しく解説。法律条文等を用いた構成で、国保行政の事業運営機構、国保制度の沿革についても掲載しています。国保業務に携わるすべての方に必携の一冊。

2016
運営協議会委員のための
国民健康保険必携

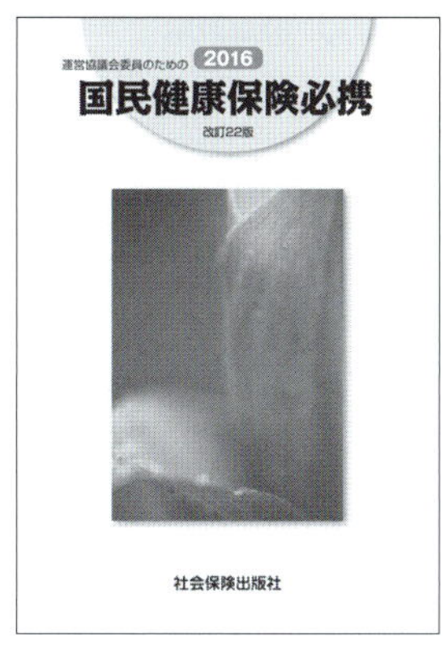

【平成28年6月発行】
■改訂22版
■A5判／184頁1色
11274

本体　2,800円＋税

国保制度の概要や国民健康保険運営協議会のしくみを詳しく解説しています。事業年報等の資料を用いて、国保事業の動きについても説明しています。委員の方だけでなく、新任職員の方にも必携の一冊。

2016
後期高齢者医療制度
担当者ハンドブック

【平成28年6月発行】
■改訂9版
■A4判／424頁2色・1色
11149

本体　4,400円＋税

後期高齢者医療制度について、制度のしくみや実際の事務処理を中心に解説しています。制度の理解に、ご担当者の業務に、ご活用いただける一冊です。

社会保障制度改革が目指しているもの
内閣官房社会保障改革担当室長
として考えてきたこと

【平成28年11月発行】
■四六判／312頁1色
■著　中村 秀一
■発行／年友企画
　発売／社会保険出版社
97131

本体　2,500円＋税

社会保障制度とはどういう制度なのか？ 私たちが納める税金や保険料の意味は何か？　厚生労働省で老健局長、社会・援護局長等を歴任し、退官後、社会保険診療報酬支払基金理事長、内閣官房社会保障改革担当室長を務めた著者が語る社会保障制度改革の姿。

国民年金実務担当者ハンドブック
平成28年度版

【平成28年6月発行】
■A5判／112頁2色
■発行／特定非営利活動法人 年金・
　　　福祉推進協議会
97012

本体　926円＋税

本書は、市区町村の国民年金担当者向けに作成されたものです。公的年金制度のあらましや資格取得届、免除申請書、年金請求書など、実際の様式等を用いて市区町村の窓口業務に即した解説をするほか、年金額早見表などの資料を掲載。窓口業務や研修などに幅広く活用できます。

国民年金ハンドブック
平成28年度版

【平成28年5月発行】
■A5判／582頁1色
■発行／社会保険研究所
97008

本体　2,800円＋税

制度のしくみと給付の受け方を図解も入れてわかりやすく詳しく解説。届書・請求書等の様式は記載例つきで収載。付録として厚生年金保険のしくみと給付についても解説。巻末に社会保障・税一体改革関連年金制度改正（被用者年金一元化も含む）の概要を収載しています。

普及啓発用出版物のご案内

※普及啓発用出版物は書店販売をしておりません。
ご注文は直接弊社まで。
※見本をご希望の際は、下記お問い合わせ先までご連絡ください（無償で送付いたします）。

●国保制度のしくみ等の周知に

81344
国民健康保険ミニガイド
■B7判／16頁カラー
定価　60円

81393
よくわかる国保
■B7変型判／24頁カラー
定価　70円

81076
**あなたのくらしを支えます！
こくほのしおり**
■B6変型判／20頁カラー
定価　65円

81403
**みんなの健康生活のための…
国保ガイド**
■B6変型判／36頁カラー
定価　80円

82155
**なぜ国保税（料）を
納めるの？**
■B7変型判／8頁カラー／リーフレット
定価　45円

82217
**70歳から74歳の方へ
高齢受給者証をお届けします！**
■B7判／8頁カラー／リーフレット
定価　30円

82022 国保版
**健康保険が適用される方は、
国保の脱退の届出をお忘れなく！**
■A4判／2頁カラー／リーフレット
定価　30円

82015 国保版　76081 国保組合版
**第三者行為による
交通事故などにあった場合はまず連絡を！**
■A4判／2頁カラー／リーフレット
定価　各25円

●医療費適正化対策に

46022 シール12枚
**ペタッと貼って意思表示
ジェネリック医薬品希望シール**
■54×85mm／2頁カラー・1色
■シールサイズ〈5×15mm／12.5×45mm〉
定価　35円

46341 シール12枚 カード2枚
**ご利用ください！ジェネリック医薬品
意思表示ができる希望シール・希望カード付き**
■B6変型判／4頁カラー／リーフレット
■シールサイズ〈5×15mm／12.5×35mm〉
定価　60円

82522
**あなたも今日から
医療費削減！**
■A4判／4頁カラー／リーフレット
定価　40円

81123
**柔道整復師・鍼灸師の
正しいかかり方**
■A4判／4頁カラー／リーフレット
定価　40円

●特定健診・特定保健指導に

50861
**特定健診・特定保健指導を
受けましょう!!**
■A4判／4頁カラー／リーフレット
定価　40円

50471
**健診結果を活かそう
生活習慣の改善　ココからスタート!!**
■A4判／4頁カラー／リーフレット
定価　40円

50213
**特定健診結果活用ガイド
体のサイン、見逃していませんか？**
■A4判／12頁カラー
■監修　栗原　毅
（栗原クリニック東京・日本橋院長）
定価　120円

50032
**特定保健指導対象者のみなさまへ
必ず受けなきゃ特定保健指導**
■A4判／4頁カラー／リーフレット
定価　40円

●消費税について
この広告に掲載の価格は、特に記載のないものは税抜表示となっております。代金ご請求時に消費税を加算させていただきます。

●梱包料・送料について
ご注文いただきました製品の発送にかかる送料は別途となります。
パンフレット合計1,000部（リーフレットは合計2,000部）以上のご注文は弊社で負担し、それ未満の場合は実費を申し受けます。送料として支出されにくい場合は、実費を単価に組み入れてご請求申し上げますので、その旨お申し付けください。

株式会社 社会保険出版社
http://www.shaho-net.co.jp 社会保険出版社 検索
ご注文・お問い合わせ　本社 TEL.03(3291)9841
大阪支局 TEL.06(6245)0806
九州支局 TEL.092(413)7407